KNAUR

Von Stephan Harbort sind bereits folgende Titel erschienen:
Aus reiner Mordlust
Die Maske des Mörders

Über den Autor:
Stephan Harbort, Jahrgang 1964, ist Kriminalhauptkommissar und führender Serienmordexperte. Er sprach mit mehr als 50 Serienmördern,
entwickelte international angewandte Fahndungsmethoden zur Überführung von Gewalttätern und ist Fachberater bei TV-Dokumentationen und Krimiserien. Stephan Harbort lebt in Düsseldorf.

Stephan Harbort

DER KLARE BLICK

**Mit dem Wissen des Profilers
Lügen entlarven und
richtige Entscheidungen treffen**

Besuchen Sie uns im Internet:
www.knaur.de

Originalausgabe März 2016
Knaur Taschenbuch
© 2016 Knaur Verlag
Ein Imprint der Verlagsgruppe
Droemer Knaur GmbH & Co. KG, München
Alle Rechte vorbehalten. Das Werk darf – auch teilweise – nur mit
Genehmigung des Verlags wiedergegeben werden.
Redaktion: Nadine Lipp
Covergestaltung: ZERO Werbeagentur, München
Coverabbildung: FinePic®, München
Satz: Adobe InDesign im Verlag
Druck und Bindung: CPI books GmbH, Leck
ISBN 978-3-426-78762-5

2   4   5   3   1

Für David Harbort.
Du bist das Licht in unserem Leben.

Inhaltsverzeichnis

4
Topf sucht Deckel

5
Das Drehbuch ändern

6
Jetzt mal ehrlich!

Anhang

Vorwort

»Um klar zu sehen,
genügt oft ein Wechsel der Blickrichtung.«
Antoine de Saint-Exupéry,
Die Stadt in der Wüste

»Überzeugt sein heißt aber nichts anderes
als etwas für wahr halten, ohne zu zweifeln
oder nach überwundenem Zweifel.«
Hans Walder,
Kriminalistisches Denken

Jeder Mensch verfügt über eine bestimmte Alltagspsychologie, die ihn dazu befähigt, eigenes Erleben und fremdes Verhalten zu beschreiben, zu erklären und zu prognostizieren. So gelingt es uns beispielsweise, Menschen, die wir kennenlernen, schnell einzuschätzen, oder uns in neuen, vergleichbaren Situationen ad hoc zurechtzufinden, weil es tatsächlich entsprechende Gesetzmäßigkeiten und Häufigkeitsverteilungen gibt. Diese unbestreitbaren Kompetenzen basieren im Wesentlichen auf überlieferten Erfahrungen, Verallgemeinerungen und persönlichen Überzeugungen, die durch lebenslange Lern- und Anpassungsvorgänge erworben und verfeinert werden. Bewusst sind uns diese Abläufe vielfach nicht, wir handeln eher intuitiv, systematisch und fühlen uns dadurch auch sicher.

Nur hat die Sache einen Haken. Teile des Alltagswissens gelten zwar allgemein als gesichert bzw. zutreffend, sie sind es aber nicht, jedenfalls dann nicht, wenn man sie kritisch hinterfragt. Glauben Sie auch, dass Frauen mehr reden als Männer? Stimmt nicht. Wissenschaftler haben herausgefunden, dass Mann und Frau etwa gleich viel reden. Oder meinen Sie nicht auch, dass Pubertierende zu befremdlichen Verhaltensweisen neigen und gegen Autoritäten chronisch aufbegehren? Falsch. Nachgewiesen ist, dass nur etwa 20 Prozent der pubertierenden Kinder und Jugendlichen sich so oder so ähnlich verhalten. Und nehmen nicht auch Sie an, Hochbegabte seien verhaltensauffällige, soziale Außenseiter? Irrtum. Mittlerweile belegen wissenschaftliche Studien, dass sich hochbegabte von normal begabten Schülern weder durch ihre Persönlichkeit noch durch ihr Sozialverhalten signifikant unterscheiden.

Überhaupt zweifeln immer mehr Menschen an der Verbindlichkeit wissenschaftlicher Erkenntnis und vertrauen eher bunten, pseudoplausiblen Behauptungen oder entwickeln Meinungen auf der Grundlage von Vorurteilen bzw. Vorverurteilungen, die heutzutage im Internet rasend schnell und besonders wirksam verbreitet werden. Dort steht jedoch der gröbste Unfug gleichrangig neben der profunden Expertenmeinung. Im Netz konkurrieren Erkenntnis und Unkenntnis unerbittlich miteinander, Genie und Wahnsinn sind mitunter nicht mehr zu unterscheiden. Kehren wir in die computerfernen Niederungen des alltäglichen Daseins und Soseins zurück, drohen wir auch hier tagtäglich Opfer unserer eigenen Alltagspsychologie zu werden, die uns zwar einerseits handlungsfähig und handlungssicher macht, aber im Einzelfall dramatisch scheitern lässt. Denn die so vertrauten und liebgewonnenen stereotypen Denkstrukturen bedingen immer auch eine subjektiv eingefärbte Wahrnehmung, die eigene Person wird zum alleingültigen Maßstab verklärt und produziert Selbsttäuschungen, die vielfach als falsche Einschätzung bzw. Entscheidung nicht erkannt werden (können), weil es (zunächst) keine korrigierenden Rückmeldungen gibt. Ob wir beispielsweise das richtige Auto gekauft, die richtige Frau geheiratet, den richtigen Beruf ergriffen oder unser Geld richtig angelegt haben, erkennen wir häufig erst, wenn es zu spät ist – aber bis dahin sind wir fest davon überzeugt, das Richtige getan zu haben, weil wir unserer eigenen Disposition bzw. Erwartungshaltung entsprechend vorgegangen sind.

Es wird schon gutgehen, hoffen viele, und rechtfertigen damit stereotype Verhaltens- und Entscheidungsmuster. Der persönliche Misserfolg wird so häufig zum verlässlichen und unbequemen Wegbegleiter. Doch erstaunlicherweise ist kaum jemand zu Veränderungen seiner Einstellungen und seines Tuns bereit, sich selbst in Frage zu stellen, wenn der Erfolg ausbleibt, wenn immer wieder Fehleinschätzungen und Fehlschläge passieren. Es hat den Anschein, als sitze man in einer Art Erfahrungsfalle fest; mangelnde Vorstellungskraft für Innovatives und die damit einhergehende Verunsicherung sind hohe Hürden, vor denen viele Menschen zurückschrecken. Es fehlt an Perspektiven und Alternativen, an einer bewährten Methodik, um die Dinge des Lebens auch einmal aus einem anderen Blickwinkel zu betrachten.

Während wir in der wissenschaftlichen Psychologie auf gesicherte Erkenntnisse und ausgefeilte Methoden zurückgreifen dürfen, können wir dies bei der Profilierung des Alltags nicht; genau dieses Manko ist einer der wesentlichen Gründe dafür, warum wir uns bei der Bewältigung von Alltagsproblemen so häufig irren und so viele falsche Entscheidungen treffen. Allein Erfahrung und Intuition reichen eben nicht aus, um sich in der bunten Welt der Werbung, des Verkaufs, der Versicherungen oder der Banken behaupten zu können. Gleiches gilt auch für alle anderen Lebensbereiche. Unsere Vita gleicht aus diesen Gründen häufig einem schlängelnden Weg, einer beliebig anmutenden Verkettung von glücklichen und unglücklichen Umständen. Dabei könnten wir uns viel Leid, großen Ärger und so manche Peinlichkeit ersparen, wenn wir uns der eigenen Limitiertheit bewusster und tradierte Handlungs- und Entscheidungsstrukturen in Frage stellen würden.

Kriminalisten haben weltweit über Jahrhunderte hinweg mit vergleichbaren Problemen zu kämpfen gehabt. Denn im Vordergrund stand bei der Verbrechensaufklärung traditionell der gerichtsverwertbare Tatnachweis und eben nicht die vollständige geistige Durchdringung eines Kriminalfalls, insbesondere des Täter- und Opferverhaltens. Erst als eine Handvoll Beamter des nordamerikanischen Federal Bureau of Investigation (FBI) Mitte der 1980er-Jahre das »Crime Profiling« entwickelten, änderte sich etwas Grundlegendes: Die kriminalpsychologisch angelegte Fallanalytik wurde als Methode eingeführt und existierte fortan gleichberechtigt neben der naturwissenschaftlich geprägten Fallbearbeitung. Mittlerweile haben sich viele Skeptiker überzeugen lassen, und das »Profiling« gehört mittlerweile nicht zuletzt aufgrund spektakulärer Erfolge zum Standardrepertoire moderner Verbrechensbekämpfung.

Diese noch relativ junge wissenschaftlich ausgerichtete Disziplin hat auch mich vollends überzeugt, nachdem ich sie in diversen Kriminalfällen mit zum Teil verblüffendem Erfolg anwenden konnte. Dabei habe ich gelernt, ein inkriminiertes Ereignis aus verschiedenen Perspektiven zu betrachten und mir eine neue Denk- und Vorgehensweise anzugewöhnen. Ich habe aber auch verinnerlicht, dass sich Erfahrungswissen nur im gegenwärtigen Handeln entwickeln lässt, nicht notwendigerweise im vergangenen. Nicht *es* musste sich ändern, *ich* musste mich ändern.

Irgendwann begann ich, die Grundsätze des »Profilings« auch außer Dienst auszutesten: in meinem Privatleben. Zunächst war ich eher skeptisch. Warum sollten sich Methoden der Kriminalitätsbekämpfung auch in anderen Lebensbereichen bewähren?

Schließlich dreht es sich im Privaten nicht um Verbrechen, auch nicht um verbrecherisches Verhalten. Doch die Aufgabenstellungen und die sich daraus ergebenden Fragen bzw. Anforderungen sind sowohl bei der Bekämpfung der Kriminalität als auch bei der Problemlösung in alltäglichen Angelegenheiten durchaus vergleichbar: Was ist wahr und was ist falsch? Was steckt hinter der Fassade? Ist ein Verdacht berechtigt? Wie enttarne ich einen Lügner? Welche Entscheidung ist die richtige? Wie komme ich zu einer seriösen Prognose?

Genau an dieser Schnittstelle versuche ich mit dem vorliegenden Buch bestimmte Methoden der Verbrechensbekämpfung alltagstauglich werden zu lassen: »Private Profiling«. Viele kriminalistisch-kriminalpsychologische Verfahren, mit denen ich Sie vertraut machen werde, zählen zum Handwerkszeug des »Crime Profilers« (»Fallanalytikers«). Allerdings ist das private Profilieren im Sinne eines Baukastensystems zu verstehen, das auf den Einzelfall zugeschnitten und ggf. zu modifizieren ist. Im Kern geht es darum, mehr zu erkennen als nur die Oberfläche einer Persönlichkeit oder Situation und sich nicht allein auf fragwürdig starre Bewertungsschemata zu verlassen, sondern bei Lebenssachverhalten auf der Grundlage objektiver Daten ein neues Fallverständnis zu entwickeln und sinnlogische Strukturen zu erkennen: die Besonderheit des Einzelfalls. Dabei möchte ich Sie keinesfalls belehren, sondern aufklären, inspirieren, sensibler machen und Ihre bereits vorhandenen Problemlösungskompetenzen stärken.

Ich habe mich bei meinem Angebot für Sie auf solche Lebensbereiche beschränkt, die für jedermann interessant und relevant sind: Familie, Ehe, Beruf. Damit Sie nachvollziehen können, woher die Methoden ursprünglich stammen und dass sie erfolgreich Anwendung finden, habe ich jedem Kapitel einen entsprechenden Kriminalfall vorangestellt. Abgerundet wird meine Offerte mit Checklisten, die ich Sie bitte als Orientierungshilfe und Handlungsanleitung zu verstehen, aber auch als Qualitätsstandard.

Sie müssen als »Private Profiler« weder besonders gebildet noch besonders intelligent sein. Allerdings warne ich vor übertriebener Hoffnung auf schnellen Erfolg. Sie werden sich zunächst mit den Themen intensiv auseinandersetzen müssen und gelegentlich Schiffbruch erleiden. Beharrlichkeit und Methodentreue sind zwei wesentliche Voraussetzungen, die Sie zu erfüllen haben werden. Und dann müssen Sie sich nur noch trauen!

Stephan Harbort
Düsseldorf, im September 2015

1
Kraft der Gedanken

»Der Mensch hat drei Wege, klug zu handeln.
Erstens durch Nachdenken: Das ist der edelste.
Zweitens durch Nachahmen: Das ist der leichteste.
Drittens durch Erfahrung: Das ist der bitterste.«

Konfuzius

»Eine logische, rational rekonstruierbare Methode,
etwas Neues zu entdecken, gibt es nicht.«

Karl Popper,
Logik der Forschung

»Man kombiniere!«

Sherlock Holmes

Der Fall:
Schreie in der Nacht

Eine kleinstädtische Idylle irgendwo in Deutschland. 22. Dezember 1984. 23.39 Uhr.

Klarer Himmel. Klirrende Kälte. Kein Niederschlag. Es geht ein eisiger Wind. Plötzlich zerreißt ein gellender Schrei die Dunkelheit. Dann noch einer – markerschütternd. Und einen Herzschlag später wieder! Doch niemand ist auf den Straßen zu sehen, der mit den erbärmlich anmutenden Schreien in Verbindung gebracht werden könnte. Eine gespenstisch anmutende Szenerie. Ein Hund schlägt an und verstummt bald. Danach ist es wieder so still, als wäre nichts passiert, als hätte es die Schreie gar nicht gegeben.

Knapp zwei Stunden später am selben Ort, wenige Schritte vom Eingang einer Metzgerei entfernt. Eine apathisch wirkende Frau berichtet den soeben eingetroffenen Polizisten, was sie vor etwa zehn Minuten erlebt hat und niemals wird vergessen können. »Das Hoftor war aufgezogen, und der Wagen meiner Eltern war weg«, erzählt die 32-Jährige mit stockender Stimme. »Ich bin rein ins Haus und sah sofort, dass eingebrochen worden war. Die Tür zum Verkaufsraum stand offen. Das war ein furchtbarer Anblick. Ich bin sofort zum Telefon und habe die Polizei angerufen.«

Die Beamten betreten das zweigeschossige Haus und machen kurz darauf eine grauenhafte Entdeckung. Später werden sie in ihrem Bericht vermerken: »Soweit von außen feststellbar, sind sämtliche Fenster im Haus geschlossen. Die Eingangstür zum Laden war offensichtlich aufgehebelt (Brechwerkzeugabdruck am linken Türrahmen). Die Spuren im Verkaufsladen (aufgebrochene Kassenschublade) lassen auf einen Einbruch schließen. Über eine Treppe hinter der aufgehebelten Ladentür erreicht man das Obergeschoss. Nach einer ersten Besichtigung wurden alle Räume durchsucht.

Die Wohnzimmertür rechts von der Treppe steht offen. An dem Türgriff (Außenseite) ist mittels eines Elektrokabels eine männliche Person in Bauchlage aufgehängt. Die Person ist mit einem Schlafanzug bekleidet. Unterhemd und Schlafanzugjacke sind über den Kopf gezogen und hängen in Ellenbogenhöhe über den Armen. Die Leiche weist äußerlich Flecke im Nackenbereich und Gesicht auf, die an stumpfe Gewalteinwirkung denken lassen.

Im linken Teil des Wohnzimmers, das auch als Küche genutzt wird, hängt am Verriegelungsgriff des Fensters über dem Heizkörper eine ältere Frau. Sie ist unvollständig bekleidet, der Rock fehlt. Um den Hals der Frau ist ein Kabel befestigt. Auch aufgrund weiterer Spuren im Wohn- und Küchenbereich (Werkzeuge auf dem Boden, Schlüssel auf dem Küchentisch, nur angelehntes Fenster im rechten Teil des Wohnzimmers) ist von einem Einbruch auszugehen. Hinter dem nicht verriegelten Fenster befindet sich ein Anbau (Rohbau), an dem eine Leiter zum Erreichen des Obergeschosses lehnt. Um 03.11 Uhr wurde die Mordkommission verständigt.«

Die ersten Ermittlungen der Kripo ergaben, dass es sich bei den augenscheinlich Getöteten um Maria Krauss, 68, und ihren zwei Jahre älteren Ehemann Hans handelt, die ehemaligen Inhaber der Metzgerei »Herkules«.

Sie lebten zurückgezogen in ihrer kleinen Wohnung über der Metzgerei und waren allgemein geachtet und beliebt; das Geschäft hatten sie vor drei Jahren an ihre beiden Töchter übergeben. Wie üblich wollte man Weihnachten gemeinsam verbringen. Noch vor wenigen Tagen hatte Hans Krauss bei seinem Stammtisch geäußert, dass er sich auf die Feiertage im Kreise der Familie freue.

Die 15-köpfige Mordkommission nimmt ihre Arbeit auf. Um erste Arbeitshypothesen bilden zu können, müssen der Tatort und seine nähere Umgebung inspiziert und nach Spuren abgesucht werden, die im Idealfall auf die Fährte des Täters führen.

Das Ergebnis: Die Metzgerei liegt an der Hauptstraße, die durch das Dorf führt und die benachbarten Ortschaften verbindet. An der Rückfront des Anwesens schließt sich ein Neubau an, in dem später eine Backstube eingerichtet werden soll. An den Anbau ist eine etwa fünf Meter lange Leiter aus Metall angestellt. 140 Zentimeter von der Leiter entfernt ist im Erdreich ein Schuhabdruck zu erkennen, die Schuhspitze zeigt in Richtung des Anbaus. Auf dem Dach sind Porotonsteine (durchlochte Mauersteine) aufgeschichtet. Etwa fünf Meter weiter befindet sich das angelehnte Küchenfenster der Dachgeschosswohnung Krauss. Auf einem Porotonstein vor dem Fenster kann ein Schuhabdruck fotografisch gesichert werden, zwei gleichartige Spuren befinden sich auf zwei Dachziegeln, etwa einen halben Meter entfernt. Alle gesicherten Schuhspuren sind nach Größe und Profil identisch.

Die Dachgeschosswohnung besteht aus Küche, Bad, Toilette sowie Schlaf- und Nähzimmer. In allen Räumlichkeiten sind Schränke durchwühlt, Schubfächer herausgezogen und diverse Gegenstände auf dem Boden verteilt worden. Das Stromkabel des Staubsaugers fehlt, vermutlich wurde es abgeschnitten. Vom Gehäuse aus führt über den oberen Haltebügel nur noch ein 70 Zentimeter langes Reststück. An der Innenseite des Küchenfensters, auf der Fensterbank, aber auch auf dem Griffstück des Backofens, das auf dem Boden der Küche liegt, befinden sich Schuhabdruckspuren. Sie ähneln stark jenen, die vor der Leiter und auf dem Dach in unmittelbarer Nähe zum Küchenfenster entdeckt worden sind.

Dieser sogenannte Tatortbefund muss nun durch die Kriminalisten akribisch bewertet und interpretiert, Hypothesen sollen abgeleitet werden.

Hypothesen

Unter Hypothese versteht man allgemein eine Aussage, die nicht unbedingt wahr sein muss, aber wahr sein könnte. Wir bewegen uns demnach im Bereich der Wahrscheinlichkeiten. Die kriminalistische Hypothese hingegen ist eine auf Tatsachen – wichtig! – begründete Vermutung, also am Sachverhalt anknüpfend, theoretisch fundiert, empirisch naheliegend, aber eben noch nicht bewiesen. Sie ist demnach das andernfalls fehlende Bindeglied zur wissenschaftlich haltbaren Theorie.

In einem Mordfall stellen sich den Kriminalisten regelmäßig gleichartige Fragen, beispielsweise diese: Was ist passiert? Wie ist es passiert? Wem ist es passiert? Wann ist es passiert? Wo ist es passiert? Warum ist es passiert? Und natürlich: Wer hat das getan?

Um in diesem Zusammenhang zu belastbaren Hypothesen zu gelangen, muss zunächst herausgearbeitet werden, wie die Überlegungen strukturiert sein können und wo sie im Sachverhalt anknüpfen dürfen. Dabei ergeben sich im Regelfall vier Grundmodelle der Einordnung bzw. Bewertung von Daten.[1]

- Gewisse vorhandene Daten werden als wahr angesehen, bestimmte andere als falsch.
- Zwischen vorhandenen, als richtig angesehenen Daten werden bestimmte Beziehungen angenommen.

- Noch unbekannte Daten werden neben bereits vorhandenen, richtigen als gegeben vorausgesetzt.
- Zwischen vorhandenen, richtigen Daten und bloß angenommenen werden bestimmte Beziehungen vorausgesetzt.

Auf diese Weise gelingt es, Leerstellen des Verbrechens hypothetisch auszufüllen, die Tat zu strukturieren, Zusammenhänge zu erkennen und geeignete Ermittlungshandlungen zu generieren. Nach und nach entsteht ein Bild über den Tatverlauf, den Täter und das Opfer – im Idealfall ein Tatverdacht. Bei diesem schematisch schwer zu fassenden Analyseprozess verdienen alle Einzelaspekte Beachtung, um letztlich eine erfolgreiche Ermittlungsrichtung vorgeben zu können und nicht sprichwörtlich im Nebel stochern bzw. auf die gütige Mithilfe von Kommissar Zufall hoffen zu müssen.

Allein das theoretische Wissen wird nicht ausreichend sein, um bei der Verbrechensbekämpfung profunde Hypothesen bilden zu können. Wesentliche Voraussetzungen sind überdies: ein spezifisches Fachwissen, große praktische Erfahrung, unverbrauchte Kreativität und die Fähigkeit, Phantasien zuzulassen bzw. ungebremst zu entwickeln. Und diejenigen, die ein Verbrechen aufzuklären haben, müssen zudem genau hinsehen, zuhören und beobachten können. Fehlt es an einer dieser Voraussetzungen, sind Fehlannahmen vorprogrammiert, die dem Täter in die Hände spielen und den Ermittlungserfolg gefährden.

Zurück zum Fall Krauss. Aufgrund des Tatortbefundes und der gesicherten Spuren werden von den Kriminalisten zu verschiedenen Aspekten der Tat erste *Hypothesen* aufgestellt:

Hypothesen

Tatzeit

»Alleine von den Schuhspuren kann abgeleitet werden, dass der oder die Täter zu einem Zeitpunkt in das Tatanwesen eingestiegen sind, als am Boden noch *kein Frost herrschte*. Nur so sind die teils tiefen Fußabdrücke zu erklären. Geht man davon aus, dass die Bodenfrostgrenze um die *Mitternachtszeit* gelegen hat, so muss der Täter *vorher* die Mauer überstiegen und zum Tatanwesen gelangt sein.«

Zugang zum Tatort

»Der Täter näherte sich vom Nachbargrundstück. Vermutlich ging er *zu Fuß bis zum Anwesen, um dann etwa in dieser Höhe die Mauer zu überwinden*. Die verschiedenen auf dem Erdreich zurückgelassenen Schuheindrücke lassen erkennen und vermuten, *dass der Täter zunächst den Schaltkasten als Aufstiegshilfe suchte, sich dann aber auf den aus dem Boden herausragenden Eisenpfosten stellte und auf die Mauer stieg*. Der Täter ließ sich etwa zwei Meter weiter an der Mauer herab, ging von dort zu dem Neubau, bestieg die Leiter, die er *möglicherweise selbst angestellt hatte,* nahm den Porotonstein, stellte ihn vor das Giebelfenster und stieg in die Küche ein. Zuvor wird er das *vermutlich offen stehende Fenster vorsichtig aufgedrückt und die auf der Fensterbank innen stehenden Schüsseln weggenommen haben. Aller Wahrscheinlichkeit nach hat der Täter die Wohnung auf dem gleichen Weg wieder verlassen*. Denkbar wäre natürlich auch, *dass er mit den in der Wohnung Krauss gefundenen Schlüsseln der Metzgerei den Hinterausgang im Erdgeschoss aufschloss*. Der Täter öffnete das Hoftor und flüchtete mit dem Pkw der Getöteten.«

Anzahl der Täter

»Nach den Schuhspuren zu urteilen, hat aller Wahrscheinlichkeit nach *nur ein Täter die Mauer überstiegen* und ist durch das Giebelfenster in die Tatortwohnung gelangt. Inwieweit ein oder mehrere Täter außerhalb des Anwesens Krauss eine Rolle gespielt haben, kann nicht beurteilt werden.«

Tatwerkzeug

»Über ein mitgeführtes Tatwerkzeug kann zu diesem Zeitpunkt keine konkrete Aussage gemacht werden. *Der Täter kann auch am Tatort selbst, in der Wohnung Krauss, ausreichend Werkzeuge für den Einbruch und die Tötungshandlungen erlangt haben.*«

Tatausführung

»Bezogen auf den Raub und die Suche nach Wertgegenständen fällt auf, dass auf dem Boden der Küche und des Verkaufsraums im Erdgeschoss Einbruchswerkzeug herumliegt. *Es könnte aus dem Haushalt der Opfer stammen, aber auch vom Täter mitgebracht und zurückgelassen worden sein.* Aufgrund der angetroffenen Situation in der Wohnung Krauss, hier insbesondere das heillose Durcheinander, *kann davon ausgegangen werden, dass der oder die Täter völlig planlos vorgegangen ist oder sind.* Das vorgefundene Durcheinander lässt nicht auf ein *gezieltes Suchen* schließen.«

Raubgut

»Derzeit ist bekannt, dass aus der Ladenkasse ca. 300 Mark Wechselgeld fehlen. *Andere Gegenstände dürften aus dem Verkaufsraum nicht geraubt worden sein.*«

Täterhinweise

»Der angenommene Weg des Täters und auch die Vorgehensweise in der Tatortwohnung lassen den Schluss zu, *dass der Täter über Ortskenntnisse verfügt haben dürfte.* Man kann ein äußerst gezieltes Agieren erkennen.«

Die aus dem Tatortbefund und den entdeckten Spuren hergeleiteten Hypothesen lassen nach Auffassung der Ermittler erste Konturen eines Bildes von Tat und Täter erkennen: Demnach dürfte von einem Raubmord auszugehen sein, verübt von einem Einzeltäter, der einerseits zielstrebig vorging (Annäherung), andererseits in der Wohnung der Opfer wahllos nach Raubgut suchte und dabei ein wenig planvolles Verhalten erkennen lässt. Wahrscheinlich sind die Eheleute Krauss nicht zufällig Opfer dieses Verbrechens geworden, weil die Auswahl des Tatortes wohl nur über bereits vorhandene Ortskenntnisse realisierbar gewesen sein dürfte.

Anknüpfungspunkt für weitere Hypothesen sind die den Opfern zugefügten Verletzungen, die sehr ähnlich ausgeprägt sind: Das aufgedunsene Gesicht und der Hals sind blau-rötlich verfärbt; das zweifach um den Hals geschlungene Elektrokabel hat eine deutlich sichtbare Strangulationsfurche hinterlassen; Platzwunden bzw. Hautdefekte im Gesichts- und Nackenbereich; punktförmige Einblutungen in die Bindehäute der Augen.

Bei der Tatortarbeit sind den Kriminalisten einige Besonderheiten aufgefallen, die ebenfalls von Bedeutung sein dürften. So fand man in der rechten Hand von Hans Krauss ein Büschel schwarze Haare, die teils um den Daumen gewickelt waren und in der Länge bis zum Oberkörper reichten. Etwa einen Meter vor seinem Kopf wurden nebeneinander auf dem Fußboden zwei Unterkiefer-Zahnprothesen gefunden. In Höhe seines Unterschenkels lag ein gebogener Haarkamm. Auf dem Teppich des Wohnzimmers waren im unteren Bereich in Richtung Tür mehrere großflächige Blutspuren erkennbar, in entgegengesetzter Richtung fand man in Höhe des Kopfes von Maria Krauss noch eine Blutspur.

Aufgrund dieser Befunde schlussfolgern die Ermittler, der Täter dürfte durch stumpfe Gewalt massiv auf Gesicht und Nacken der Opfer eingewirkt haben. Die Stauungsblutungen im Kopf- und Halsbereich sprechen für die Annahme eines Erstickungstodes. Die dokumentierten Leichenerscheinungen und die Messungen der Körpertemperatur bei den Opfern lassen als Tatzeit 22.00 bis 0.30 Uhr vermuten.

Eine Bestätigung erfahren diese Annahmen durch das Ergebnis der Obduktionen: »Sämtliche Verletzungszeichen waren vitaler Art«, steht in den Untersuchungsbefunden. »Demnach sind Frau und Mann mit einem Elektrokabel erhängt worden. Der Schlingenverlauf war frei, eine Verknotung lag folglich nicht vor. Somit lässt sich nicht sagen, wie die Kabel um den Hals der Opfer kamen. (…) Das gesamte Spurenbild am Leichenfundort sowie die Verletzungsmuster sprechen am ehesten für ein Fremdverschulden. (…) Möglicherweise wurden dem Mann mit einem in der Wohnung aufgefundenen Hammer die Verletzungen im Gesicht beigebracht. Auch an Schläge mit der flachen Hand und der Faust ist zu denken. (…) Den Verletzungen ist zu entnehmen, dass sie durchaus geeignet waren, eine Bewusstlosigkeit herbeizuführen. Möglicherweise wurden die Opfer in diesem Zustand erhängt. Abwehr- und Kampfspuren konnten an den Leichen nicht gefunden werden. Insgesamt handelt es sich um einen gewaltsamen Tod. Die Todesursache liegt in einem Erstickungstod durch Erhängen.«

Nach intensiv geführten Ermittlungen sind die Kriminalisten bereits am Tag zwei der Kommissionsarbeit in der Lage, den Tatablauf zu rekonstruieren: Der Täter dürfte demnach durch das Küchenfenster in die Wohnung eingedrungen sein (Schuhabdruckspuren) und zeitnah mit der Suche nach Diebesgut begonnen haben (kriminologischer Erfahrungswert). Wahrscheinlich wird er dabei von einem Opfer oder beiden überrascht worden sein (keine Blutspuren der Opfer im Verkaufsladen, Fundort der

Leichen), möglicherweise verursacht durch Geräusche des Täters (Zeugenaussage: Eheleute Krauss gingen regelmäßig erst nach 23 Uhr ins Bett). Daraufhin könnte sich der Täter spontan dazu entschlossen haben, die Opfer anzugreifen und übergangslos massive stumpfe Gewalt anzuwenden (fehlende Abwehrverletzungen bei den Opfern, diagnostizierte Verletzungsbilder).

Möglicherweise erst danach könnte der Täter zu dem Entschluss gekommen sein, die Eheleute Krauss zu töten (Tatwerkzeug: Elektrokabel vom Staubsauger in der Wohnung). Erst als die Opfer widerstandsunfähig bzw. bewusstlos gewesen sein dürften, wird der Täter sie erhängt haben (Tatortbefund). Vielleicht wollte er hierdurch eine Selbsttötung vortäuschen (kriminologischer Erfahrungswert). Für die Durchsuchung der Wohnung dürfte er sich Zeit gelassen haben (alle Räumlichkeiten wurden durchsucht, in der Küche fand man auf den Täter hinweisende Nahrungsmittelreste). Anschließend wird er den Pkw der Opfer gestohlen haben und damit geflüchtet sein (Pkw nicht mehr auffindbar). So – oder so ähnlich – könnte sich die Tat nach Einschätzung der Ermittler – zunächst grobkörnig betrachtet – zugetragen haben.

Auch zur Motivation des Täters und zum Verbleib des geraubten Pkws haben die Ermittler unterdessen Hypothesen formuliert. »Das Durchsuchen der gesamten Wohnung, auch zwischen Bettwäsche und unter den Matratzen, lässt den Schluss zu, dass der Täter insbesondere Geld gesucht hat«, schreibt der Kommissionsleiter in seiner »Analyse des objektiven und subjektiven Tatgeschehens«. Und weiter überlegt er:

»Für diese Annahme spricht auch, dass der Täter die Zwischentür zur Metzgerei im Parterre aufbrach und versuchte, die Ladenkasse gewaltsam zu öffnen. Auch das Durchsuchen von Schränken und Schubladen im Verkaufsladen untermauert diese Hypothese.

Noch ist nicht genau zu erkennen, inwieweit das Töten der Eheleute Krauss geplant war. Das Tatwerkzeug, das Elektrokabel einerseits, von einem Staubsauger abgeschnitten, und andererseits das wahrscheinlich dazugehörende Verlängerungskabel, beides aus der Wohnung der Opfer, lässt vermuten, dass der Täter nach einem Tatmittel erst in der Wohnung gesucht hat. Dies bedeutet jedoch nicht, dass er überhaupt kein Tatwerkzeug mitgebracht hatte. Möglicherweise erfolgte die Tötung zur Verdeckung des Einbruchsdiebstahls.

Das Mitnehmen des Fahrzeugs der getöteten Eheleute lässt den Schluss zu, dass der Täter (den Schuhspuren nach zu urteilen ein Einzeltäter) zu Fuß zum Tatobjekt gelangte und nach Vollendung der Tat die hiesige Region verlassen oder wegen eines größeren Gegenstandes aus der Tatortwohnung das Fahrzeug zum Abtransport benutzt haben könnte.«

Die Überlegungen des Ermittlungsführers, aber auch seiner Mitarbeiter, sind einer bestimmten Denkweise geschuldet. Wer wie ein Kriminalist denken und danach handeln will, der muss sich einem ihn ständig begleitenden intellektuellen Prozess unterwerfen, dessen oberste Maxime die Erforschung der Wahrheit ist. Dabei muss den Denkgesetzen der Logik gefolgt, es muss also folgerichtig, geschlossen und vernünftig überlegt werden – bloßes Wunschdenken oder nackte Spekulationen haben hier keinen Platz.

Kriminalistisches Denken ist vornehmlich darauf ausgerichtet, fallbezogen und etappenweise neue Erkenntnisse zu generieren, indem alle zur Verfügung stehenden Quellen (beispielsweise Spurenträger, Zeugenaussagen, Gutachten oder Beweismittel) berücksichtigt und auf ihre Tatrelevanz bzw. Beweisqualität geprüft werden. Im Wesentlichen geht es darum, möglichst realitätsnahe Gedanken- und Sinnzusammenhänge herzustellen. Erst das variantenreiche gedankliche Durchdringen potenzieller Beziehungsgeflechte und deren Ursprünge ermöglicht die widerspruchsfreie Verknüpfung von zwei oder mehr Aspekten, die bis dahin beziehungslos erschienen. Oder umgekehrt: Es soll herausgefiltert werden, was nicht zusammenpasst. Gefordert ist der sachbezogene und kühle Logiker; Jagdmentalität, Tunnelblick oder Affekte führen gewiss nicht ans Ziel. Ein erstes Zwischenergebnis dieses stets dynamischen Prozesses sind tat- bzw. täterorientierte Schlussfolgerungen, die allerdings an zuvor ermittelten Tatsachen oder anderen unzweifelhaften Befunden anknüpfen müssen, um bloße Beliebigkeiten und Zufälle kategorisch auszuschließen.

So wird es auch im Fall Krauss gemacht. Die Mordkommission formuliert schließlich mehrere Täterhypothesen, um den Ermittlungen eine Struktur und Richtung zu geben.

Täterhypothesen

Täter-Opfer-Beziehung allgemein
»Der Täter dürfte Ortskenntnisse gehabt haben. Somit ist das soziale Umfeld der Getöteten für die Täterermittlung von großem Interesse.«

Tatverdacht – berufsbedingt
»Die im Parterre gelegene Metzgerei, die früher den Eheleuten Krauss gehörte, ist offensichtlich in Erbpacht vergeben. Pächter, auch frühere Pächter, Bedienstete etc. sind unbedingt in den engeren Kreis der möglichen Täter einzubeziehen.«

Tatverdacht – anlassbezogen
»Im Anwesen der Eheleute Krauss befindet sich am rückwärtigen Ende des Hauses ein größerer Neubau, der bis zum Balkenlager des

Daches bereits fertiggestellt ist. Deshalb muss zumindest ein Teil der dort tätigen oder tätig gewesenen Handwerker überprüft werden. Zu berücksichtigen sind insbesondere Maurer, Einschaler, Zimmerleute und Fahrer der Materialfahrzeuge, die sich beim Aufenthalt im und am Neubau Ortskenntnisse verschafft haben könnten.«

Tatverdacht – erfahrungsgemäß

»Nach Zeugenaussagen ist der Enkel der Getöteten polizeibekannt und verkehrt in Rauschgiftkreisen. Er selbst und sein Umfeld sind in den Bereich der potenziell Tatverdächtigen mit einzubeziehen. Dies gilt auch für die regionale Einbrecherszene. Besonders überprüfungsbedürftig erscheinen jedenfalls gewohnheitsmäßige Wohnungs-, Büro- und Geschäftseinbrecher, die eine ähnliche Vorgehensweise wie im vorliegenden Fall erkennen lassen.«

Für jede als Täter in Frage kommende Person wird nun von der Mordkommission eine »Spur« angelegt, die jeweils eine Nummer erhält, beginnend mit »1«, und zwei Kriminalbeamten zugeschrieben wird, die dann so lange in dieser Sache ermitteln müssen, bis unzweifelhaft ist, dass die verfolgte Spur nicht tatrelevant, also »tot« ist – andernfalls wird sie »heiß«.

»Spur 11«: Wolfgang Kessler, 48 Jahre alt, verheiratet, ehemaliger Pächter der Metzgerei »Herkules«. Bisher spricht lediglich gegen ihn, dass die Merkmale der Arbeitshypothese »Tatverdacht – berufsbedingt« auf ihn zutreffen, wie auf zwei andere Männer und eine Frau auch.

Kessler ist für die Kripo kein Unbekannter. Es existiert über ihn eine Kriminalakte, die nun unter kriminalistischen und kriminalpsychologischen Aspekten ausgewertet und mit der Arbeitshypothese abgeglichen wird. Allerdings liegen seine Verfehlungen elf Jahre zurück. Dennoch erbringt die Analyse durchaus beachtliche Ergebnisse:

- »Kessler hat anscheinend bei allen von ihm 1972/73 begangenen Einbrüchen Ortskenntnisse gehabt.«
- »Zumindest teilweise hat er bei den geschädigten Wohnungs- oder Geschäftsinhabern gearbeitet bzw. hatte anderweitig zu diesen Kontakt, so dass er sich auf diesem Wege gewisse Ortskenntnisse und das Wissen um sonstige Gepflogenheiten aneignen konnte.«
- »Kessler hat zumindest in zwei oder drei Fällen Schlüssel zu den Objekten oder Fahrzeugschlüssel am Ort des Geschehens mitgenommen, teilweise bei seinen persönlichen Sachen aufbewahrt oder an einem anderen Ort des Geschehens wieder zurückgelassen.«
- »Er hat beim Zugang zu den Tatobjekten Mauern überstiegen oder Leitern am Grundstück zum Einstieg verwendet.«
- »Anscheinend arbeitet Kessler bei Straftaten mit Handschuhen, denn in fast allen bekannten Fällen ist es nicht gelungen, ihn mittels Fingerspuren als Täter zu überführen.«

Unbestreitbar ist, dass die festgestellten Parallelen zwischen dem Täterverhalten im vorliegenden Fall und der von Kessler bevorzugten Vorgehensweise bei seinen Einbrüchen elf Jahre zuvor einen ihn belastenden Charakter haben. Nur ist diese Verhaltensschablone keineswegs so individuell ausgeprägt, dass sie nur auf Kessler passen kann. Denn die beschriebenen Tatbegehungsmerkmale werden auch von anderen Einbrechern favorisiert bzw. im Erfolgsfall immer wieder angewandt. Und den Ermittlern ist ein weiterer wichtiger Aspekt nicht entgangen: Bei seinen Vorstrafen hat Kessler in keinem Fall körperliche Gewalt angewandt. Aus dieser Tatsache darf jedoch nicht ohne weiteres geschlussfolgert werden, Kessler sei zu einem Gewaltverbrechen nicht fähig. Es muss also weiter ermittelt werden.

Bei einem Notar erfahren die Kriminalbeamten, dass die Eheleute Krauss aus dem Pachtvertrag mit Kessler kürzlich noch Forderungen geltend gemacht hatten, die gerichtlich eingetrieben werden sollten. Dazu passt: Kessler war vor einem Dreivierteljahr letztmalig als Maschinenschlosser angestellt gewesen, verlor seine Stelle jedoch, als er von seinem Jahresurlaub ohne Angabe von Gründen nicht zurückgekehrt war. Derzeit ist er arbeitslos gemeldet, gegen ihn bestehen zudem Steuerpfändungsbeschlüsse.

Mit diesen Erkenntnissen kann die Arbeitshypothese »Ehemalige Pächter könnten als Täter in Frage kommen« nicht widerlegt werden. Denn Kessler lag mit den Getöteten in einem Rechtsstreit, er hat aktuell zumindest offiziell kein geregeltes Einkommen, und es deuten sich finanzielle Probleme an. Gleichwohl reichen diese Informationen nicht aus, um allein auf dieser Grundlage einen Mordverdacht auszusprechen, denn im Familien-, Freundes- und Bekanntenkreis der Opfer existieren nach intensiven Recherchen der Kripo mehrere Personen, die ein ähnliches Profil aufweisen. Deshalb müssen die Ermittler weitere Nachforschungen anstellen.

Als die Fahnder Kessler an seiner aktuellen Wohnanschrift aufstöbern und befragen wollen, erfahren sie von Nachbarn, der Gesuchte sei vor zwei Wochen mit seiner Frau Gertrud ausgezogen, wohin, wisse man nicht.

Schließlich gelingt es den Ermittlern, zumindest mit Gertrud Kessler in Kontakt zu treten. Sie versichert den Beamten glaubhaft, sie habe sich von ihrem Mann inzwischen getrennt und wolle sich zeitnah scheiden lassen. Der jetzige Aufenthaltsort ihres Mannes sei ihr nicht bekannt.

Die finanziellen Verhältnisse Kesslers sind unerfreulich: Bei der Sparkasse hat er Schulden in Höhe von ca. 25 000 Mark, derzeit dürfte es für ihn nicht möglich sein, andernorts ein Konto zu eröffnen oder eine Euroscheckkarte zu erhalten. Die letzten Kontobewegungen bei der Sparkasse haben vor drei Monaten stattgefunden. Die der Bank mitgeteilte Adresse in Hamburg ist nicht existent.

Diese Ermittlungsergebnisse zeichnen das Bild eines Mannes, der offenkundig in einer akuten Lebenskrise steckt: Frau weg, Job weg, Wohnung weg. Nur bedeuten diese besonderen Umstände keineswegs, dass Kessler schon deswegen mit dem Doppelmord in Verbindung gebracht werden muss, weil viele Menschen Ähnliches durchmachen und überwiegend dabei nicht kriminell werden. Allerdings spricht die Gesamtschau der durch die Kripo ermittelten Fakten eher für die Richtigkeit der Arbeitshypothese – doch nach wie vor fehlen belastbare Beweise, um aus der Annahme ein Urteil ableiten zu können.

Der Täter geht ins Netz

15 Tage nach dem Mord geht Kessler den Fahndern schließlich ins Netz, als er nach einem Hinweis aus der Bevölkerung – der Zufall will es so – nach dem morgendlichen Einkaufen beim Verlassen einer Metzgerei widerstandslos festgenommen wird. Erfahrungsgemäß wird sich bereits in den kommenden Stunden erweisen, ob die Arbeitshypothese der Ermittler tatsächlich zutreffend ist.

»Ich war zu Hause bei meiner Frau, sie hat nicht gearbeitet«, mit diesen Worten beginnt sein spontanes Geständnis. »Als es dunkel wurde, verließ ich das Haus und überlegte, wie ich an Geld kommen könnte. Da fiel mir meine frühere Arbeitsstelle ein, die Metzgerei ›Herkules‹. Ich dachte, dass ich dort vielleicht Glück haben könnte.«

Weiter berichtet Kessler, er sei mit dem Bus in die Nähe der Metzgerei gefahren, habe sich dort zunächst sichernd umgeschaut, sei schließlich über eine Leiter am Neubau auf das Dach geklettert und von dort aus durch das angelehnte Küchenfenster in die Tatortwohnung eingestiegen. Purer Zufall. Zunächst habe er sich in der Küche aufgehalten, eine Flasche Bier getrunken und geraucht.

»Auf einmal hörte ich, dass der Schlüssel an der Küchentür gedreht wurde. Die Tür ging auf. Das Licht wurde angeschaltet. In der Tür stand Hans Krauss. Ich schaute ihn an. Ob er mich gesehen hat, weiß ich nicht. Ich bin sofort auf ihn los, mit den Händen. Ich wollte ihn hinausstoßen und die Tür wieder zumachen. Das klappte aber nicht. Ich griff in meine rechte Manteltasche, zog meine Pistole heraus und schlug auf Krauss ein, mehrmals auf den Kopf.«

An den weiteren Ablauf der Tat will Kessler sich jedoch nicht entsinnen können. »Ich erinnere mich nur noch daran, dass ich die gesamte Wohnung und den Verkaufsraum durchsucht habe.« Dabei habe er im Wohnzimmer in einem Briefumschlag 600 Mark gefunden und eingesteckt. »Und die Ladenkasse habe ich aufgebrochen, da waren aber nur etwa 50 Mark Münzgeld drin, das habe ich auch mitgenommen.«

Als er nach dem Aufbrechen der Ladenkasse die Treppe hochgelaufen sei, habe er »beim Betreten der Küche die Frau und den Mann da hängen sehen. Meines Wissens hing sie am Fenster und er an der Tür. Ich wollte nun weg. Es fiel mir der Pkw ein. Er stand unten im Hof. Ich hatte ihn beim Übersteigen der Mauer gesehen. Ich nahm die Fahrzeugschlüssel und Hoftürschlüssel an mich und stieg durch das Fenster wieder nach draußen. Auf dem gleichen Weg, wie ich gekommen war, also über die Leiter, erreichte ich wieder den Hof, setzte mich ins Auto und fuhr davon.«

Wolfgang Kessler offenbart bei seinem Geständnis Details des Doppelmordes, die nur der Täter kennen kann. Match! Drei Monate später wird er folgerichtig zu lebenslanger Haft verurteilt. Dieser Erfolg beruht im Wesentlichen auf einer sich an Fakten orientierenden und kriminalistisch-kriminologisches Fachwissen berücksichtigenden Rekonstruktion des Tatgeschehens. Daran anknüpfend, gelang es den Ermittlern, etappenweise gedankliche Verknüpfungen plausibel herzustellen, die zur Richtschnur der Ermittlungen wurden und schließlich direkt zum Täter führten:

- Rekonstruktion der Tat → Modus Operandi
- Modus Operandi → Ortskenntnisse Täter
- Ortskenntnisse Täter → Täter-Opfer-Beziehung
- Täter-Opfer-Beziehung → ehemaliger Pächter
- ehemaliger Pächter → Wolfgang Kessler

Dass andere Überlegungen zu möglichen Tatverdächtigen (Einbrecher aus der Region, Drogenkonsument im Familienkreis der Opfer oder bestimmte Handwerker) sich am Ende als falsch herausstellten, schmälert den Wert der gebildeten Hypothesen keineswegs, sondern belegt vielmehr: Nur wem es gelingt, möglichst viele Ideen aus einem Sachverhalt abzuleiten, der erhöht damit die Wahrscheinlichkeit eines Volltreffers um ein Vielfaches. Wer sich indes nur auf jene Vermutung verlässt, die ihm – aus welchen Gründen auch immer – besonders einleuchtend erscheint, der beraubt sich unnötigerweise seiner intellektuellen Qualitäten und wird zwangsläufig zum Opfer der eigenen gedanklichen Einengung.

Alltagshypothesen – und wie man sich irren kann

Während der Kriminalist auf sein tat- bzw. täterorientiertes Erfahrungswissen vertraut und dies bei einer Fallanalyse als erste Orientierungs-, Bewertungs- und Entscheidungshilfe nutzt, verhält sich der Mensch im Alltag sehr ähnlich: Wir beobachten andere Menschen oder Menschengruppen, stellen Überlegungen zu deren Persönlichkeit und Verhalten an, ziehen beispielsweise aus Kleidung, Sprache, Mimik oder Körperhaltung Schlussfolgerungen, überprüfen den Wahrheitsgehalt bei sich bietender Gelegenheit und richten danach unser aktuelles oder künftiges Verhalten aus, gegebenenfalls in modifizierter Form.

Diese empirischen Erfahrungen, die wir gerne auch ungeprüft von Autoritäten übernehmen, verfestigen sich im Laufe der Zeit als sogenannte Alltagshypothesen – erst sie machen uns in der sozialen Realität handlungs-, entscheidungs- und überlebensfähig. Wenn wir ihre Sinnhaftigkeit erkennen, können wir die richtigen Schlussfolgerungen ziehen und uns situationsgerecht verhalten, zum Beispiel: Gewitter bedeutet Gefahr, von zu viel Sonne bekommt man einen Sonnenbrand, ungesunde Ernährung macht auf Dauer krank.

Wie sehr wir uns von Alltagshypothesen leiten lassen, lehrt auch der Mord an Maria und Hans Krauss. Erinnern wir uns an die gellenden Schreie um 23.39 Uhr in unmittelbarer Nähe des Tatortes. Höchstwahrscheinlich wird Maria Krauss geschrien haben, weil nach Aussage des Täters ihr Ehemann sofort attackiert und mundtot gemacht wurde. Allerdings blieben die Todesschreie der Frau nicht ungehört. Ein 50-jähriger Landwirt hielt sich mit seiner Tochter (20) und seinem 17-jährigen Sohn zur Tatzeit in unmittelbarer Nähe der Metzgerei auf. Sie meldeten sich jedoch erst nach einer Presseveröffentlichung bei der Kripo und berichteten von ihrem mysteriösen Erlebnis.

Vater: »Nach meiner Erinnerung konnten wir mehrere Schreie hören, vielleicht drei oder vier. Für mich waren das Schmerzensschreie. Ich habe selbst schon Leute gehört, die wegen Gallen- oder Nierenkoliken geschrien haben. Das, was wir an dem Abend gehört haben, waren sehr ähnliche Schreie. Die waren ziemlich schrill und hörten abrupt auf. Meines Erachtens waren das keine Hilfeschreie, sonst hätten wir etwas unternommen.«

Tochter: »Kurz bevor wir an der Metzgerei vorbeikamen, hörten wir auf einmal dumpfe Schreie. Die Schreie waren nicht so laut, wir konnten sie aber zunächst gut hören. Wir blieben stehen, um herauszubekommen, woher die Schreie kommen könnten. Es kam uns dann so vor, als wenn sie von der Metzgerei Krauss kämen. Ich glaube, da hat eine Frau geschrien. In dem Anwesen war eine Stube erleuchtet, das Licht brannte, und das Fenster stand offen. Noch während wir vor der Metzgerei standen, wurden die Schreie leiser und verstummten schließlich. Wir haben nicht damit gerechnet, dass jemand in Gefahr war. Mein Vater meinte wohl, dass Herr Krauss eine Kolik hätte, da wäre es normal, wenn man so schreien würde.«

Sohn: »Wir waren gerade in Höhe des Anwesens Krauss, als wir Schreie hörten. Zuerst wussten wir nicht, wo diese Rufe herkamen. Deshalb blieben wir stehen, um besser hören zu können. Die Rufe waren nämlich nicht genau auszumachen. Schließlich kamen wir darauf, dass die Schreie aus dem Anwesen Krauss kommen mussten. Bei den Schreien handelte es sich nicht um Hilferufe, sondern sie glichen mehr Schmerzensschreien. Die Stimme war irgendwie schrill und hoch. Es könnte sich sowohl um eine Männer- als auch um eine Frauenstimme gehandelt haben. Wir gingen wieder ein Stück zurück, so dass wir das Anwesen beobachten konnten. Es war dann aber alles still, deshalb sind wir weitergegangen.«

Während Tochter und Sohn in ihren glaubhaften Aussagen keine Alltagshypothese erkennen lassen (wahrscheinlich fehlt ihnen die entsprechende Lebenserfahrung), erklärt der Vater, eine akute Erkrankung (Kolik) als Ursache für die wahrgenommenen Schreie geschlussfolgert zu haben. Denn er wusste aus eigenem wiederholtem Miterleben, dass Koliken krampfartig auftreten, besonders schmerzhaft sind und unkontrollierbare Schreie des Betroffenen auslösen können. Die gedankliche Verknüpfung von eigener Wahrnehmung und Erfahrungswissen erschien ihm deshalb durchaus plausibel: Schrei → Schmerz → Erkrankung → Kolik. Auch das abrupte Ende der Schreie und die darauf einsetzende »Ruhe« deutete der Vater im Sinne seiner Alltagshypothese, weil Koliken erfahrungsgemäß unvermittelt auftreten, episodenhaften Charakter haben und abrupt wieder abklingen können. Und die daraus abgeleitete Konsequenz, nichts weiter unternehmen zu müssen, erachtete er ebenfalls als einleuchtend.

Der Vater hat die Schreie demnach nur schemageleitet im Sinne seiner persönlichen Erwartungshaltung interpretiert und damit einen unverrückbaren Handlungsrahmen gesetzt. Unpassende bzw. nicht mit seinen Erfahrungswerten übereinstimmende Wahrnehmungen sind dabei unberücksichtigt gelassen bzw. verworfen worden. Der einmal gefundene Handlungsrahmen (Krankheit – Kolik) generiert somit zwangsläufig ein darauf abgestimmtes Handlungsprogramm (Untätigkeit).

Bei selbstkritischer Würdigung seiner Überlegungen hätte der Vater die besonderen Umstände der Schreie (Uhrzeit, Licht im Zimmer, Fenster geöffnet, abruptes Ende der Schreie) indes auch als ungewöhnlich deuten dürfen und der Sache auf den Grund gehen können. Selbst seine Tochter bemerkte in diesem Zusammenhang vollkommen zutreffend: »Wir haben doch nicht damit gerechnet, dass jemand in Gefahr war.« Ein Polizist oder ein Feuerwehrmann oder ein Wachmann oder ein Arzt oder ein Staatsanwalt oder ein Strafrichter oder ein Privatdetektiv oder überhaupt jemand mit zum Ereignis passender Empirie hätte in diesem Fall höchstwahrscheinlich andere Schlussfolgerungen ziehen müssen und wäre wohl eher geneigt gewesen, als Ursache für die Schreie eine unmittelbare Gefahr anzunehmen und danach zu handeln.

Das Verhalten des Vaters und seiner Kinder offenbart aber noch ein weiteres häufig zu beobachtendes Versäumnis bei der alltäglichen Hypothesenbildung – die unterlassene oder einseitig vorgenommene Überprüfung der eigenen Annahme: fehlende bzw. fehlerhafte Bedingungskontrolle. Es hätte im vorliegenden Fall nichts dagegen gesprochen, bei der Metzgerei zu klingeln und nachzufragen, ob tatsächlich jemand erkrankt ist, ob möglicherweise ärztliche Hilfe benötigt wird; schließlich waren die Eheleute Krauss keine fremden Menschen, denen man nicht zu nahe treten möchte. Stattdessen warteten der Vater und seine Kinder eine Zeitlang vor der Metzgerei und bewerteten das Ausbleiben weiterer Schreie unkritisch als Bestätigung im Sinne ihrer Annahme, es liege ein Krankheitsfall vor, der in Wirklichkeit ein Mordfall war.

Das stereotype Denken des Vaters, der die Hypothesenbildung seiner Kinder als Autorität im Ergebnis wesentlich beeinflusst haben dürfte, erzeugte letztlich eine fiktive soziale Realität – mit gewiss dramatischen Folgen, die bei einer unvoreingenommenen systematischen Überprüfung seiner Erklärungshypothese eventuell hätten vermieden werden können. Unabhängig vom Erfolg bzw. Misserfolg seines Handlungsprogramms wäre ihm jedoch – und nur darauf kommt es hier an – eine irrige Annahme erspart geblieben.

Alltagshypothesen beeinflussen entscheidend, wie wir soziale Gegenstände beurteilen, wie wir denken, fühlen, ob wir handeln oder untätig bleiben; auch wie erfolgreich wir sind, hängt entscheidend davon ab. Diese Annahmen bzw. Unterstellungen begleiten uns täglich, stündlich, minütlich, wir wenden sie mitunter unbewusst an, verlassen uns auf sie: Wenn die Ampel Grün zeigt, darf ich losfahren, mit Querverkehr muss ich nicht rechnen.

Sehr häufig ist das aus Alltagshypothesen abgeleitete Verhaltensrepertoire zwingend erforderlich, um (un)bekannte Situationen einschätzen, Ereignisse beurteilen und eigenes Verhalten planen zu können. Unangenehm wird es erst dann, wenn die Annahme, auf die wir vertrauen, unzutreffend ist oder als Entscheidungshilfe nicht trägt. Denn unser Alltagswissen ist nicht nur begrenzt, sondern immer auch individuell ausgeprägt. Deshalb empfehle ich – aus x-facher eigener leidvoller Erfahrung –, das einmal verinnerlichte Erfahrungswissen nicht als unverrückbares Naturgesetz zu verstehen, auf das blindlings vertraut werden darf, sondern die eigene Erfahrungswelt immer wieder kritisch zu hinterfragen und zu aktualisieren. Nur so minimiert man das Risiko unliebsamer Überraschungen und Fehlentscheidungen.

Alltagshypothesen taugen in erster Linie als Basis für Entscheidungen und Prognosen, die auf gewöhnliche Ereignisse oder bekannte Problemstellungen abzielen – sie sind im übertragenen Sinne die Verhaltens-DNA des Menschen. Wenig hilfreich sind sie indes dann, wenn wir Situationen zu meistern haben, für die es keine Alltagshypothese gibt, wenn Lösungsmöglichkeiten gedanklich erst entwickelt werden müssen – Hypothesen*bildung,* mit anderen Worten: Ich nehme an, dass …

Der kreative und schwer zu markierende Prozess der Hypothesenbildung muss in der sozialen Realität ebenfalls täglich mit unterschiedlicher Häufigkeit und Intensität bewältigt werden, nur stehen dem Menschen hierbei keine ausgeklügelten und empirisch abgesicherten Methoden zur Verfügung – genau dieses Manko ist einer der wesentlichen Gründe dafür, warum wir uns bei der Bewältigung von Alltagsproblemen so häufig irren und so viele falsche Entscheidungen treffen.

Fehler vermeiden
bei der Hypothesenbildung

Ich habe einige Jahre damit verbracht, insbesondere mich, aber auch mein soziales Umfeld immer wieder daraufhin zu überprüfen, welche (vermeidbaren) Fehler bei der alltäglichen Hypothesenbildung passieren, wie sie passieren und warum sie uns passieren.

Entstanden ist dabei eine nicht abgeschlossene Chronik menschlicher Unzulänglichkeiten, die uns hilft, Fehler zu vermeiden und künftig zu besseren Entscheidungen zu kommen.

Ich möchte Ihnen elf Beispiele vorstellen.

Rückblick

Ich war im Supermarkt einkaufen und packe zu Hause den Einkaufskorb aus. Komisch, die Zwiebelmettwurst, die ich zusammen mit dem Serrano-Schinken, der Blutwurst, der Salami und dem Krautsalat an der Wursttheke ausgesucht hatte, fehlt. Ich schaue nochmals die Einkäufe durch, nichts, die Wurst bleibt unauffindbar. Ich bin mir ziemlich sicher, das Corpus Delicti an der Kasse aufs Laufband gelegt zu haben. Daraus schließe ich: Entweder habe ich die Wurst beim Einpacken übersehen und liegen gelassen, oder die Frau hinter mir hat sie irrtümlich oder sogar absichtlich eingepackt und mitgenommen.

Kurz entschlossen schnappe ich mir den Autoschlüssel und will zurück in den Supermarkt, um die Sache zu klären; vielleicht hat sogar die Kassiererin die Wurst gefunden, mir zugeordnet und zur Seite gelegt, damit ich sie abholen kann, sollte ich den Verlust bemerken und die richtige Schlussfolgerung ziehen. Das ist meine Überlegung. Und Hoffnung.

Doch bevor ich das Haus verlassen kann, fragt mich meine Frau, wo ich hinwill. Ich schildere ihr mein Problem. Daraufhin öffnet sie den Kühlschrank, schaut auf den Kassenbon, der auf der Verpackung mit der Wurst klebt, öffnet daraufhin die Tüte und: nimmt die Zwiebelmettwurst heraus. Auf diese Idee bin ich nicht gekommen, weil ich in meiner Rückschau unkritisch angenommen hatte, die Wurst noch an der Supermarktkasse gesehen zu haben. Einbildung. Rückschaufehler. Und diese einmal gefundene Hypothese habe ich fahrlässig als die einzig richtige betrachtet und darum von weiteren Überlegungen Abstand genommen.

Tunnelblick

Ich verlasse mein Büro im Präsidium und haste zur Bushaltestelle. Die Linie 725 fährt alle zehn Minuten, ich erreiche die Haltestelle um 16.29 Uhr. Doch fünf Minuten später warte ich immer noch auf den Bus, der – das weiß ich aus Erfahrung – die Haltestelle auch schon mal ein oder zwei Minuten vor der Sollzeit anfährt. Das dürfte jetzt wieder passiert sein, überlege ich. Und warte. Doch es kommt kein Bus, auch planmäßig um 16.40 Uhr nicht.

An der Bushaltestelle steht sonst niemand. Normalerweise ist das zu dieser Zeit anders. Ich ignoriere diesen Umstand, weil der Bus jede Minute eintreffen müsste. Muss. Er kommt aber nicht, auch weitere fünf Minuten später nicht. Ich gebe das Warten schließlich entgeistert auf, gehe verärgert zur etwa 100 Meter entfernten Straßenbahnhaltestelle, drehe mich aber noch mal kurz um – und sehe aus der Ferne am Schild der Bushaltestelle etwas, das dort normalerweise nicht zu sehen ist, einen roten Schriftzug.

Neugierig geworden, gehe ich zurück und lese: »Außer Betrieb« – die Haltestelle wird vorübergehend nicht bedient. Mein Versäumnis: Ich habe das Fehlen von anderen Fahrgästen als besonderen Umstand ignoriert und mich stattdessen auf meine Sicht der Dinge versteift – Tunnelblick; andernfalls hätte ich auf die Idee kommen müssen, dass unter diesen von der Norm abweichenden Gegebenheiten etwas nicht stimmen kann.

Blick ins Leere

Feierabendverkehr. Ich sitze in der U-Bahn, wir halten an einer Station, die Türen werden geöffnet. Leute steigen aus und ein, doch die Tür schräg links neben mir kann nicht geschlossen werden, weil dort eine junge Frau steht, etwa einen Meter vor ihr stehen Fahrgäste, dicht gedrängt. Stillstand. »Jetzt machen Sie doch endlich die Tür frei!« Eine ältere Dame empört sich lautstark und meint die Frau an der Tür. Die schaut ziemlich irritiert und pikiert drein, richtet den Blick nach vorn, bleibt aber stehen. »Unverschämtheit!« Die ältere Dame zeigt wenig Verständnis, vielleicht hat sie es besonders eilig.

Ich bin drauf und dran, mich bemerkbar zu machen, weil ich erkenne, warum die Tür nicht geschlossen werden kann. Die gescholtene Frau steht nämlich vor ihrem Kinderwagen und kommt nicht weiter, weil die Leute vor ihr den Weg nicht freigeben. Erst als die anderen Fahrgäste das Dilemma der Frau mit dem Kinderwagen bemerken, löst sich die Situation. Die ältere Dame hat sich hier danebenbenommen, weil sie eine Annahme formuliert hat, ohne alle dafür notwendigen Fakten zu kennen bzw. sich darum zu bemühen – sie hätte nur einmal aufstehen müssen, um die Situation überblicken und richtig einschätzen zu können.

Blick hinter die Kulissen

»Hey, du warst gestern im Fernsehen!« Ich werde von einem Kollegen angesprochen, ein gewöhnlicher Vorgang. Ungewöhnlich daran ist, dass ich weder am Tag vorher noch in den Wochen zuvor ein Interview gegeben habe. Ich frage mich, ob mir vielleicht ein Ausstrahlungstermin nicht mitgeteilt worden ist, das kommt häufig vor. Ich ziehe aber auch in Betracht, dass es sich um einen Scherz meines Kollegen handeln könnte. So etwas passiert ebenfalls. Ich antworte nach kurzem Überlegen: »Das kann nicht sein.« Der Kollege erwidert daraufhin lächelnd: »Doch, ich habe dich gesehen, das warst du!«

Schließlich frage ich den Kollegen, um welche Sendung es sich gehandelt und was ich gesagt haben soll. Die Antwort überrascht mich: Ich soll in einem Boulevard-Magazin zu einem aktuellen Mordfall Stellung genommen haben. Ich bin jetzt doch etwas irritiert, denn irgendetwas stimmt hier nicht. Entweder flunkert der Kollege, oder ich mache gerade eine neue Lebenserfahrung.

Meine Recherchen führen letztlich zu diesem Ergebnis: Der Kollege hatte recht, ich wurde tatsächlich in dem besagten Magazin gezeigt und sagte etwas zu Serienmorden im Allgemeinen. Indes lag ich mit meiner Einschätzung, dass etwas nicht stimmen könne, auch richtig, weil Teile eines länger zurückliegenden Interviews mit mir in den aktuellen Beitrag hineingeschnitten wurden, ohne mich darüber zu informieren. Und sowohl der Kollege als auch ich gelangten zu irrigen Annahmen, weil wir bei diesem sehr speziellen Vorfall nicht auf passende Alltagshypothesen zurückgreifen konnten: Er glaubte, was er sah, und ich wollte nicht glauben, was nicht sein konnte. Grundsätzlich muss eben auch das scheinbar Unmögliche in Betracht gezogen werden.

Auf den ersten Blick

Es ist 22.09 Uhr. Ich erreiche die Bushaltestelle vor dem Präsidium, dort warten bereits ein älterer Herr und ein junges Pärchen. Heute ist es spät geworden, es gab einen Sondereinsatz, an dem ich teilzunehmen hatte. Der Bus müsste planmäßig bald eintreffen. Fünf Minuten später warte ich immer noch, die anderen Leute ebenfalls. Ich schaue mir den Fahrplan an, um mich zu vergewissern, in welchem Zeitabstand die Linie jetzt verkehrt: alle 20 Minuten. Also weiter warten.

Die anderen Leute tun dies auch und unterhalten sich. Ich nehme mein Smartphone zur Hand und surfe im Internet. 22.30 Uhr. Jetzt müsste der Bus die Haltestelle anfahren. Das tut er aber nicht, auch fünf Minuten später nicht. Erst jetzt kommt mir die Idee, auf der Webseite der Verkehrsbetriebe nachzusehen, ob dort Nachrichten zu Verkehrsstörungen hinterlegt sind. Und tatsächlich: Wegen eines Brandes in einem etwa zwei Kilometer entfernten Krankenhaus musste die Linie 725 vorübergehend umgeleitet werden – Pustekuchen, umsonst gewartet.

Mein Fehler: Ich habe beim Eintreffen an der Haltestelle zunächst angenommen, der Bus kann noch nicht weg sein, sonst würden die anderen Leute hier nicht stehen und warten. Und als der Bus ausblieb, habe ich überlegt, er könnte zu früh abgefahren sein (Alltagshypothese: Das ist selten der Fall, kommt aber vor) und die übrigen Wartenden hätten den Bus aus demselben Grund verpasst – das erschien mir durchaus plausibel, zumal die Leute nicht den Eindruck erweckten, als sei etwas Ungewöhnliches passiert. Business as usual. Wahrscheinlich werden sie ähnliche Überlegungen angestellt haben wie ich, in jedem Fall aber unzutreffende. Letztlich habe ich das Kriterium – wartende Leute – zu stark gewichtet und deshalb andere Ursachen für die vermeintliche Verspätung des Busses (zunächst) nicht in Betracht gezogen.

Auf den zweiten Blick

Meine Frau hat für unseren Fernseher im Wohnzimmer einen Kopfhörer mit Funkverbindung gekauft. Als ich nach Hause komme, öffnet sie mir verärgert die Tür. Der Kopfhörer müsse zurückgeschickt werden, er könne nicht aktiviert werden. Sie demonstriert mir auch, dass der Kopfhörer durch einfaches Drücken des Ein-Aus-Schalters tatsächlich nicht in Betrieb genommen werden kann. Ich lasse mich dadurch überzeugen.

Eine Woche später haben wir Freunde eingeladen. Zufällig kommen wir auf das Kopfhörer-Problem zu sprechen. Unser Besuch sieht sich das Gerät kurz an, und Sekunden später funktioniert der Kopfhörer einwandfrei. Wir sind verblüfft. Der Trick bei der Sache: Man muss die Einschalttaste nicht – wie sonst üblich – nur kurz drücken, sondern mehrere Sekunden lang. Mein Fehler: Ich habe die falsche Tatsachenbehauptung meiner Frau als wahr unterstellt und unkritisch übernommen.

Natürlich existiert diese Problemstellung auch unter umgekehrten Vorzeichen: Meine Frau lässt unsere Kinder im Garten spielen. Eine halbe Stunde später kommt sie dazu und stellt eine Beschädigung am Trampolin fest. Die Kinder werden verdächtigt, bestreiten jedoch: »Nee, das waren wir nicht.« Meine Frau glaubt den beiden kein Wort. Basta. Erst zwei Wochen später stellt sich heraus, dass die Kinder tatsächlich nicht gelogen haben. Denn: Eine Klassenkameradin unserer Kinder hatte das Netz des Trampolins schon vorher beim Spielen beschädigt, was zunächst unbemerkt geblieben und erst einen Tag später von meiner Frau bemerkt worden war. Und die zwar naheliegende, aber falsche Verdächtigung wurde nur deshalb geäußert, weil eine wahre Tatsache unkritisch für falsch gehalten wurde und meine Frau ohne weitere Prüfung daran festgehalten hatte.

Blick auf das Wesentliche

Ich komme nach Hause und begrüße meine Familie. Wir haben Besuch, meine Schwägerin ist da. Ich sehe, dass sie offensichtlich nach etwas sucht, und frage sie, wonach. »Meine Brille«, antwortet sie etwas genervt, »ich muss sie hier irgendwo gelassen haben.« Gegenstände verlegen oder verlieren – dieses Problem kenne ich zur Genüge. Ich weiß mittlerweile aber auch, wie man sich in solchen Situationen, die stundenlanges oder erfolgloses Suchen bedeuten können, helfen kann.

»Was hast du denn in der letzten halben Stunde gemacht?«, frage ich meine Schwägerin. Sie überlegt eine Weile, dann sagt sie: »Ach, jetzt weiß ich es! Ich war doch eben oben im Bad, wahrscheinlich liegt die Brille dort auf der Ablage.« Wenig später kommt sie lächelnd wieder herunter, die Brille sitzt jetzt auf ihrer Nase.

Meine Schwägerin hat vor meiner Ankunft genau das getan, was viele Menschen bei derlei Gelegenheiten tun: Sie ging davon aus, je eher sie mit dem Suchen beginnt, desto früher wird sie fündig. Und das Suchfeld verlegte sie flugs in die unmittelbare Umgebung im Erdgeschoss des Hauses, weil sie sich dort zuletzt aufgehalten hatte und darum unterstellte, die Brille dort verlegt zu haben.

Die Suche blieb jedoch erfolglos. Und zwar deshalb, weil meine Schwägerin Hypothesen aufstellte, ohne den Ablauf der vorherigen Ereignisse rekonstruiert zu haben. Es ist also bei der Suche nach was auch immer nicht nach dem eigenen Aufenthaltsort zu fragen, sondern man sollte sich zunächst möglichst lückenlos die eigenen absolvierten Tätigkeiten vergegenwärtigen, um darauf fußend zielgerichtet und systematisch suchen zu können. Meine persönliche Erfahrung: Häufig setzt die Erinnerung an den fraglichen Gegenstand schon bei der gedanklichen Rekonstruktion ein – ähnlich wie bei meiner Schwägerin, als ich sie danach fragte.

Keinen Blick haben

Ich betrete frühmorgens das Präsidium, bin in Gedanken. Mir kommt eine Kollegin entgegen, die ich seit vielen Jahren kenne und schätze. Sie grüßt mich, ich grüße zurück. Einige Tage später treffe ich die Kollegin wieder, ich sage »Hallo«, sie sagt – nichts. Komisch, denke ich, vielleicht hat sie schlechte Laune oder intensiv nachgedacht und mich deshalb nicht wahrgenommen. Damit ist die Sache für mich erledigt.

Sie ist es aber nicht, wie sich bald darauf herausstellt, als ich der Kollegin das nächste Mal begegne und sie abermals grußlos an mir vorbeimarschiert. Demonstrativ? Da stimmt etwas nicht, überlege ich, das passt nicht zu ihr. Deshalb gehe ich der Kollegin kurz entschlossen hinterher und frage höflich, warum sie mich nicht mehr grüßt. »Du grüßt mich doch auch nicht!« Die prompte und etwas patzige Antwort überrascht mich.

Des Rätsels Lösung: Die Kollegin hatte angenommen, ich hätte sie beim erstmaligen Zusammentreffen nicht gegrüßt, und zwar absichtlich nicht. Tatsache hingegen ist, dass sie meine leise gesprochene Erwiderung nur nicht gehört hatte. Diese subjektive Wahrnehmung war für sie Anlass genug, mir Absicht zu unterstellen und sich gekränkt zu fühlen.

Getrübter Blick

Unser sportbegeisterter Sohn (9) klagt über Schmerzen in den Beinen. Eine Ursache kann er nicht benennen, aber er berichtet, beim Nachlaufen in der Schule vor einigen Stunden gegen einen Baum geprallt zu sein. Augenscheinlich sind keine gravierenden Verletzungen vorhanden, wir ziehen deshalb auch Wachstumsschmerzen als Ursache in Erwägung. Weil sich sein Zustand auch bis zum späten Abend nicht bessert, schreiben wir ihm eine Entschuldigung für den Sportunterricht.

Am nächsten Tag findet meine Frau im Schulheft unseres Sohnes die schriftliche Mitteilung einer seiner Lehrerinnen: »Ihr Sohn ist heute auf dem Schulhof herumgelaufen!« Das stimmt auch, wie wir von unserem Sohn erfahren, der zu dieser Zeit beschwerdefrei gewesen sein will. Die Lehrerin unterstellt jedoch unserem Sohn – vielleicht sogar uns –, sie nicht mit der Wahrheit bedient zu haben, aus welchem Grund auch immer. Hätte sie sich die Mühe gemacht, auch andere Erklärungen für das unerwartete Verhalten ihres Schülers in Betracht zu ziehen, wäre uns allen diese Irritation erspart geblieben.

Prüfender Blick

Meine Frau sitzt vor dem PC und stöbert in ihrem Account eines sozialen Netzwerks, als sie diese Bild-Nachricht erhält: Eine attraktive junge Frau räkelt sich im Bikini am weißen Sandstrand, Palmen ringsum, pralle Sonne, Urlaubsstimmung. Spontan wird das Interesse meiner Frau geweckt, weil sie als urlaubsreifer und ausgesprochen reisebegeisterter Mensch unter chronischem Fernweh leidet. Nur einen Klick weiter lockt ein Urlaubsvideo.

Ihr grundsätzliches Misstrauen gegenüber solchen Offerten

wird dadurch gemildert, dass in der Nachricht gleich 20 ihrer Netzwerk-Freunde markiert sind, die sich das Video ebenfalls angesehen haben. Passt schon. Klick. Irgendwo auf diesem Planeten freut sich jetzt ein Online-Krimineller, denn meine Frau landet auf seiner Trojaner-verseuchten Bezahl-Porno-Seite. Ärgerlich. Ihr Fehler: Hätte sie nur bei einem der Netzwerk-Freunde nachgefragt, die sich das Video angeblich auch angeschaut haben, wäre sie vorsichtiger gewesen, hätte ihre erste Annahme schließlich revidiert und wäre auf den Fake nicht hereingefallen. Also: Immer erst prüfen, dann klicken.

Weitblick

Ich kreise mit meinem Wagen in der Düsseldorfer Innenstadt, spähe nach einem Parkplatz. Die Zeit drängt, ich bin mit einem Produzenten zum Essen verabredet, wir wollen über ein neues TV-Projekt sprechen. Und warten lassen möchte ich den Herrn nicht. Fünf Minuten später habe ich immer noch keinen Parkplatz gefunden. Dummerweise ist der Akku meines Smartphones leer, ich kann den Produzenten also nicht anrufen und meine Verspätung ankündigen.

Spontan entschließe ich mich, direkt vor dem Restaurant zu parken, nur ganz kurz. Mein Plan: schnell rein, vorstellen, schnell wieder raus, Parkplatz finden. Ich beobachte die Umgebung – keine Politesse in der Nähe, auch kein Streifenwagen. Ich stelle mein Auto in zweiter Reihe ab und gehe ins Restaurant. Nach nicht einmal einer Minute komme ich wieder heraus und – Sie ahnen es – sehe einen Kradfahrer der Polizei hinter meinem Auto stehen. Er stellt mir humorlos ein Knöllchen aus. Ich bin bedient.

Mir ist kurz zuvor genau eine jener Fehleinschätzungen unterlaufen, die vielen Menschen tagtäglich passieren, nicht nur beim

Falschparken. Ich habe ernsthaft angenommen, eine Situation beurteilen zu können bzw. unter Kontrolle zu haben, und mein Handeln danach ausgerichtet: keine Politesse und auch keine Polizei in Sicht, das wird wohl so bleiben. Dabei hätte ich es als Kriminalist doch besser wissen müssen. Denn es gilt folgender Grundsatz: Die anlass(un)abhängige Annahme, unterschiedlichste Lebenssituationen fehlerfrei einschätzen, beherrschen, kontrollieren und den weiteren Ablauf – wenn auch nur für kurze Zeit – festlegen bzw. vorhersehen zu können, bleibt letztlich Wunschdenken. Der Zufall ist und bleibt unkalkulierbar.

4-Phasen-Modell
der Hypothesenbildung im Alltag

Um den beschriebenen alltäglichen Irrungen und Wirrungen bei der Bildung von Hypothesen entgegenzuwirken und die Entscheidungsfindung zu erleichtern, habe ich ein 4-Phasen-Modell entwickelt und x-fach zu verschiedenen Gelegenheiten ausprobiert. Ich illustriere die einzelnen Phasen anhand einer Geschichte aus dem Alltag.

Phase 1: Kennen und prüfen Sie die Fakten!
Zunächst wird nüchtern rekonstruiert, was → wo → wie geschehen ist. Dabei muss kritisch betrachtet werden, ob tatsächlich alle Informationen für eine Beurteilung zur Verfügung stehen, (scheinbare) Nebensächlichkeiten sollten ebenfalls berücksichtigt und subjektive Einflussmöglichkeiten ausgeschlossen werden. Anschließend geht es darum – aufgepasst! –, Widersprüche zu erkennen und jene Tatsachen herauszuarbeiten, die Grundlage für die spätere Hypothesenbildung sein sollen. Fehlt es daran, verbieten sich weitere Überlegungen. Die abschließende Infor-

mationsbewertung sollte möglichst unvoreingenommen und objektiv erfolgen.

Die Sache mit den Schuhen

Meine Frau kommt mit unserem Sohn Martin (in diesem Buch soll er so heißen) nach Hause und erzählt eine merkwürdig anmutende Geschichte: Martin sei ihr nach der OGS (nachmittägliche Hausaufgabenbetreuung in der Montessori-Grundschule) auf Socken entgegengekommen und habe behauptet, seine Schuhe seien weg. Meine Frau habe daraufhin vermutet, die Schuhe könnten von seinen Klassenkameraden versteckt worden sein. Sie habe die noch anwesenden Mitschüler entsprechend befragt, die hätten aber verneint. Eine zufällig hinzukommende Erzieherin habe die Jungs schließlich angewiesen, abermals vor dem Klassenraum nachzuschauen.

Kurz darauf seien die Kinder mit einem Schuhpaar zurückgekehrt. Das hätte zwar genauso ausgesehen wie das von Martin (gleiche Farbe und Marke), nur sei es zwei Nummern kleiner gewesen. Martins Klassenkameraden hätten die Schuhe daraufhin zurückbringen müssen. »Dann bin ich selber zur Klasse gegangen«, berichtet meine Frau weiter. »Alle Schuhe waren weg, nur dieses eine Paar, Größe 33, stand da: frisch geputzt, sauber.«

Ich lasse mir zunächst den Sachverhalt auch von Martin schildern, abseits seiner Mutter, damit keine (ggf. gegenseitigen) Beeinflussungen entstehen können. Martin bekräftigt aber ihre Version und erklärt auf Nachfrage, seine Schuhe seien nass und dreckig gewesen, weil er draußen gespielt habe. Er hat keine verdächtigen Beobachtungen gemacht. Er kann sich auch nicht vorstellen, wer seine Schuhe mitgenommen haben könnte. So etwas sei bei ihm bisher noch nicht vorgekommen, bestätigt später auch meine Frau. Auf weitere Nachfrage erfahre ich, dass an der OGS Kinder unterschiedlichen Alters aus verschiedenen

Klassen (1 bis 4) teilnehmen. Die Namen der Kinder können bei der OGS-Leiterin nicht in Erfahrung gebracht werden. Datenschutz.

Ich gehe letztlich von diesem Ereignisablauf aus: Ein Kind (ich nenne es »Bernd«) verlässt die OGS früher als Martin und zieht (un)wissentlich die Schuhe unseres Sohnes an, die ihm nicht passen und obendrein nass und schmutzig sind. Widersprüchlich erscheint mir, dass »Bernd« seine eigenen Schuhe nicht findet, stattdessen fremde anzieht, die ihm zwei Nummern zu groß sein müssten. Als Anknüpfungstatsachen für die Hypothesenbildung notiere ich mir: OGS, Klassenzimmer, Kind, Schuhe, Schuhgröße 33, Schuhgröße 35, Schuhfarbe, Schuhhersteller.

Phase 2: Spielen Sie mit Ihren Gedanken!
Menschenkenntnis, Lebenserfahrung, aber auch Fachwissen sind wichtige Eckpfeiler für die zu absolvierenden Gedankenspiele; beim möglichst gemeinsamen Brainstorming dürfen sich Empirie und Phantasie nicht ausschließen. Besonders relevant ist die Vielfalt der Überlegungen. Es geht vornehmlich darum, Zusammenhänge zu erkennen, logisch miteinander zu verknüpfen, auf ihre Plausibilität und Faktenrelevanz zu prüfen. Naheliegende und fernliegende Annahmen sind gleichermaßen zu berücksichtigen und stets auf den Sachverhalt zu beziehen. Realitätsfremde Überlegungen sind zu verwerfen. Intuition kann ein wichtiger Impulsgeber sein, muss aber mit den Fakten abgeglichen werden. Auch scheinbar Unmögliches sollte überlegt werden.

Die Sache mit den Schuhen
Für das Brainstorming greife ich auch auf die Erfahrungen und das Wissen meiner Frau zurück, sie ist Augenzeugin gewesen, kennt die Verhältnisse in der Schule, aber ebenso die Kinder aus Martins Klasse wesentlich besser als ich. Und sie verfügt als Mut-

ter eines Sohnes und einer Tochter über Spezialwissen zu Kinderschuhen. Meine Frau ist davon überzeugt, dass die Schuhgröße bei der Frage, wer die Schuhe unseres Sohnes mitgenommen haben könnte, eine wesentliche Rolle spielt. Denn es erscheint naheliegend, dass »Bernd« Schuhe der Größe 33 tragen dürfte, sollten die vor der Klasse zurückgelassenen Schuhe tatsächlich ihm gehören; andere Schuhe wurden jedenfalls weder vermisst noch gefunden – es spricht also alles dafür.

Meine Frau favorisiert nicht unbedingt vorsätzliches Handeln, sondern eher eine Verwechslung der Schuhe. Ich überlege indes, dass »Bernd« spätestens dann seinen Irrtum bemerkt haben müsste, als er die ersten Schritte machte – in viel zu großen Schuhen. Und genau an diesem Punkt hakt meine Frau wieder ein, weil sie nicht glauben will, dass »Bernd« den Heimweg mit übergroßen Schuhen angetreten hat und dies von seinem Abholer nicht bemerkt worden sein soll. Ich hingegen kann mir »Bernd« durchaus in zu großen Schuhen vorstellen, auch in Begleitung eines Elternteils (das vielleicht unaufmerksam war, Stress oder Zeitnot hatte) – allerdings will mir kein Grund einfallen, warum er mit Absicht fremde Siebenmeilenstiefel bevorzugt haben sollte, zumal sie durchnässt und verdreckt waren. Diese Version erscheint mir zunächst realitätsfremd.

Vielleicht sind »Bernds« Schuhe von einem anderen Kind vorher versteckt worden, überlegt meine Frau, dies würde die Notwendigkeit erklären, überhaupt andere Schuhe in Erwägung zu ziehen. Ich schließe diese Möglichkeit jedoch kategorisch aus, denn es ist kein entsprechender Anknüpfungspunkt im Sachverhalt erkennbar; zudem soll doch eine Verwechslung vorgelegen haben, was wiederum die Existenz von zwei zumindest ähnlich aussehenden Paar Schuhen voraussetzt. Meine Frau widerspricht mir und überlegt: »Bernds« Schuhe können sehr wohl von anderen Kindern versteckt worden sein (beliebte Neckerei), nur sind sie erst dann vor den Klassenraum zurückgestellt worden, nachdem »Bernd« die OGS bereits verlassen hatte.

Seine mutmaßliche Schuhgröße engt den Kreis der in Frage kommenden Kinder erheblich ein, nämlich auf solche mit den Schuhgrößen 32 bis 34, allerdings verteilt auf mehrere Klassen. In diesem Punkt sind wir uns einig. Von meiner Frau erfahre ich nun, dass Kinder mit den genannten Schuhgrößen erfahrungsgemäß sieben Jahre alt sind, natürlich gibt es Abweichungen nach oben und unten. Naheliegend erscheint es mir deshalb, »Bernd« in erster Linie als einen Zweitklässler aus Martins Klasse in Betracht zu ziehen (dazu muss man wissen: nach dem Montessori-Prinzip werden in einer Klasse Schüler unterschiedlichen Alters gemeinsam unterrichtet). Meine Frau indes möchte den Kreis der Verdächtigen weiter ziehen, weil nichts darauf hinweist, dass unbedingt ein Kind aus Martins Klasse die Schuhe mitgenommen hat. Dieser Logik kann ich folgen.

»Bernd« dürfte ein Junge sein, nimmt meine Frau an, weil die jungen Burschen in der Schule bekanntermaßen Schuhe verstecken (allerdings tun dies Mädchen gelegentlich auch, behaupte ich) und Martins Schuhe als typische Jungen-Schuhe zu erkennen waren. Diese Unterscheidung sei auch den Kindern möglich, versichert meine Frau. Ein Mädchen könnte sich in diesem Punkt nicht irren. Auch handelt es sich bei den zurückgelassenen Schuhen zweifelsfrei um die eines Jungen.

Ich reibe mich bei der Diskussion gedanklich immer wieder an einem Aspekt, der etwas über »Bernds« Persönlichkeit bzw. seinen Reifegrad aussagen könnte: Er zieht sich Schuhe an, die ihm viel zu groß sein müssten und geht damit nach Hause. Einfach so. Einfach so? Meine Frau bemerkt dazu jedoch spontan, es könne auch jemand sein, der in zu kleinen Schuhen unterwegs gewesen ist, weil ihm noch keine neuen gekauft wurden oder Ersatzschuhe nicht zur Verfügung standen.

Diesen Einwand lasse ich gelten, halte ihn aber für wenig wahrscheinlich. Ich versuche, meine Idee weiterzuentwickeln: »Bernd« muss aufgefallen sein, dass es nicht seine eigenen Schuhe sind. Warum fragt er nicht die anderen Kinder nach seinen Schuhen? Oder die Erzieherinnen in der OGS? Warum verschweigt er dies auch seinem Abholer gegenüber? Ich unterstelle an diesem Punkt ein Verschweigen, andernfalls hätte unter normalen Umständen eine prompte Reaktion des Abholers erfolgen müssen.

Meine Frau hält dem entgegen, nicht alle Kinder hätten in diesem Alter den Mut, Autoritäten anzusprechen – dazu gehören auch die Eltern –, der Verlust der Schuhe könnte »Bernd« auch peinlich gewesen sein. Letztlich bleibe ich bei meiner Einschätzung, dass »Bernd« die notwendige Reife und das Durchsetzungsvermögen fehlen dürften, ich spekuliere deshalb auf erkennbare Merkmale, die mit diesen Defiziten erfahrungsgemäß in Zusammenhang stehen könnten: auffälliges Verhalten, geringes Leistungsvermögen, sozialer Außenseiter oder Klassenwiederholer – etwas in dieser Art.

Phase 3: Formulieren Sie Ihre Gedanken!

Die getroffenen Schlussfolgerungen stellen letztlich keine Wahrheiten dar, sondern sind als begründete Vermutungen zu betrachten, die mit unterschiedlichen Wahrscheinlichkeiten verknüpft sind. Solche Annahmen sind stets voneinander abzugrenzen und müssen faktenorientiert, widerspruchsfrei und verständlich sein. Die gedanklichen Ableitungen sind in eine an ihre Wahrscheinlichkeit angelehnte Rangfolge zu bringen und entsprechend zu dokumentieren. Entscheidend für den Erfolg ist die Vielfalt der herausgearbeiteten Hypothesen.

Die Sache mit den Schuhen

Nach einer offenen und kontroversen Diskussion (die hier nicht vollständig wiedergegeben werden kann) formulieren meine Frau und ich unsere Kern-Hypothesen (H) mit dem Ziel, »Bernds« Profil anhand mutmaßlich zutreffender innerer und äußerer Merkmale verengend zu beschreiben, beginnend mit der wahrscheinlichsten Annahme:

H1:	»Bernd« ist in Martins Klasse, trägt Schuhe der Größe 33, die Martins Schuhen gleichen, und zeigt ein auffälliges Verhalten.
H2:	»Bernd« ist nicht in Martins Klasse, trägt Schuhe der Größe 33, die Martins Schuhen gleichen, und zeigt ein auffälliges Verhalten.
H3:	»Bernd« ist in Martins Klasse und trägt Schuhe der Größe 33, die Martins Schuhen gleichen.
H4:	»Bernd« ist nicht in Martins Klasse und trägt Schuhe der Größe 33, die Martins Schuhen gleichen.
H5:	»Bernd« ist in Martins Klasse und trägt Schuhe der Größe 33.
H6:	»Bernd« ist nicht in Martins Klasse und trägt Schuhe der Größe 33.

Phase 4: Realisieren Sie Ihre Gedanken!

Nur solche Hypothesen schaffen es bis hierhin, die in der sozialen Realität überprüft werden können. Häufig wird jedoch der Wahrheitsgehalt der eigenen Annahmen überschätzt. Hypothesen bleiben indes Gedankenexperimente, die nur dann als Tatsache anzusehen sind, sobald es gelungen ist, sie zu verifizieren. Nicht vergessen werden darf in diesem Zusammenhang, dass lediglich eingeschränkte Fähigkeiten bzw. Möglichkeiten der Erkenntnis zwangsläufig falsche Annahmen zur Folge haben müssen – und nüchtern betrachtet ist dies der Regelfall, denn nicht jede Hypothese kann bis in die letzte Verästelung durchdacht werden. Es kann letztlich immer nur eine Hypothese geben, die mit der sozialen Realität vollkommen übereinstimmt oder ihr am nächsten kommt.

Die Sache mit den Schuhen

Wir informieren Martin über das Ergebnis unserer Überlegungen und fragen ihn, ob es in seiner Klasse einen Jungen gibt, auf den die genannten Kriterien zutreffen. Er überlegt eine Zeitlang. Dann nennt er die Namen zweier Buben, die jünger sind als er: Kevin sei »manchmal so blöd« und habe die 2. Klasse wiederholen müssen, Joshua würde ihn »immer ärgern«, auch viele andere Kinder würden Joshua nicht mögen. Meine Frau will diesen Hinweisen nachgehen, kann die Eltern der Kinder telefonisch jedoch nicht erreichen.

Am nächsten Tag will meine Frau unseren Sohn vom Judounterricht abholen, da kommt ihr einer von Martins Freunden entgegen und erzählt, er habe gestern am frühen Nachmittag seinen Klassenkameraden Kevin (!) beim Verlassen der Schule gesehen, und zwar mit Schuhen, die so ausgesehen hätten, als seien es die von Martin. Und er fügt hinzu: »Der ist auch so komisch gelaufen.« Meine Frau fragt nach, wie er jetzt darauf komme. Der Junge antwortet, die Sache mit den Schuhen habe sich bereits in der Klasse herumgesprochen, da sei ihm seine Beobachtung wieder eingefallen.

Nachdem meine Frau mit Martin nach Hause zurückgekehrt ist, ruft sie Kevins Mutter an und fragt nach den Schuhen. »Kevin hat seine Schuhe gestern nach der OGS nicht finden können«, antwortet die Mutter spontan. »Er hat nur die mit nach Hause gebracht, die so aussehen wie seine, nur halt größer.« Er habe Martins Schuhe nur angezogen, weil keine anderen vorhanden gewesen seien. Sie habe die zu großen Schuhe zunächst nicht bemerkt, weil Kevin direkt zu ihr ins Auto gestiegen sei und zu den Schuhen nichts gesagt habe. Erst später sei ihr aufgefallen, dass es nicht seine eigenen Schuhe sein konnten.

Ich bin doch einigermaßen froh, als ich erfahre, dass Martins Schuhe ausfindig gemacht werden konnten und unsere Vermutung zu »Bernd« zutreffend gewesen ist. Auch wenn der entscheidende Hinweis von anderer Seite kam, waren wir bereits auf der richtigen Spur. Und für unser Brainstorming haben wir nicht mehr als eine Viertelstunde benötigt.

Hypothesenbildung bei Prognosen

Die Hypothesenbildung muss nicht notwendigerweise auf vergangene Ereignisse beschränkt sein, sie eignet sich ebenfalls für Prognosen. Ich darf das behaupten, weil ich es mir zur Angewohnheit gemacht habe, Dinge, die ich künftig erledigen möchte, mit Hypothesen zu hinterfragen – um dann mein Handeln danach auszurichten.

Blick nach vorn

Für den folgenden Tag stehen wieder einmal Dreharbeiten an, der Ort des Geschehens ist München. Produziert wird die vierteilige TV-Reportage »Mein Mann ist ein Mörder«, ich gebe darin den Host und führe als »Kommissar und Buchautor« durch die Sendung.

Ich überlege mir wie immer am Abend zuvor, was alles passieren müsste, damit ich vor, während oder nach den Dreharbeiten in Schwierigkeiten gerate. Eins dieser Themen ist immer die Gesundheit, weil ich aufgrund verschiedener chronischer Erkrankungen gezwungen bin, regelmäßig Tabletten einzunehmen. Ich leide beispielsweise an Reflux (pathologischer Rückfluss von Magensaft in die Speiseröhre). Nehme ich dagegen keine Tabletten, bekomme ich einen ausgesprochen hartnäckigen Reizhusten. Unter diesen Umständen wäre ein Arbeiten vor der Kamera nur bedingt möglich.

Normalerweise darf ich davon ausgehen, dass ich meine Tablette morgens einnehme, weil ich es immer so halte, ich bin daran gewöhnt. Routine. Und in aller Regel gelingt es auch. Manchmal aber auch nicht, wenn ich beispielsweise zu spät aufgestanden bin, in Zeitnot gerate und den Bus nicht verpassen will oder weil ich durch ein Telefonat von meiner Absicht, die Tablette einzunehmen, abgelenkt werde und es danach einfach vergesse. Es gibt unzählige Versionen der Ablenkung bzw. Unterlassung, die ich erlebt habe oder mir vorstellen könnte.

Darum nehme ich eine Tablette aus dem Pillendöschen und lege sie vorsorglich in mein Portemonnaie. Ich hätte sie auch in meinem Koffer unterbringen können, aber der könnte mir am Flughafen gestohlen werden, oder ich lasse ihn nach dem Frühstück einfach stehen – und dann? Huste ich den ganzen Tag.

Am nächsten Morgen stehe ich vor dem Check-in-Schalter, der Flug ist bereits aufgerufen worden. Ich muss erstmals husten. Sofort stellt sich mir die Frage: Habe ich eigentlich meine Tablette genommen? Ich erinnere mich, sie auf den Küchentisch gelegt zu haben. Und dann? Ich bin mir nicht sicher. Deshalb rufe ich meine Frau an und frage sie, ob auf dem Küchentisch eine Tablette liegt. Ja, antwortet sie. Jetzt fällt es mir wieder ein: Ich wollte die Tablette nehmen, vorher aber einen Kaffee trinken, der aber noch nicht vollständig durch den Filter gelaufen war. In dem Moment schellte es an der Haustür – Taxi. Ich schnappte mir Mantel und Koffer, gab meiner Frau einen Kuss und bestieg das Taxi. »Bitte zum Flughafen.«

Genau da bin ich jetzt und freue mich wie ein kleiner Schneekönig, dass Plan B funktioniert hat: die Tablette in meinem Portemonnaie. Im Flugzeug spüle ich sie mit einem Glas Wasser hinunter. Der Tag kann beginnen! Hätte ich mich auf meine Alltagshypothese verlassen – ich werde meine Tablette schon nehmen –, wäre es an diesem Tag übel für mich ausgegangen, ganz bestimmt.

Die für alltägliche Problemstellungen abgewandelte kriminalistische Hypothesenbildung kann in der beschriebenen Form von jedermann ausprobiert und instrumentalisiert werden, dafür muss man weder besonders intelligent noch besonders gebildet sein; allerdings führt der Erfolg nur über die Beachtung der Regeln und über ein entsprechendes Training. Vertrauen Sie der Kraft Ihrer Gedanken! Sie haben es selbst in der Hand. Probieren Sie es aus!

Checkliste
Hypothesenbildung

Phase 1: Faktencheck
▶ Informationen möglichst vollständig erheben
▶ Nebensächlichkeiten berücksichtigen
▶ Rekonstruktion: → was → wo → wie → warum → wer
▶ Widersprüche erkennen
▶ subjektive Einflüsse ausschließen
▶ Informationen unvoreingenommen bewerten
▶ Anknüpfungstatsachen herausarbeiten

Phase 2: Gedankenspiele
▶ Menschenkenntnis und Lebenserfahrung berücksichtigen
▶ Fachwissen nutzen oder Experten befragen
▶ Brainstorming möglichst gemeinsam durchführen
▶ Faktenrelevanz prüfen
▶ Zusammenhänge erkennen und logisch verknüpfen
▶ naheliegende/fernliegende Annahmen berücksichtigen
▶ Phantasien entwickeln
▶ realitätsfremde Versionen vermeiden
▶ Intuition als Impulsgeber zulassen
▶ scheinbar Unmögliches überlegen
▶ möglichst viele Aspekte durchdenken

Phase 3: Hypothesenbildung
▶ faktenorientiert, widerspruchsfrei und verständlich
▶ möglichst zahlreiche Hypothesen formulieren
▶ Hypothesen dokumentieren
▶ Hypothesen voneinander abgrenzen

- Rangfolge entsprechend der Wahrscheinlichkeit
- Überprüfbarkeit der Hypothese beachten

Phase 4: Realisierung
- Hypothesen sind keine Tatsachen
- Wahrheitsgehalt nicht überschätzen
- Hypothesen verifizieren/falsifizieren
- Fehlannahmen sind zu erwarten
- nur eine Hypothese kann vollständig zutreffen

Fehlerquellen!
- Fakten unberücksichtigt lassen
- Hypothesenarmut
- falsche Gewichtung von Informationen
- einseitige Interpretation
- Rückschaufehler
- Hypothesen an Vorurteil ausrichten
- falsche Tatsache als wahr unterstellen
- wahre Tatsache als falsch unterstellen
- Wahrnehmungsfehler
- fehlende Informationen
- voreiliges Festlegen auf eine Hypothese
- fehlende Kontrollmöglichkeit
- kritiklose Übernahme von Alltagshypothesen
- Verzerrung von Informationen
- Festhalten an falschen Vorannahmen
- Illusion der Kontrolle über Umgebung
- fehlendes Methodentraining
- Überschätzen von Wahrscheinlichkeiten
- fehlende Alltagshypothese
- innere/äußere Beeinflussung
- einfache/naheliegende Hypothesen geringschätzen

- ▶ ungewöhnliche Umstände nicht hinterfragen
- ▶ scheinbare Nebenaspekte vernachlässigen
- ▶ Annahmen über Meinungen von Personen
- ▶ Kausalitäten unkritisch begegnen
- ▶ Vernachlässigung von Kontrollgruppen

2
Die Spur hinter der Spur

»Es gilt Unentdecktes zu entdecken.
Entdecken heißt finden – aber nicht erfinden.«

Ronald Kurt,
Hermeneutik

»Warum sind diese scheinbar nebensächlichen
Merkwürdigkeiten für den Kriminalisten so entscheidend?
Deshalb, weil sie am ehesten außerhalb des Bereichs
der strategischen Kontrolle des Täters liegen,
weil es sich gerade wegen der Nebensächlichkeit
um Aspekte der Tatausführung handelt,
auf die der Täter am wenigsten achtet
und in denen er sich am ehesten verrät.«

Ulrich Oevermann,
Kriminalistische Datenerschließung

Der Fall:
Ein merkwürdiger Mörder

Jutta wurde am 13. Mai 1962 geboren. Sie ist geschieden, kinderlos, unternehmungslustig. Die 42-Jährige arbeitet als ausgebildete Mediengestalterin in einer Werbeagentur und lebt in einer Wohnung in einem dreigeschossigen Reihenhaus an der Peripherie einer norddeutschen Kleinstadt. Jutta ist eine attraktive Frau, stets höflich, zuvorkommend, umgänglich, beziehungsfreudig, sexuell interessiert. Auch wenn sie einen festen Partner hat, gibt sie dem Werben anderer Männer heimlich nach, flirtet in Szenelokalen, schmust, hat spontan Sex, trennt sich wieder. In diesem Rhythmus verläuft ihr Leben seit vielen Jahren, ohne dass etwas Außergewöhnliches passiert wäre.

Jetzt ist Jutta ein Fall für die Mordkommission. Nach einem Kneipenbesuch mit Freundinnen ist sie in ihrer Wohnung zwischen 2.30 Uhr und 4.30 Uhr getötet worden. Die ersten Ermittlungen ergeben: Es gibt keine Einbruchsspuren. Der Täter dürfte durch eine unverschlossene Kellertür in das Haus und durch die ebenfalls nicht abgeschlossene Eingangstür in die Wohnung des Opfers eingedrungen sein. Ihr Freund hat sie mittags nackt im Schlafzimmer gefunden, unter einer Decke in ihrem Bett. Unzählige Blutspritzer auf der Bettdecke, dem Kopfkissen und dem Bettlaken, aber auch an der Wand hinter dem Bett sind stumme Zeugen eines grauenhaften Verbrechens – der Täter hat vielfach mit einem stumpfen Gegenstand auf das Opfer eingeschlagen und Juttas Kopf zerschmettert.

Im Wohnzimmer hat man auf dem Boden ihre Handtasche gefunden, es fehlten 30 Euro in Scheinen. Der Täter muss der Handtasche auch Zigarettentabak und Blättchen entnommen haben, die nach Angaben ihrer Freundinnen noch hätten vorhanden sein müssen. Beim Verlassen des Tatortes hat der Täter noch eine Flasche Bier aus einem Kasten, der auf der Terrasse stand, genommen, ausgetrunken und im Garten weggeworfen. Dort haben die Ermittler auch einen Baseballschläger gefunden: die augenscheinlich nicht blutbefleckte Tatwaffe, ein Erinnerungsstück, das ein Hausbewohner nach einem USA-Urlaub mitgebracht und im Gemeinschaftskeller aufbewahrt hatte. Schuheindruckspuren, die dem Täter zuzuordnen sind, führen über mehrere Gärten der Siedlung hinweg zu einer angrenzenden Straße. Dort verliert sich die Spur des Täters, der, dies haben erste kriminaltechnische Untersuchungen ergeben, Outdoorschuhe getragen haben dürfte.

Der Ermittlungserfolg führt bei einem Kapitalverbrechen immer über das Motiv des Täters, in diesem Fall ist es nicht anders. Besonders relevant erscheint daher das Verhalten des Täters am Tatort und bei der Interaktion mit dem Opfer. Einige Handlungselemente lassen die Ermittler zunächst an einen Einbruch denken: Der Täter durchsuchte die Wohnung, stahl Bargeld bzw. Gebrauchsgegenstände und entwendete eine Flasche Bier. Allerdings lässt der Täter auch ein Verhalten erkennen, das ganz und gar untypisch ist für einen gewöhnlichen Einbrecher, denn er schlägt mit einem Baseballschläger wuchtig auf den Schädel des Opfers ein, auch dann noch, als Jutta bereits tot gewesen sein muss. Und die rechtsmedizinischen Untersuchungen haben ergeben, dass sich das Opfer nicht gewehrt hat und schlafend attackiert worden ist. Warum sollte ein Einbrecher so etwas tun? Eine Belastungszeugin ermorden, die ihn gar nicht hätte identifizieren können? Das ergibt keinen Sinn, schlussfolgern die Kriminalisten.

Vielmehr wird dieses von der Norm abweichende Verhalten lehrbuchmäßig als »Übertöten« qualifiziert. Gemeint sind damit massive und hemmungslose Formen von Gewalt, die gravierende Verletzungsmuster zur Folge haben. Der Täter wendet in diesen Fällen wesentlich mehr Gewalt an, als zur bloßen Tötung des Opfers erforderlich gewesen wäre. Ursächlich hierfür sind häufig überschießende Emotionen wie Wut oder Hass, aber auch Eifersucht, einhergehend mit erheblichem Alkoholkonsum.

Der »Overkill« richtet sich häufig gegen eine bestimmte Person, die Gewalthandlungen können vom Täter nicht mehr kontrolliert werden und kennzeichnen überwiegend eine vordeliktische Beziehung zum Opfer, das er bestrafen und erniedrigen, in besonders gravierenden Fällen sogar entpersonifizieren muss, beispielsweise durch Verstümmelungen des Gesichts oder der Geschlechtsmerkmale.

Aus diesen Gründen wird der Mord an Jutta zunächst als Beziehungstat eingestuft. Zu dieser Annahme passen ihre häufig wechselnden Sexualkontakte, mitunter führte sie mehrere Beziehungen gleichzeitig. Es erscheint durchaus denkbar, das es sich bei dem Täter um einen aktuellen oder ehemaligen Partner handeln könnte, der sich von Jutta durch ihr treuloses Verhalten tief gekränkt fühlte, beim Anblick des schlafenden Opfers die Kontrolle verlor und rauschhaft Gewalt ausübte. Demzufolge müssen nicht nur Juttas Männerbekanntschaften der jüngeren Vergangenheit überprüft werden, sondern alle männlichen Personen, die mit ihr persönlich bekannt waren – denn niemand kann beim derzeitigen Stand der Ermittlungen ausschließen, dass auch andere Motive eine Rolle gespielt haben könnten, denen ein tiefes Zerwürfnis zwischen Täter und Opfer vorausgeeilt ist.

Die Ermittler machen einen Riesenschritt in Richtung Täter, als identische DNA-Muster am Hals der im Garten weggeworfenen Bierflasche und am Baseballschläger nachgewiesen werden können. Zwar gelingt es letztlich nicht, dem verformelten DNA-Profil des mutmaßlichen Mörders in der bundesweiten Datenbank des Bundeskriminalamts den Namen eines verurteilten Straftäters zuzuordnen, aber es gibt die vollständige Übereinstimmung mit einer Tatortspur, gesichert anderthalb Jahre zuvor nach einer Brandstiftung, nur etwa 500 Meter vom jetzigen Tatort entfernt. Dies ist ein wichtiger Hinweis für die Mordkommission, denn wahrscheinlich hat man es mit einem Täter aus der Stadt zu tun, der möglicherweise nicht weit vom Tatort entfernt lebt oder gewohnt hat oder in diesem Bereich über soziale Kontakte verfügt.

Nach weiteren Recherchen verdächtigen die Ermittler schließlich einen Mitbewohner des Hauses, in dem Jutta ermordet wurde. Der Verdächtige ist ledig, 48 Jahre alt, von Beruf Grafiker, er kannte das Opfer gut und gilt nach glaubhaften Angaben verschiedener Zeugen als gelegentlich unbeherrscht – zudem gehört ihm die Tatwaffe, der Baseballschläger. Bei seinen Vernehmungen behauptet der Mann jedoch, weder mit Jutta sexuell verkehrt noch mit ihr Streit gehabt zu haben. In der Tatnacht will er zu Hause gewesen sein, allein, aber von der Tat nichts mitbekommen haben.

Über eine ihm entnommene Speichelprobe soll zeitnah geklärt werden, ob der Verdächtige die verräterischen Spuren an der Bierflasche und dem Baseballschläger gelegt hat. Mit Spannung wird das Ergebnis der DNA-Analyse erwartet – aber: Es kann keine Übereinstimmung zwischen der Speichelprobe des Verdächtigen und den Tatortspuren festgestellt werden. Der Mann wird demzufolge die Tat höchstwahrscheinlich nicht begangen haben.

Die weiteren Ermittlungen und Überprüfungen im Freundes- und Bekanntenkreis des Opfers verlaufen ebenfalls erfolglos. Aus diesem Grund wird die Arbeitshypothese »Beziehungstat« nochmals kritisch gewürdigt, es stellen sich neue Fragen: Ist Jutta ein Zufallsopfer gewesen? Oder hat der Täter sie nach bestimmten

Kriterien (welchen?) ausgesucht? Ist Habgier das die Tat prägende Motiv? Ist der Täter beim Durchstöbern der Wohnung gestört worden bzw. hat er dies (irrig?) angenommen? Warum hat er sich längere Zeit in der Wohnung aufgehalten? Weil er sich dort auskannte und die Situation einschätzen konnte? Oder hat man es mit einem psychisch kranken Täter zu tun? Sind die Diebstähle deshalb nur Nebenhandlungen gewesen bei sich bietender Gelegenheit?

Letztlich bleiben alle gestellten Fragen unbeantwortet. Und drei Wochen später sind die Kriminalisten trotz aller Bemühungen mit ihrem Latein am Ende. Mehr als 160 Zeugen und Verdächtige sind vernommen, Dutzende Speichelproben ausgewertet und insgesamt 257 Spuren verfolgt worden – doch der Täter bleibt ein Phantom. Es geht nicht mehr voran. Stillstand.

Der Hauptgrund für dieses Dilemma ist die bislang favorisierte Methodik. Denn die üblicherweise bei Tötungsdelikten – sehr häufig sehr erfolgreich – angewandte Vorgehensweise, nach einer organischen Spur zu suchen, ihr zu folgen und festzustellen, wer als Spurenverursacher in Frage kommt, erweist sich im vorliegenden Fall als stumpfes Schwert: denn es gibt für die Kriminalisten keine Spuren mehr, die es zu bearbeiten lohnt.

Erst wenn wie im vorliegenden Fall alle herkömmlichen kriminalistischen Mittel und Methoden ausgereizt sind, werden sogenannte Fallanalytiker eingesetzt, die nach vieljähriger Tätigkeit in bestimmten Deliktsbereichen über ein hohes Maß an praktischer Erfahrung verfügen und überdies besonders fortgebildet worden sind. Es handelt sich mit wenigen Ausnahmen um Kriminalbeamte, die dem Sachgebiet Operative Fallanalyse eines Landeskriminalamts angehören. Sie verstehen ihre Tätigkeit als Servicedienstleistung mit beratendem Charakter.

Operative Fallanalyse

Bei der Methodik der Operativen Fallanalyse wird nicht primär danach gefragt, wer als Täter in Betracht zu ziehen ist, vielmehr sollen zunächst Daten bzw. Informationen nach einem regelgeleiteten Procedere zu einer Fallstruktur verdichtet werden. Ausgangspunkt ist immer die möglichst vollständige Rekonstruktion des Tathergangs, der sich eine den Fall charakterisierende Verhaltensbeurteilung anschließt, die verschiedene zentrale Aspekte anspricht: die vom Täter gezeigte Emotionalität, seine Stressresistenz, die vor, während und nach der Tat getroffenen Entscheidungen und die damit verfolgten Ziele.

Der rekonstruierte Handlungsablauf ist in der Regel unvollständig, deshalb müssen Hypothesen gebildet werden, was genau der Täter getan und warum er sich dazu entschieden haben könnte. Im Rahmen der Operativen Fallanalyse werden sowohl der objektive Sinn einer Handlungsabfolge erfasst (diese wird durch soziale Strukturen erzeugt, in denen sich der Täter bewegt und häufig unbewusst handelt) als auch die subjektive Sinnstruktur beleuchtet: die Absichten des Täters, der motivationale Hintergrund.

Diese spezielle gedankliche Durchdringung der Fallstruktur soll letztlich zu Schlussfolgerungen über die Person des Täters führen und neue Ermittlungsansätze hervorbringen.

Die Fallanalytiker studieren im vorliegenden Fall zunächst intensiv das vorhandene Aktenmaterial und besichtigen mehrfach in Begleitung des Tatortspezialisten der Mordkommission den erweiterten und engeren Tatort, um eine eigene Sicht der Dinge entwickeln, vertiefende Erkenntnisse erlangen und demzufolge das Verhalten des Täters und die von ihm getroffenen Entscheidungen präziser einschätzen zu können.[1] Erst danach erfolgt die Rekonstruktion der Tat, das Herzstück jeder Fallanalyse.

Im Mittelpunkt der Betrachtungen stehen dabei der Garten des Hauses, die Terrasse, der Keller und die Wohnung des Opfers. Denn insbesondere hier hat der Täter bestimmte Wege genommen, Entscheidungen getroffen und Handlungen gesetzt, die zunächst in eine chronologische Reihenfolge gebracht werden müssen. Aber noch ist das Wissen des Analyseteams zu lückenhaft; insbesondere die Handhabung des Baseballschlägers durch den Täter, als er auf das Opfer einschlug, kann noch nicht seriös eingeschätzt werden. Insofern müssen die dem Opfer zugefügten Verletzungen und das dabei entstandene Verteilungsmuster der Blutspritzer durch einen externen Fachmann beurteilt werden.

Gefragt ist jetzt die Expertenmeinung eines auf Blutspuren spezialisierten Rechtsmediziners, um Schlussfolgerungen aus der Entstehungsgeschichte, Form und Reihenfolge der dem Opfer zugefügten Verletzungen präzise festlegen zu können. Denn nach wie vor ist danach zu fragen, ob und wo sich Täter und Opfer begegnet sind, ob es wechselseitige Handlungen gegeben hat, ab wann Jutta sich nicht mehr wehren konnte, in welcher Abfolge und mit welcher Intensität die Schläge gegen ihren Kopf und ggf. andere Körperteile gesetzt wurden und warum dies genau so passierte.

Schließlich liegt das Ergebnis des rechtsmedizinischen Gutachtens vor: Demnach sei Jutta noch lebend mit dem Baseballschläger traktiert worden, mindestens 20 Schläge hätten den Gesichtsschädel und das Schädeldach verletzt, und zwar aus unterschiedlichen Richtungen. Die ersten Hiebe seien geführt worden, als das Opfer auf der Seite oder auf dem Bauch in seinem Bett gelegen habe. Danach sei die Frau nicht mehr in der Lage gewesen, zu reagieren und sich zu wehren, es habe eine voll ausgeprägte Handlungsunfähigkeit vorgelegen. Anschließend hätten weitere Schläge auf die offenen Wunden der Frau getroffen und dadurch das ausgeprägte Verteilungsmuster der Blutspritzer erzeugt. Während des Zuschlagens habe der Täter nach dem Bettlaken am Fußende des Bettes gegriffen, woraufhin er das Laken um Juttas Kopf gewickelt und abermals mehrfach wuchtig auf den nun bedeckten Schädel eingeschlagen habe.

Sequenzierung

In dem sich nun anschließenden Verfahrensschritt müssen die Fallanalytiker das Täterverhalten sequenzieren und eine zeitliche Abfolge festlegen. Dabei stellen sich immer wieder dieselben Fragen: Wann hat der Täter welche Entscheidung getroffen? Gab es ggf. Handlungsalternativen?

Entstehen Lücken in der festgestellten Handlungsstruktur – und das passiert bei der Sequenzierung regelmäßig –, dürfen diese durch Hypothesen ausgefüllt werden. Das Analyseteam kann sich schließlich nach einer überaus kontroversen Diskussion auf folgenden Tatablauf verständigen:

Tatablauf

Annäherung an den Tatort
- ▸ Täter betritt den rückwärtigen Bereich der Reihenhäuser.
- ▸ Täter durchquert mehrere Gärten.
- ▸ Täter geht bis zum Haus des Opfers.
- ▸ Täter gelangt über den Garten auf die Terrasse.
- ▸ Täter kann sich aber keinen Zugang zum Haus verschaffen.
- ▸ (alternativ) Täter nimmt eine Flasche Bier aus dem Kasten.
- ▸ (alternativ) Täter stellt die Flasche zurück.
- ▸ Täter betritt den Keller durch eine unverschlossene Tür.

- Täter geht rechts in den Werkraum des Kellers.
- Täter nimmt den Baseballschläger aus einer Kiste.
- Täter geht hoch in den Flur.
- Täter lässt die Kellertür halb geöffnet.
- Täter betätigt das Licht im Hausflur.
- Täter öffnet die Wohnungstür und geht hinein.
- Täter schließt die Wohnungstür hinter sich.
- Täter geht zum Schlafzimmer.
- (alternativ) Täter geht ins Wohnzimmer.

Schlafzimmer
- Täter betritt den Raum durch eine unverschlossene Tür.
- Täter kommt mit dem Schlüssel des Schranks in Kontakt.
- Täter geht zum Bett des Opfers.
- Täter schlägt erstmals mit dem Baseballschläger zu.
- Opfer befindet sich in Seiten- bzw. Bauchlage.
- Opfer erhält Verletzungen an der linken Gesichtshälfte.
- Täter schlägt weiter zu.
- Opfer erhält Schläge auf stark blutende Kopfwunden.
- Täter zieht das Oberbett über den Kopf des Opfers.
- Täter schlägt weiter auf die rechte Kopfhälfte ein.
- Täter wickelt das Bettlaken um den Kopf des Opfers.
- (alternativ) Opfer kotet seitlich links liegend ein.
- Täter schlägt weiter auf die rechte Kopfhälfte ein.
- Opfer kommt hierdurch in Bauchlage.
- Täter schlägt nicht mehr zu.
- Täter legt die Bettdecke über den Oberkörper des Opfers.
- (alternativ) Täter reinigt den Baseballschläger.
- Täter lässt das Opfer liegen.
- Täter nimmt den Baseballschläger mit.
- Täter geht anschließend ins Wohnzimmer.

Wohnzimmer

- ▶ Täter findet die Handtasche des Opfers.
- ▶ Täter durchsucht die Handtasche.
- ▶ Täter findet das Portemonnaie.
- ▶ Täter entnimmt das Papiergeld.
- ▶ Täter lässt das Portemonnaie auf den Boden fallen.
- ▶ Täter durchsucht weiter die Handtasche.
- ▶ Täter entnimmt Tabak und Blättchen.
- ▶ Täter entriegelt die Terrassentür.
- ▶ Täter geht auf die Terrasse.
- ▶ Täter nimmt eine Flasche Bier aus dem Kasten.
- ▶ (alternativ) Täter greift nach zuvor geöffneter Flasche.
- ▶ Täter öffnet eine Flasche Bier auf Terrasse.
- ▶ Täter lässt den Verschluss der Flasche auf Terrasse liegen.
- ▶ Täter verlässt die Terrasse.
- ▶ Täter wirft den Baseballschläger in ein Gebüsch des Gartens.
- ▶ Täter verlässt den Garten.
- ▶ Täter trinkt die Flasche auf dem Rückweg aus.
- ▶ Täter wirft die Flasche weg.

Diese Handlungen können mit hoher Wahrscheinlichkeit dem Täter zugeordnet werden, weil sie entweder durch Fachgutachten (Rechtsmedizin), Beweismittel (DNA-Spuren an der Bierflasche und dem Baseballschläger), andere Spuren (Erdanhaftungen am Baseballschläger, Blutspritzer auf dem Bett des Opfers und an der Wand im Schlafzimmer, Blutflecken auf Bettdecke und Bettlaken, Knochenstücke aus Schädel des Opfers im Schlafzimmer), Feststellungen am Tatort (unverschlossene Türen, durchwühlte Handtasche und Schränke, Verschluss der Bierflasche auf Terrasse) oder Ermittlungen der Mordkommission (fehlende Gegenstände) zweifelsfrei belegt sind.

Ungeklärt ist jedoch nach wie vor, ob derjenige, der tatzeitnah vergeblich versucht hat, in ein anderes Haus der Siedlung einzubrechen, auch derjenige ist, der in Juttas Wohnung eindrang. Die Fallanalytiker rekonstruieren deshalb auch die Vorgehensweise des Täters bei dem versuchten Einbruch. Bei letzterem Fall stützen sie sich auch auf glaubhafte Zeugenaussagen, die tatrelevante Zeitangaben beinhalten und verdächtige Beobachtungen schildern, und den Tatortbefundbericht. Auf dieser Grundlage können die folgenden Handlungssequenzen herausgearbeitet werden:

Handlungssequenzen

Ablauf Vortat

▸ Täter dringt in den Garten ein.
▸ Täter betritt die Terrasse.
▸ Täter schiebt die Rollläden hoch, bis eine Blockade eintritt.
▸ Täter stellt den vorgefundenen Schuh unter Rollladen.
▸ Täter gibt den Einbruchsversuch auf.
▸ Täter öffnet Kühlschrank auf Terrasse.
▸ Täter entnimmt dem Kühlschrank ein Sixpack Bier.
▸ Täter bleibt eine gewisse Zeit auf der Terrasse.
▸ Täter verlässt die Terrasse und nimmt Sixpack mit.
▸ Täter versteckt das Sixpack außerhalb des Grundstücks.

Das Ergebnis der vergleichenden Analyse ist eindeutig, denn nach Ansicht des Analyseteams habe der Täter in beiden Fällen gleichartige Entscheidungen getroffen: Es sei jeweils versucht worden einzubrechen, ohne dafür entsprechendes Werkzeug mitgeführt bzw. benutzt zu haben; der Täter habe sich zudem an beiden Tatorten längere Zeit aufgehalten; außerdem habe er jeweils Bier entwendet und es noch am Tatort getrunken. Es bestehe demnach die hohe Wahrscheinlichkeit, dass es sich um denselben Täter handelt.

Das Analyseteam hat zehn Tage benötigt, um den Tatablauf minutiös zu rekonstruieren. Es konnte jedoch auch im Rahmen der Sequenzierung nicht mit letzter Gewissheit aufgeklärt werden, ob der Täter nach dem Eindringen in die Opferwohnung zunächst das Wohnzimmer aufgesucht und dort nach Beute durchsucht oder direkt das Schlafzimmer betreten hat. Deshalb sind unterschiedliche Hypothesen gebildet und als »alternativ« gekennzeichnet worden.

Sequenzanalyse

Die Fallanalytiker können sich bei der nun folgenden Sequenzanalyse naturgemäß nicht auf eigene Wahrnehmungen der Tat stützen, sondern müssen Hypothesen aufstellen, die mit den vorliegenden Falldaten logisch zu verknüpfen sind. Dabei sollen möglichst viele Annahmen mit hoher Fallrelevanz entstehen und miteinander konkurrieren. Im Rahmen einer Diskussion, die bestimmten Regeln (z. B. Unvoreingenommenheit, Toleranz, Akzeptanz von Ambivalenz) folgt, werden die formulierten Hypothesen hinterfragt, bewertet, verneint oder gebilligt. An einer solchen Erörterung nehmen stets mindestens drei Fallanalytiker und bei Bedarf zusätzlich Wissenschaftler als Experten teil, um die Auswirkungen subjektiv-selektiver Ansichten und Einsichten zu minimieren – Objektivität ist das oberste Gebot.

Auf diese Weise gelingt es dem Analyseteam, einen anderen Aspekt herauszuarbeiten, der für das tiefere Verständnis der Tat von großer Bedeutung sein könnte. Anknüpfungspunkt sei hier das auffällige Verhalten des Täters bei der Gewaltanwendung gegen das Opfer, schlussfolgern die Experten. Denn der Täter habe mit der Tatwaffe nicht einfach nur zugeschlagen, sondern Juttas Kopf nach den ersten Schlägen mit dem Federbett abgedeckt (vermutlich, um eine weitere Blutübertragung auf seine Kleidung zu verhindern), habe weiter den Schädel traktiert und schließlich ein Bettlaken um den Kopf des Opfers gewickelt (vermutlich, weil die Bettdecke beschädigt worden sei und keinen ausreichenden Schutz mehr vor den Blutspritzern ermöglicht habe), um danach weiter kraftvoll auf Juttas Schädel einzudreschen. Dieses Verhalten wird von den Fallanalytikern als besonders aussagekräftig eingeschätzt und soll bei der sich anschließenden Sequenzanalyse ausführlich diskutiert werden.

Und es drängen sich weitere Fragen auf: Mit welchen Vorstellungen und mit welcher Absicht hat der Täter Juttas Wohnung betreten? Wollte er einbrechen? Wollte er das Opfer töten? Wollte er einbrechen und das Opfer töten? Oder nahm er die Tötung des Opfers vor dem Betreten der Wohnung nur billigend in Kauf, falls es zu einer Konfrontation kommen sollte?

Nun muss genau analysiert werden, ob der Täter agiert oder (ggf. auf das Opfer) reagiert und wie sich sein Kontrollverhalten bei unterschiedlicher Dynamik der Tat entwickelt hat. Auf diese Weise offenbaren sich im Idealfall (Un-)Fertigkeiten und (Un-)Fähigkeiten des Täters, die seine Motivation, aber auch bestimmte Merkmale seiner Persönlichkeitsstruktur markieren können.

Gefordert ist bei solchen Analysen eine vornehmlich deduktiv geprägte Denk- und Vorgehensweise; die Schwerpunktsetzung wird zugunsten des konkreten Einzelfalls gesetzt. Dabei sind die Konklusionen zwingend aus den vorliegenden Falldaten abzuleiten, die objektiven Charakter haben müssen (etwa auf der Grundlage von Spuren, Fachgutachten oder Beweismitteln). Deshalb dürfen beispielsweise Zeugenaussagen nur dann herangezogen werden, wenn davon auszugehen ist, dass die Angaben der Wahrheit entsprechen.

Die induktive Urteilsbildung hingegen basiert auf empirisch gewonnenen Erkenntnissen und statistischen Daten, die als Grundlage für eine lediglich vergleichende Bewertung Anwendung finden. Das Wissen um charakteristische Verläufe der betroffenen Verbrechensgattung (im vorliegenden Fall könnten dies insbesondere typische Verhaltensweisen oder Persönlichkeitsmerkmale bereits ermittelter Täter bei ähnlicher Tatausführung sein), auch wenn es durch eine Vielzahl von Taten eindrucksvoll belegt erscheint, entbindet nicht von der Prämisse einer Rekonstruktion und Berücksichtigung situationsbedingter Aspekte des zu würdigenden Verbrechens. Deshalb sollen solche Erkenntnisse erst nach der Deduktion in den Diskussionsprozess eingeführt werden.

Die Spezialisten des Landeskriminalamtes bemühen im Fall Jutta als zusätzliche Kapazität einen erfahrenen forensischen Psychiater, der am weiteren Analyseprozess teilnehmen wird. Zunächst soll die Entstehung der Tatsituation näher beleuchtet werden, um Hypothesen dafür zu finden, warum Juttas Wohnung bzw. sie als Opfer ausgewählt wurde. Die Experten verengen ihren Blick dabei nicht auf das Verhalten des Täters innerhalb der Wohnung, sondern berücksichtigen auch seine Handlungsweise bei der Annäherung an den Tatort und sein davor gezeigtes Verhalten. Dieses methodische Vorgehen ist dem Postulat der ganzheitlichen Wahrnehmung bzw. Betrachtung geschuldet: nicht nur einzelne Aspekte sind zu würdigen, sondern der Fall in seiner Gesamtheit.

Und dabei ergibt sich für das Analyseteam folgendes Bild: Der Täter habe sich zunächst an einem anderen Objekt aufgehalten und dort versucht, über die Terrasse ins Haus einzudringen, sei jedoch gescheitert, weil er kein Einbruchswerkzeug mitgeführt habe. Daraufhin habe er aber eine Pappkarton-Schachtel Bier entwendet und sich entfernt. Erst danach habe der Täter sich in

Richtung Tatort orientiert, der von ihm gut einzusehen gewesen sei, und deshalb dürfte er die offen stehende Kellertür als günstige Gelegenheit betrachtet haben, um zuvor Misslungenes nun erfolgreich realisieren zu können. Insofern überlegen die Fallanalytiker, Jutta dürfte ein Zufallsopfer gewesen sein, sie erscheine angesichts des unstrukturierten und planlos anmutenden Verhaltens des Täters austauschbar.

Dazu passt auch die Annahme, der Täter dürfte den Entschluss zur Tötung des Opfers spontan entwickelt haben; wann genau dies der Fall gewesen sei, ob bevor oder erst nachdem der Baseballschläger aus dem Keller mitgenommen worden sei (Zufallsfund?), könne nicht gesagt werden, weil es dafür keine unzweifelhafte Beurteilungsgrundlage gebe. Denkbar sei jedenfalls, dass der Täter sich den Baseballschläger angeeignet habe, um nicht auszuschließenden Widerstand des Wohnungsinhabers (von dessen Anwesenheit er nicht zwingend habe ausgehen müssen) gegebenenfalls überwinden oder sich gegen einen Angriff wehren zu können. Denkbar sei indes auch, dass der Täter erst nach einem geeigneten Tatwerkzeug gesucht habe, nachdem Jutta von ihm im Schlafzimmer (zufällig?) bemerkt worden sei.

Lasse man diese Hypothesen gelten, erscheine eine Beziehung zwischen Täter und Opfer – diese Konstellation wurde von der Mordkommission ursprünglich favorisiert – eher unwahrscheinlich. Dies ist eine wichtige Erkenntnis, die den Ermittlungen eine neue Richtung geben könnte. Überdies gelingt es dem Expertenteam, weitere Aspekte des Verbrechens herauszuarbeiten, denen bislang kaum Beachtung geschenkt worden ist: das Verhalten des Täters, insbesondere die Tötung des Opfers, vor allem die Art und Weise.

Fest stehe aufgrund rechtsmedizinischer Befunde bzw. Erfahrungswerte, dass bereits die ersten Schläge mit dem Baseballschläger ausgereicht hätten, um Jutta zu töten. Doch der Täter habe immer wieder zugeschlagen, ohne dass ein äußerer Anlass zu erkennen sei. Er habe eben nicht beabsichtigt, Kontrolle aufrechtzuerhalten (Jutta sei angegriffen worden, als sie geschlafen habe) oder wiederzuerlangen (Jutta sei bereits nach den ersten Schlägen handlungsunfähig geworden); sein Verhalten lasse sich ebenso nicht durch eine Eskalation des Geschehens erklären, weil es sie nicht gegeben habe.

Und genau diese Feststellungen sollen die Maßlosigkeit der Tat, den unbedingten Vernichtungswillen des Täters und seine ungezügelte Emotionalität markieren. Daraus folgt für das Analyseteam: Bei dem Täter dürfte es sich um eine pathologische bzw. pathologisch eingefärbte Persönlichkeit handeln, die von innen heraus motiviert gewesen sei, ein Übermaß an Gewalt anzuwenden, und dieses Aggressionspotenzial könnte auch zu anderen Gelegenheiten nach außen erkennbar werden bzw. bereits erkennbar geworden sein. Übersehen werden dürfe in diesem Zusammenhang jedoch nicht, dass der Täter unter Alkoholeinfluss gestanden habe (er habe mehrmals Bierflaschen an den Tatorten mitgenommen und sie ausgetrunken), der sein Hemmungsvermögen eingeschränkt haben könnte. Diesen Aspekt habe man indes bei einem alkoholgewöhnten Täter anders zu gewichten.

Abschließend müssen die Beweggründe des Täters bewertet werden. Eine sexuelle Motivation wird als unwahrscheinlich angesehen, weil keine Anknüpfungstatsachen erkennbar seien – weder am Tatort noch an der Leiche hätten entsprechende Spuren (z. B. Sperma) festgestellt werden können. Wesentlich plausibler erscheine eine Bereicherungsabsicht, weil der Täter an verschiedenen Tatorten durchgängig (Wert-)Gegenstände entwendet habe. Auch die Objektauswahl sei typisch für einen Gelegenheitseinbrecher. Habgier als Motiv sei jedoch spätestens bei der Tötung des Opfers von anderen Beweggründen überlagert worden, die auf die abnorme Persönlichkeit des Täters zurückzuführen seien.

Die gefundenen Hypothesen werden nun in einem weiteren Verfahrensschritt modellartig zusammengeführt. Die objektiv feststellbare Struktur der Tat (Sequenzierung) ist mit den erkennbaren bzw. geschlussfolgerten Emotionen des Täters zu verknüpfen. Auch jetzt ist zu prüfen, ob die formulierten Annahmen plausibel sind und mit den Falldaten korrespondieren. Insbesondere wird danach gefragt, wie der Täter auf innere bzw. äußere Einflüsse reagiert hat und ob er dabei Stressoren ausgesetzt gewesen ist. Auch muss diskutiert werden, wie effizient der Täter agierte und ob er die von ihm gesteckten Ziele realisieren konnte.

Hinsichtlich der Gefühle und der Motivation des Gesuchten entwickeln die Fallanalytiker diese Version: Der Täter sei bereits beim Betreten der Gärten sehr emotional gewesen, dieses Erregungsniveau habe sich im weiteren Verlauf der Ereignisse gesteigert. Da der Täter zu diesem Zeitpunkt noch kein Tatmittel besessen habe, sei ihm noch nicht bewusst gewesen, welche Art von Verbrechen er begehen wolle bzw. begehen werde. Zu diesem Zeitpunkt wären auch Delikte wie Brandstiftung, Vandalismus oder eine aggressionsgeleitete Vergewaltigung möglich gewesen. Spätestens aber, als der Täter im Keller des Hauses ein geeignetes Tatwerkzeug bemerkt und an sich genommen habe, sei die Realisierung einer Tötung zumindest in Betracht gezogen worden, wenn nicht sogar bereits beabsichtigt gewesen. Die Vielzahl und die Wucht der Schläge gegen das Opfer könnten im Sinne eines irrationalen Motivs verstanden werden, einhergehend mit einer schwerwiegenden Aggressionsproblematik des Täters, ohne dass dafür eine Vorbeziehung zum Opfer bestanden haben müsse.

Täterprofil

Auf der Basis des rekonstruierten Tatablaufs und der hierzu gebildeten Hypothesen wird nun versucht, bestimmte Merkmale
des Täters abzuleiten. Im Vordergrund stehen dabei Eigenschaften, die in der Kriminalpraxis auch tatsächlich recherchiert werden können. Das Täterprofil der Person, die Jutta getötet hat,
wird letztlich so beschrieben:

Geschlecht und Anzahl Täter
▶ männlich, allein handelnd

Täter-Opfer-Beziehung
▶ nicht vorhanden oder flüchtiger Kontakt

Lebensalter
▶ nicht feststellbar

Wohnort
▶ in der Stadt, geringe Entfernung zum Tatort

Vorstrafen
▶ wahrscheinlich sind Delikte mit aggressivem, destruktiv-ge-
  hemmtem Hintergrund (etwa Sachbeschädigungen, Hausfrie-
  densbruch, Brandstiftung, Vandalismus, Gewalt gegen Tiere,
  Einsteigediebstähle in Keller oder Geschäfte)

Persönlichkeitsstruktur
▶ impulsiv, leicht erregbar; Alkohol- und/oder Drogenkonsum,
  aber auch Missbrauch von Arzneimitteln möglich; alkoholge-
  wöhnt, aber nicht desorientiert

▶ Zurückweisung durch Frauen; Probleme in einer Beziehung; Konflikte im beruflichen Umfeld; finanzielle Schwierigkeiten

Der Täter wird gefasst

Die Mordkommission wird mit den Ergebnissen der Operativen Fallanalyse vertraut gemacht, anschließend erarbeitet man gemeinsam eine Ermittlungskonzeption. Im Visier der Fahnder stehen jetzt nicht mehr Personen aus dem persönlichen und beruflichen Umfeld des Opfers, sondern alle Männer im Alter von 19 bis 59 Jahren, die nicht weiter als drei Kilometer vom Tatort entfernt wohnen. Ihnen soll eine Speichelprobe entnommen werden, es sind 1109 Männer.

Das Ergebnis zur Auswertung der »Spur 187« löst bei den Ermittlern endlich das lange herbeigesehnte Hochgefühl aus – Treffer! Bei dem mutmaßlichen Täter handelt es sich um Jürgen Mangels, 40 Jahre alt, gelernter Schreiner, derzeit arbeitslos, wohnhaft nur etwa 200 Meter vom Tatort entfernt. Der Mann ist vorbestraft wegen Raub, Einbruch und Urkundenfälschung, er gilt in seinem sozialen Umfeld als leicht reizbar und jähzornig.

Während der Vernehmung macht Mangels von seinem Schweigerecht Gebrauch. Später lässt er über seinen Anwalt erklären, am Abend vor der Tat zu Hause mehrere Flaschen Bier getrunken, fünf Gramm Haschisch genommen und drei Pillen Ecstasy geschluckt zu haben, dadurch sei seine Wahrnehmung beeinträchtigt gewesen. Etwa gegen 2.30 Uhr sei er aufgewacht und durch die benachbarten Gärten gegangen. Jutta habe er nicht planmäßig getötet, vielmehr sei es »eine Kurzschluss-Handlung im Affekt« gewesen.

Mangels präsentiert sich vier Monate später vor Gericht als wenig auskunftsfreudiger, aber reuiger Angeklagter. In seinem Schlusswort spricht er auch direkt zu Juttas Familienangehörigen. »Ich wollte nie wie mein brutaler Vater werden«, sagt Mangels mit tränenerstickter Stimme, »jetzt bin ich sogar schlimmer geworden. Ich bereue die Tat zutiefst und verdiene eine harte Bestrafung.«

Erst nachdem Mangels wegen Mord zu einer lebenslangen Haftstrafe verurteilt worden ist, kommt ein wenig Licht ins Dunkel, weil er sich den Fallanalytikern gegenüber äußert, die den Mord an Jutta analysiert, zutreffend beurteilt und somit wesentlich zur Überführung des Täters beigetragen haben.

Als er sich in den Gärten aufgehalten habe, sei er schon erregt gewesen, erzählt Mangels. Er habe geahnt, dass »etwas passiert«, nur »was, das war mir nicht klar!«. Nachdem er in Juttas Wohnung eingedrungen sei, habe er die Schlafzimmertür gesehen. Er sei ins Schlafzimmer gegangen und habe die Frau dort liegen gesehen, schlafend. Kurz entschlossen sei er in den Keller gegangen, habe den Baseballschläger geholt und auf Jutta eingeschlagen: »In dem Moment, als ich auf sie einschlug, da kam der ganze Hass in mir raus! Ich kann das nicht erklären, ich verstehe das selbst nicht.« Er habe das Opfer »doch gar nicht gekannt«. Abschließend bekennt Mangels noch: »Sie werden es nicht glauben, früher hatte ich häufig Alpträume. Seit der Tat kann ich endlich wieder schlafen!«

Nicht nur in diesem Fall hat sich die Operative Fallanalyse als überaus wertvolles Hilfsmittel bei der Verbrechensbekämpfung erwiesen, sie zählt mittlerweile zum Standardrepertoire kriminalistischer Methoden, wenn (vorerst) auch nur für bestimmte Deliktsbereiche wie Tötungen, Sexualverbrechen oder Erpressungen.

Alltägliche Fallbearbeitung

Derlei Abgründe tun sich in meinem Privatleben zwar nicht auf, dennoch habe ich in den vergangenen 20 Jahren gelernt, die Methodik bzw. Qualitätsstandards der Operativen Fallanalyse, aber ebenso andere Praktiken und Verfahrensweisen der Sachverhaltserforschung bzw. Täterermittlung bei Bedarf als Werkzeugkasten-System auch privat zu benutzen.

Damit kein falscher Eindruck entsteht: Ich schare nicht bei jeder Gelegenheit Experten um mich, gehe mit ihnen tagelang in Klausur, um schließlich ein Problem zu lösen. Aber es ergeben sich immer wieder alltägliche Anlässe, entweder Teilbereiche der Fallanalytik anzuwenden oder sie ganzheitlich auf Ereignisse zu beziehen und sie mit diesen Hilfsmitteln genauer zu untersuchen. Letztlich geht es immer darum – wie beispielsweise im Fall Jutta auch –, einen klaren Blick auf die Dinge zu bekommen und sachgerechte Entscheidungen zu treffen. Und je mehr Professionalität dabei entwickelt wird, desto besser. Nichts anderes kann für die Belange unseres Privatlebens gelten.

Die Begebenheit, mit der ich Sie nun vertraut machen werde, könnte jedem von Ihnen passieren, sofern sie eigene Kinder haben oder es regelmäßig mit Kindern zu tun bekommen. Gleichwohl geht es bei dem geschilderten Ereignis nicht primär um die handelnden Personen oder den Anlass, sondern darum, über eine bestimmte Methodik – man könnte in diesem Zusammenhang auch von »Private Profiling« sprechen – die eigenen Erkenntnismöglichkeiten zu verbessern.

Wenn es keiner gewesen sein will

Sonntagmorgen, 8.35 Uhr. Zu Hause bei Familie Harbort. Ich verlasse das Schlafzimmer und gehe leicht verkatert hinunter in den kombinierten Ess- und Wohnbereich. Wir hatten am Abend zuvor Gäste, ein befreundetes Ehepaar. Als ich am Esstisch vorbeigehe, bemerke ich, dass dort eine Flüssigkeit großflächig verschüttet worden ist. Augenscheinlich handelt es sich um Coca-Cola. Schweinerei! Wer das wohl gewesen sein mag, frage ich mich und beseitige das Malheur.

Als Verursacher fallen mir spontan unsere Kinder ein: Martin (9) und Johanna (6). Ich befrage zuerst Martin, der auf der Gästetoilette sitzt. Ich habe gerade ihn in Verdacht, weil er sich zeitnah in »Tatortnähe« aufhält, neben mir die einzige Person im Parterre und durch ähnliche Verhaltensweisen bereits aufgefallen ist. Seine Antwort: »Nö.« Auf Nachfrage: »Nö.« Er wirkt auf mich eher unbeteiligt.

Nach Johanna muss ich suchen und finde sie im ersten Obergeschoss in ihrem Zimmer: auf dem Bett liegend, zugedeckt, eine CD hörend. Auch sie will es nicht gewesen sein, keine Anzeichen von Unsicherheit. Der Vollständigkeit halber gehe ich ins Schlafzimmer zu meiner Frau und frage sie etwas verlegen, ob ... »Bitte? Lass mich schlafen ...« Okay, erledigt. Auf die Befragung unseres drei Monate alten Katers Flecki verzichte ich aus naheliegenden Gründen. Allerdings ziehe ich auch ihn als »Täter« in Betracht; genauso wie unseren gestrigen Besuch, wenn auch nur aus Prinzip.

Ich könnte mich mit dem Ergebnis meiner Befragung zufriedengeben und die Sache auf sich beruhen lassen, doch ich bin neugierig geworden. Es geht mir weniger darum, herauszufinden, wer letztlich die Cola auf dem Tisch verschüttet hat, vielmehr möchte ich der Sache auf den Grund gehen und mit einer

Fallanalyse zu einer Lösung kommen, die ich sonst höchstwahrscheinlich nicht erreichen würde – unabhängig davon, wie sie am Ende ausfällt.

Also mache ich den ersten Schritt und werde die zu beurteilende Situation dokumentieren. Mir ist dabei sehr wohl bewusst, dass es jetzt auf jedes Detail ankommen kann, auch wenn es mir zunächst unbedeutend erscheint. Denn auch in dieser Situation gilt der kriminalistische Erfahrungssatz: Die Qualität der Datenbasis entscheidet über den Erfolg.

Neben mehreren Übersichtsfotos fertige ich Einzelaufnahmen von allen Gegenständen an, die sich auf dem Tisch befinden. Die bereits beseitigte Cola-Lache imitiere ich durch entsprechend verformte Küchentücher. Danach spreche ich den »Tatortbefund« auf mein Smartphone: »Holztisch misst 1,80 Meter mal 0,90 Meter, umstellt von sechs Stühlen, jeweils einer vor Kopf. Auf dem Tisch befinden sich sechs Platzsets. Eine unverschlossene Flasche Coca-Cola steht mittig auf dem Tisch, halb gefüllt, etwa fünf Zentimeter daneben liegt der dazugehörige Schraubverschluss. Nahezu in gerader Linie befindet sich vor der Cola-Flasche auf einem Platzset ein leeres und unbeschädigtes Trinkglas mit geringen Rückständen von Coca-Cola. Am oberen Glasrand sind Gebrauchsspuren zu erkennen. Etwa zehn Zentimeter vor dem Trinkglas liegen diverse trockene Krümel, augenscheinlich stammen sie von einer Scheibe Toastbrot.

Die Cola-Lache befindet sich neben dem leeren Glas und hat sich bis zum nächsten Platzset in verschiedene Richtungen ausgedehnt. Es sind keine Wisch- oder Spritzspuren zu erkennen. Der Abstand zwischen den Platzsets beträgt etwa 30 Zentimeter. Weder auf dem Stuhl gegenüber dem Platzset noch auf dem Fußboden ist Coca-Cola zu erkennen. Am Kopfende des Tisches steht auf einem Platzset eine Thermoskanne, sie hat Kaffee beinhaltet und ist leer. Etwa zehn Zentimeter von der Thermoskanne ent-

fernt liegt eine zusammengefaltete Papierserviette, augenscheinlich benutzt. Am Ende des Tisches befinden sich vier leicht ver-
schmutzte Teller mit Besteck darauf. Alle Stühle sind nicht an
den Tisch geschoben und frei von Fremdkörpern. Das Licht am
Esstisch ist zum Zeitpunkt der ersten Feststellungen eingeschal-
tet gewesen.«

Sequenzierung

Die Grundannahme dieses Arbeitsschrittes ist, dass Handlungen
in der sozialen Realität durchweg sinnhaft sind und nicht beliebig
verlaufen, sie ereignen sich vielmehr nacheinander und in sinn-
logischer Abfolge. Es geht ferner darum, diese zeitlichen und
räumlichen Abläufe zu markieren, aber auch die getroffenen
Entscheidungen des Handelnden zu rekonstruieren. Erst dann
eröffnet sich die Möglichkeit, den verborgenen Sinngehalt herauszuarbeiten.

Bevor ich mit der Sequenzierung beginne, möchte ich mir über
einen Aspekt Klarheit verschaffen. In welcher Form könnte
Flecki, unser Kater, beteiligt gewesen sein? Ich kann sein Verhalten nicht beurteilen, weil er erst seit vier Wochen bei uns lebt.
Unzweifelhaft ist lediglich, dass es ihm nahezu mühelos gelingt,
auf den Esstisch zu klettern. Deshalb führe ich ein Quasi-Experi-
ment durch, breite auf dem Fußboden einen Müllbeutel aus, stelle dort ein Glas Coca-Cola ab und lenke die Aufmerksamkeit des
Katers darauf. Interessiert nähert er sich dem Glas, schnuppert
daran und läuft anschließend weg. Ich wiederhole den Versuch,
um eine gewisse Erkenntnistiefe und -sicherheit zu erreichen –
Flecki zeigt jedoch kein anderes Verhalten. Allerdings will ich
ihn von der weiteren Untersuchung als möglichen Verursacher
zu diesem Zeitpunkt noch nicht ausschließen, weil ich keine Gewissheit darüber habe, ob er sich unter bestimmten Umständen
(unbeobachtet, Dunkelheit) nicht auch anders verhalten könnte.

Schließlich müssen im Rahmen einer Fallanalyse stets alle Eventualitäten bedacht werden.

Schon beim ersten Durchdenken des Cola-Malheurs erkenne ich, dass für bestimmte Handlungselemente mehrere Hypothesen gebildet werden müssen, weil der exakte zeitliche Ablauf derzeit nicht festgestellt bzw. geschlussfolgert werden kann. Nach Lage der Dinge können die Thermoskanne und das benutzte Geschirr als irrelevant gelten, weil sie in keinem kausalen Zusammenhang zur Cola-Lache auf dem Tisch stehen dürften. Es müsste sich vielmehr um Relikte vom Vorabend handeln. Sie werden deshalb bei der Sequenzierung zunächst keine Rolle spielen.

Unbedingt zu berücksichtigen sind dagegen das leere Trinkglas, die Colaflasche, der Schraubverschluss, die Serviette und die Toastkrümel. Letztere können nicht beim Abendessen tags zuvor verstreut worden sein, weil kein Toastbrot gereicht wurde, sondern verschiedene Sorten Baguettebrot.

Nach Auswertung des Fallmaterials formuliere ich die zeitliche Reihenfolge der Sequenzen, beschränke mich dabei jedoch auf solche Handlungselemente, die als »tatrelevant« gelten dürfen. Unter jeder Sequenz verweise ich auf den Beweis für diese Annahme, um bloße »Hirngespinste« auszuschließen. Den Verursacher der Cola-Lache nenne ich »Jemand«.

▶ »Jemand« setzt sich an den Esstisch gegenüber der Colaflasche.
<u>Beweis:</u> leeres Trinkglas, Standort Colaflasche
▶ (alternativ) »Jemand« stellt sich neben den Esstisch.
▶ (alternativ) »Jemand« säubert Hände/Mund mit Serviette.
▶ (alternativ) »Jemand« legt Serviette neben sich ab.
▶ »Jemand« stellt leeres Trinkglas vor sich auf Tischset.
(alternativ) Unbenutztes Trinkglas steht schon auf Tisch.
▶ »Jemand« isst Toastbrot und krümelt dabei.
<u>Beweis:</u> Krümelfeld auf Platzset

- (alternativ) »Jemand« greift zuerst nach der Colaflasche.
- »Jemand« greift nach der Colaflasche und öffnet sie.
  Beweis: unverschlossene Colaflasche auf Tisch
- (alternativ) Colaflasche ist schon vorher unverschlossen.
- »Jemand«legt den Drehverschluss neben der Colaflasche ab.
  Beweis: Drehverschluss am angegeben Ort
- »Jemand« schüttet Cola in das Trinkglas.
  Beweis: Cola-Rückstände in Trinkglas
- (alternativ) »Jemand« trinkt Cola.
- »Jemand« stellt die Colaflasche zurück auf den Tisch.
  Beweis: Colaflasche am angegebenen Ort
- »Jemand« lässt die Colaflasche ungeöffnet stehen.
  Beweis: wie oben
- »Jemand« trinkt Cola aus Glas.
  Beweis: Spuren am Glasrand
- (alternativ) »Jemand« isst weiter Toastbrot.
- »Jemand« stößt das Trinkglas um.
  Beweis: Cola-Lache
- »Jemand« stellt das Trinkglas wieder auf das Platzset.
  Beweis: Trinkglas in entsprechender Stellung
- »Jemand« säubert den Tisch nicht.
  Beweis: Cola-Lache
- »Jemand« säubert das Platzset nicht.
  Beweis: Krümelfeld
- »Jemand« steht auf und säubert Hände/Mund mit Serviette.
  Beweis: Serviette auf Platzset
- (alternativ) »Jemand« stößt dabei das Trinkglas um.
- (alternativ) Serviette wird erst später abgelegt.
- »Jemand« legt Serviette auf Tisch ab.
  Beweis: wie oben

Erst durch die Sequenzierung habe ich verschiedene Handlungen bzw. Unterlassungen herleiten können, die zunächst nebensächlich erschienen oder nicht erkennbar gewesen sind, deren Aussagekraft jedoch beachtlich sein könnte. Ich denke dabei insbesondere an die Handhabung der Colaflasche. Darüber hinaus sind mir bei der gedanklichen Verknüpfung einzelner Sequenzen bestimmte Zusammenhänge bzw. Abläufe bewusst(er) geworden, beispielsweise: Krümel → Toastbrot → Küche → Küchenschrank. Ähnliches gilt für das Trinkglas, mit dem die Flüssigkeit verschüttet wurde.

Auch wenn ich bei der Sequenzierung das mutmaßliche Geschehen in der Küche im Ergebnis ausgespart habe, bleiben diese Erkenntnisse für die Beurteilung der Gesamtsituation wertvoll, denn auch in der Küche hat »Jemand« Entscheidungen getroffen, die ihn als Person charakterisieren. Diese Handlungselemente zu vernachlässigen, wäre zudem ein gravierender Verstoß gegen das Postulat der ganzheitlichen Betrachtung. Darum ist das Geschehen in der Küche bei dem nun folgenden Arbeitsschritt ebenfalls analytisch zu betrachten und mit der Handlungsabfolge am Esstisch sinnlogisch zu verknüpfen.

Sequenzanalyse

Jetzt muss ich so tun, als würde ich meine Frau, meine Kinder, die Gäste vom Vorabend und deren Gewohnheiten nicht kennen. Denn: Die Sequenzanalyse fordert eine »künstliche Naivität«, damit bei der gedanklichen Durchdringung des Falls nur das Wissen über solche Begleitumstände und Verbindungen zum Tragen kommt, die das Ergebnis meiner eigenen Sequenzierung sind. Unvoreingenommenheit ist demnach das erste Gebot. Vorinformationen bzw. Vorannahmen hingegen können eine selektiv und subjektiv ausgerichtete Interpretation auslösen, die alternative Lesarten benachteiligen oder schlimmstenfalls vereiteln würden. Deshalb verzichte ich auch auf ein informatorisches Gespräch mit meiner Frau, die wesentlich mehr über die Gepflogenheiten des genannten Personenkreises weiß als ich.

Die Sequenzanalyse hat überdies zum Ziel, nach Handlungsalternativen zu fragen und getroffene, aber auch nicht getroffene Entscheidungen zu berücksichtigen. Jedes an den Falldaten orientierte Gedankenexperiment ist zulässig, dabei dürfen die entstehenden Hypothesen miteinander konkurrieren. Allerdings müssen auch diese Annahmen durchgängig mit den Falldaten abgeglichen werden. Auf diese Weise kann es gelingen, nicht nur den lückenhaften Ereignisverlauf zu vervollständigen, sondern auch die dahinterliegende Sinnstruktur zu erkennen.

Die erste richtungsweisende Entscheidung trifft »Jemand« nicht am Esstisch, sondern in der Küche (hier bewährt sich erstmals die Sequenzierung!): Um seinen Hunger zu stillen, könnte er Graubrot nehmen oder Stuten oder Obst oder Süßigkeiten – er entscheidet sich jedoch für Toastbrot. Unmittelbar daran knüpft ein weiterer Entschluss an, der wiederum eine Unterlassung zur Folge hat: Die Scheibe Toastbrot wird nicht getoastet, obwohl der Toaster direkt neben dem Toastbrot steht. Dies ist eine wohl unbewusste Entscheidung und dürfte etwas über die Vorlieben der handelnden Person aussagen.

Nachdem »Jemand« sich in der Küche ein Trinkglas und (wahrscheinlich nur) eine Scheibe Toastbrot geholt hat, verzichtet er darauf, einen Teller mit an den Esstisch zu bringen, obwohl ausreichend Geschirr in der Küche vorhanden und für jedermann zugänglich gewesen wäre. Entweder geht »Jemand« davon aus, am Esstisch nicht zu krümeln, oder es ist ihm egal. In jedem Fall aber dürfte die getroffene Entscheidung mit seinem auch sonst üblichen Sozialverhalten zusammenhängen bzw. durch dieses begründet sein, also eine eher unbewusste Unterlassung und deswegen besonders aussagekräftig.

Eine weitere Entscheidung trifft »Jemand«, als er am Esstisch einen bestimmten Sitzplatz auswählt – weil er beispielsweise bei den Mahlzeiten, aber auch wenn Hausaufgaben zu erledigen sind, immer auf diesem Platz sitzt? Macht der Gewohnheit? Oder markiert da jemand sein Territorium? Oder fühlt »Jemand« sich an seinem angestammten Platz einfach nur wohler und behütet? Folgt sein Verhalten einer von ihm gewünschten und gelebten Regelmäßigkeit? Die Platzwahl könnte indes auch pragmatische Gründe gehabt haben, denn der kürzeste Weg aus der Küche führt direkt zu dem Platz, an dem »Jemand« essen und trinken wird.

Die nächste Entscheidung von Belang zielt auf die Colaflasche ab. Denn »Jemand« favorisiert (frühmorgens!) ein Erfrischungsgetränk, obwohl auch andere Auswahlmöglichkeiten in der Küche zur Verfügung gestanden hätten, beispielsweise Mineralwasser, Fruchtsaft, Milch oder Leitungswasser. Coca-Cola könnte demnach auf »Jemand« einen besonderen Reiz ausgeübt haben oder aber das Mittel der ersten Wahl gewesen sein, weil die Colaflasche bereits auf dem Tisch gestanden hat (noch vom Vorabend) und somit mühelos zu erreichen gewesen ist. Vielleicht sind sogar beide Motivationen für »Jemand« entscheidungserheblich gewesen und haben sich gegenseitig verstärkt. Nicht auszuschließen ist jedoch, dass »Jemand« üblicherweise Coca-Cola trinkt, dann wäre es eine wohl sozialübliche, unbewusste Handlung gewesen.

Der Zeitstrahl führt weiter zum Drehverschluss, den »Jemand« von der Colaflasche entfernt und unmittelbar neben der Flasche abgelegt hat (denkbar ist auch, dass die Flasche unverschlossen auf dem Esstisch stand, dies erscheint jedoch nicht lebensnah). »Jemand« hätte die Colaflasche wieder verschließen können, hat dies aber unterlassen. Vielleicht ist er in Gedanken gewesen oder hat es einfach vergessen. Möglicherweise offenbart

»Jemand« aber auch hier ein unbewusstes und eingeschliffenes Verhalten, auf das er keinen Einfluss nehmen kann.

Ähnlich verhält »Jemand« sich, als er auf dem Platzset ein unübersehbares Krümelfeld hinterlässt und die Überreste nicht entsorgt. Solche Verunreinigungen könnten in der Vorstellungswelt von »Jemand« noch keinen sozialen Wert bzw. Unwert darstellen, jedenfalls hat die Verschmutzung des Platzsets bei ihm keinen entsprechenden Handlungsimpuls (Entsorgung der Überreste im Mülleimer) ausgelöst. »Jemand« scheint vielmehr auf die entstandene Situation gar nicht reagiert zu haben – der Normalfall? Wahrscheinlich handelt er in vergleichbaren Situationen immer im Sinne bestimmter Alltagsroutinen. Vielleicht werden derlei Unterlassungen von Dritten (Autoritäten?) aufgefangen und die Folgen durch diese beseitigt.

Signalcharakter hat erst wieder die Entscheidung, sich um die vergossene Coca-Cola nicht weiter zu kümmern. Dass »Jemand« diesen Vorgang gar nicht bemerkt haben könnte, erscheint eher fernliegend, könnte indes bei überhastetem Verlassen des Esstisches (aus welchem Grund?) grundsätzlich in Betracht kommen; allerdings müsste das Umstoßen des Trinkglases dann nicht nur physisch nicht bemerkt, sondern auch nicht gesehen und auch nicht gehört worden sein. Wahrscheinlich handelt es sich bei dem Verzicht auf die Säuberung des Esstisches vielmehr um eine Tarnhandlung, die auch von einer nicht zu übersehenden Gleichgültigkeit bzw. einem gering ausgeprägten Verantwortungsgefühl getragen worden sein könnte.

»Jemand« hat in diesem Zusammenhang gleich zwei Entscheidungen getroffen, die ihn in besonderer Weise charakterisieren: Einerseits vertraut er darauf (nach Abwägung?), ihn bei unveränderter Sachlage als Verursacher nicht feststellen zu können (Tarnhandlung Nummer eins), andererseits unterlässt er es, sein Malheur einer Autorität gegenüber zu offenbaren (Tarnhandlung Nummer zwei) – möglicherweise aus Scham, Angst vor Strafe oder fehlendem Selbstvertrauen. Vielleicht ist der legitimierte Genuss von Coca-Cola aber auch von der Einwilligung einer Autorität abhängig gemacht worden, deren Erwartungshaltung »Jemand« enttäuschen bzw. verletzen würde, wollte er sich offenbaren.

Denkbar ist jedoch auch, dass »Jemand« durch das Verschütten der Cola in eine Stresssituation geraten ist, weil er befürchtet hat, unmittelbar entdeckt zu werden (vielleicht hat es entsprechende Geräusche gegeben, die so gedeutet worden sind), und darum angenommen hat, sich schnell entscheiden zu müssen. Gleichwohl würde auch dies bedeuten, sich der eigenen Verantwortung nicht stellen zu wollen.

In dieses Muster passt – auch auf konkrete und wiederholte Nachfrage die Urheberschaft nicht zugeben zu wollen – die letzte Entscheidung. »Jemand« verweigert sich in der Hoffnung (oder aus Überzeugung), nicht als Übeltäter enttarnt werden zu können. Diese Entscheidung dürfte mit gleichartigen Erfahrungen zusammenhängen, bei Verdächtigungen eben besser zunächst alles abzustreiten und erst von dieser Strategie abzuweichen, wenn die eigene Verantwortlichkeit nicht mehr geleugnet werden kann und deshalb eine Verschlimmerung der eigenen Situation droht.

Zu beurteilen ist noch die Serviette und ihre Relevanz für das Cola-Malheur. Sie lag zusammengefaltet auf dem Platzset am Ende des Esstisches und wurde augenscheinlich benutzt. Während ich noch bei der Sequenzierung einen Zusammenhang für möglich gehalten habe, denke ich mittlerweile anders darüber: Die Serviette dürfte mit hoher Wahrscheinlichkeit am Vorabend benutzt worden sein, und zwar von einem Erwachsenen, weil sie sorgfältig zusammengefaltet und in einiger Entfernung zum umgestoßenen Trinkglas unmittelbar neben benutzten Tellern abgelegt worden war. Ein solches Verhalten widerspricht zudem deutlich der hier festgestellten Entscheidungs- und Handlungsstruktur des »Jemand«.

Auf der Basis der gefundenen Entscheidungen komme ich zu folgender (wohlgemerkt hypothetischen) Verhaltensbewertung: »Jemand« ist in der Lage, eigene Entscheidungen zu treffen, handelt pragmatisch, zielgerichtet und bedürfnisorientiert, allerdings überwiegend eher unbewusst, verhält sich mitunter recht naiv, indem er Konflikte vermeidet, nicht sozial adäquat und folgt einer simplen Logik: Wenn nur ich etwas weiß, dann kann/soll es sonst niemand wissen.

»Jemand« akzeptiert zwar Autoritäten, traut sich jedoch situationsbezogen zu, ausgesprochene Ge- und Verbote zu missachten bzw. zu unterlaufen. Es ist im vorliegenden Fall von einer durchaus imponierenden Stressresistenz auszugehen. Dieses Verhaltensmuster erscheint insgesamt deutlich infantil eingefärbt. Insofern scheiden Erwachsene als »Jemand« kategorisch aus. Auch der Kater Flecki kommt aufgrund des durchgeführten Experiments, aber auch in Anbetracht der nachgewiesenen Struktur der getroffenen Entscheidungen sowie einzelner, nicht nachzuvollziehender Handlungselemente (Wiederaufstellen des Trinkglases) als »Jemand« nicht in Frage. Übrig bleiben demzufolge Martin und Johanna.

Täterprofil

Nach der Sequenzierung und der Sequenzanalyse erfolgt nun eine dritte Form der Modellbildung: die Profilerstellung. Auf der Grundlage des rekonstruierten »Jemand«-Verhaltens und der markierten situativen Handlungs- und Entscheidungsstrukturen sollen nun die ihn kennzeichnenden Persönlichkeits- und Verhaltensmerkmale abgeleitet werden. Die Profilerstellung erscheint jedoch nur dann möglich und sinnvoll, wenn die nun vorliegende Informationsbasis entsprechende Schlussfolgerungen in ausreichender Quantität und Qualität überhaupt zulässt.

Ich überprüfe zunächst nochmals alle Schlussfolgerungen der Sequenzanalyse auf ihre Plausibilität und beginne anschließend damit, Merkmale herzuleiten, die »Jemand« möglichst individuell beschreiben. Schließlich lege ich mich auf ein Profil fest, beschränke mich dabei jedoch nur auf die angenommenen »Gewohnheiten«, weil sie mir besonders geeignet erscheinen, »Jemand« in seinem üblichen, eher unbewussten Sozialverhalten zu stigmatisieren. Gegebenenfalls können die übrigen Charaktermerkmale ergänzend berücksichtigt werden.

Gewohnheiten

▸ bevorzugt beim Frühstück Toastbrot
▸ röstet Toastbrot nicht
▸ trinkt morgens (bei Gelegenheit) Coca-Cola
▸ isst (gelegentlich), ohne Teller zu benutzen
▸ lässt Trinkflaschen nach Gebrauch unverschlossen stehen
▸ ignoriert Überreste von Nahrungsmitteln

Diese Gewohnheiten erzeugen in mir einen Verdacht, wer »Jemand« ist, nur kann ich nicht alle Verhaltensweisen beurteilen bzw. verifizieren. Also konsultiere ich meine Frau und lese ihr mein Profil vor, ohne zu verraten, worum es eigentlich geht (von meiner Fallanalyse weiß sie nichts), und frage sie, welches unserer Kinder wohl gemeint sein könnte. Ihre Antwort kommt sehr spontan: »Johanna! Das kann nur Johanna sein.«

Meine Frau klärt mich auch darüber auf, warum für sie *nur* Johanna in Betracht kommen würde. Johanna neige nämlich neuerdings dazu, sich nach dem morgendlichen Aufstehen in der Küche eine Scheibe Toast zu nehmen und sie am Frühstückstisch zu verspeisen, weil ihr dies in anderen Räumlichkeiten verboten worden sei. Dabei würde sie regelmäßig reichlich Krümel hinterlassen, ohne sich für deren Entsorgung verantwortlich zu fühlen. Martin hingegen würde zwar auch hin und wieder Toastbrot essen, allerdings kein ungeröstetes, das würde er nicht mögen. Diese Ernährungsgewohnheiten meiner Kinder habe ich bis dahin nicht gekannt. Ich bin der festen Überzeugung gewesen, Johanna würde morgens Stuten bevorzugen, so hatte ich es jedenfalls bislang immer mitbekommen, allerdings auch nur an Wochenenden, weil ich werktags das Haus vor dem Aufstehen meiner Familie verlasse, um dem Berufsverkehr zu entgehen.

Die übrigen Merkmale habe auch ich mit Johanna in Verbindung bringen können, allerdings nicht unbedingt ausschließlich: Sie trinkt gerne kohlensäurehaltige Erfrischungsgetränke, wir halten sie – wie Martin auch – dabei aber kurz; Coca-Cola oder Fanta darf lediglich dann verzehrt werden, wenn wir Besuch bekommen. Martin trinkt nur ausnahmsweise Coca-Cola, aus eigenem Antrieb gewöhnlich nicht. Sonst sind die Kinder an Leitungswasser gewöhnt, selbst beim Frühstücken.

Johanna habe ich schon des Öfteren dabei ertappt, wie sie verbotenerweise ein Butterbrot isst, und zwar vor dem Fernseher, ohne einen Unterteller zu benutzen. Dann ist das Sofa in der Regel vollgekrümelt. Martin verhält sich nur zeitweilig so, insbesondere dann, wenn beide Kinder gemeinsam fernsehen. Ganz und gar typisch für beide ist, dass sie Trinkflaschen nach Gebrauch grundsätzlich geöffnet stehen lassen, der Drehverschluss liegt stets daneben.

Alle Merkmale des Profils stimmen mit Johannas Verhaltensweisen überein, ihre Handlungen in der Küche und am Esstisch dürfen als Ausdruck ihrer Persönlichkeit und ihrer sozialen Einbettung verstanden werden (sehr ähnlich wie im Mordfall Jutta) – auf Martin will dieses Verhaltensprofil indes nicht passen. Und gerade ihn hatte ich spontan und mit guten Gründen zum

Verdächtigen Nummer eins gemacht! Letztlich ist es erst über die Fallanalyse gelungen, den Ablauf der Ereignisse vollständig zu rekonstruieren, eine Fallstruktur zu erarbeiten, sie zu analysieren und auf dieser Basis »Jemand« zutreffend zu beschreiben und zu enttarnen.

Und was sagt Johanna selbst dazu? Ich konfrontiere sie nicht mit dem Ergebnis der Fallanalyse, sondern sage ihr, dass ich sehr wohl wüsste, wer die Cola verschüttet habe, ich dies aber nicht verraten wolle. Sie schaut mich etwas verwundert an, sagt dann aber nur: »Okay.« Erst einige Tage später kommt sie aus freien Stücken zu mir und erklärt, sie könne sich nur vorstellen, »das mit der Cola gewesen« zu sein, denn: »Ich weiß es nicht so genau.« Dabei belasse ich es.

Um es ganz deutlich zu sagen: Sie werden Fallanalysen (zunächst!) vergleichsweise selten anwenden können (fehlendes Training) bzw. wollen (fehlende Gewöhnung, Zeitmangel), allerdings sollten sie diese Methodik auch im Sinne eines Baukastenprinzips nutzen können und sich bestimmte Methoden und Denkweisen zunutze machen.

Kehren wir noch einmal an den Frühstückstisch zurück. Nur über eine ganzheitliche Wahrnehmung ist es mir gelungen, nicht nur die Küche als wichtigen Ereignisort zu identifizieren, sondern auch Nebensächlichkeiten (z. B. die Toastkrümel oder den Schraubverschluss der Colaflasche), die sonst bei der Beurteilung der Sachlage gerne übersehen oder vernachlässigt werden, als bedeutsame Informationsträger gelten zu lassen und letztlich ihre tiefere Sinnstruktur zu deuten.

Beschränken Sie sich also bei der Beurteilung von Ereignissen nicht auf (ggf. mehrere) Einzelaspekte, die Ihnen zwar vertraut sind und erste reflexartige Schlussfolgerungen auslösen (mein erster Verdacht richtete sich genau deshalb gegen meinen Sohn), sondern betrachten Sie die Dinge von allen Seiten, geben Sie allem ein Recht, klammern Sie nichts aus.

Auch bei der Einschätzung menschlichen Verhaltens sollten Sie die Person niemals isoliert beurteilen, sondern auch die sozialen Bezüge, in die sie eingebettet ist, reflektieren. Diese Form der allseitigen Wahrnehmung ist als personaler bzw. sozialer Akt erlernbar, muss jedoch eingeübt werden. Und wenn Ihnen dies gelingt, erlangen Sie zwangsläufig mehr Wahrnehmungskompetenz, Ihnen eröffnen sich weitere Handlungsalternativen, und Sie dürfen sich auf eine wesentlich stärker ausgeprägte Entscheidungssicherheit verlassen.

Die fallanalytisch geprägte Betrachtungsweise ermöglicht es Ihnen überdies, der Problematik des Einzelfalls nicht (nur) intuitiv begegnen zu müssen. Auch lernen Sie, informatorische Unsicherheit, aber auch emotionale Zwiespältigkeit in Ihrem Sinne zu instrumentalisieren und für Ihre Zwecke methodisch auszubeuten, sofern Sie sich vorher an objektiven Daten orientieren und die zu beurteilenden Sachverhalte möglichst vollständig nachvollziehen.

Ein letzter Hinweis noch, der mir besonders wichtig erscheint: Bei der Fallanalyse ist weniger der intellektuelle Einzelgänger gefragt, sondern der Teamplayer. Das Wissen des Einzelnen ist begrenzt, verschiedene Einsichten und Ansichten in den Prozess der Fallanalyse einfließen zu lassen, hat sich vielfach bewährt. Probieren Sie es doch einfach mal aus!

Checkliste
Fallanalyse

Erhebung der Falldaten
▸ objektive Befunde und Tatsachen haben Priorität
▸ persönliche Besichtigung des Ereignisortes
▸ ganzheitliche Wahrnehmung aller Falldaten
▸ Berücksichtigung von Umgebungsvariablen
▸ Dokumentation der Falldaten

Rekonstruktion
▸ Nebenhandlungen/Nebensächlichkeiten beachten
▸ Handlungslücken durch Hypothesen schließen
▸ Handlungen chronologisch ordnen
▸ ganzheitliche Darstellung
▸ (ggf.) Nachstellen von Handlungen
▸ (ggf.) Durchführung von Experimenten
▸ Diskussion des Arbeitsergebnisses
▸ Prüfung auf Plausibilität und Faktenrelevanz
▸ Modellbildung 1: Fallspezifizierung

Sequenzierung
▸ Handlungselemente chronologisch ordnen
▸ Prüfung von Handlungsalternativen
▸ Plausibilität der Sequenzen prüfen

Sequenzanalyse
▸ Einzelfallperspektive
▸ hypothetisch-deduktive Vorgehensweise
▸ Induktion erst nach Deduktion

- räumlich-zeitliche Dimension beachten
- situative Einflüsse berücksichtigen
- Alltagsroutinen gelten lassen
- charakteristische Eigenschaften benennen
- Hypothesenvielfalt und Fallrelevanz
- Hypothesenkonkurrenz
- Ergebniskontrolle durch Gruppendiskussion
- Gruppenregeln beachten
- Modellbildung 2: Verhaltensbewertung

Profilerstellung
- Modellbildung 3: Merkmale zu Person/Verhalten

3
Eine Frage des Typs

»Frauen mit großen Köpfen sind herrschsüchtig.
Man wähle sich eine Frau, welche in der Haltung des Kopfes
etwas Edles, Bescheidenes hat, besonders wenn ihr Haarwuchs
stark, lang, weich und von kastanienbrauner Farbe ist.
Bei Frauen der Art paart sich Sanftmut mit Stärke.
Die schönen Blondinen sind aber auch nicht zu verachten;
denn ihre Haupteigenschaften sind Umgänglichkeit
und Hingebung.«

Johann Albrecht,
Heimlichkeiten der Frauenzimmer

»Es steht nämlich fest, dass auch den Propheten zuweilen
die Gnadengabe der Prophetie gefehlt hat
und dass sie dann aufgrund der Gewohnheit zu prophezeien,
indem sie glaubten, den Geist der Prophetie zu haben,
aus ihrem eigenen Geist manches falsch prophezeiten.«

Pierre Abélard,
Sic et non

Der Fall:
Wird er es wieder tun?

Polizeipräsidium Frankfurt am Main an einem schwülwarmen Sommernachmittag.

Es ist 16.45 Uhr. Vanessa sitzt wie versteinert und mit verweintem Gesicht im Vernehmungszimmer des 2. Kommissariats, zuständig für die Verfolgung von Sexualverbrechen. Das Gesicht der jungen Frau ist linksseitig angeschwollen, unter dem linken Auge prangt ein Bluterguss, ihre Kleidung ist teilweise zerrissen. Was die 23-jährige Studentin den beiden Kriminalbeamtinnen mit stockender Stimme berichtet, hören die Fachfrauen in dieser Form zum ersten Mal – und sie haben nach mehr als 30 Dienstjahren bei der Kripo schon viele Geschichten gehört: gewöhnliche und ungewöhnliche, wahre und unwahre.

Die junge Frau hat bisher zu Protokoll gegeben, ihre Reise heute Morgen gegen 11.30 Uhr begonnen zu haben, und zwar an einer Raststätte der A3 in der Nähe von Aschaffenburg. Ihr Ziel sei Köln gewesen. Sie wollte dort eine ehemalige Kommilitonin besuchen und mit ihr auf eine Party gehen. Kurz vor Frankfurt habe sie sich eine neue Mitfahrgelegenheit suchen müssen. Im Restaurant der Raststätte sei ihr zufällig ein junger Mann begegnet, Sebastian, 24 Jahre alt, ein Tramper wie sie, der ebenfalls in Richtung Westen habe fahren wollen, angeblich bis nach Dinslaken, einer Kleinstadt in der Nähe von Duisburg. Und weil man sich auf Anhieb sympathisch gefunden habe, sei spontan vereinbart worden, die Reise gemeinsam fortzusetzen.

Etwa gegen 13.30 Uhr hätten sie sich an der Auffahrt zur Autobahn mit einem Pappschild »Köln« postiert und seien kurz darauf mitgenommen worden. Bei dem Fahrer habe es sich um einen eher unauffälligen 25 bis 30 Jahre alten Mann gehandelt, der Wagen sei ein dunkelgrüner VW Scirocco gewesen. Etwa eine Viertelstunde später habe man auf einer Raststätte gehalten. Der Fahrer habe Sebastian gebeten, in der Tankstelle eine Schachtel Zigaretten zu kaufen, er selbst wolle in der Zwischenzeit den Luftdruck der Reifen überprüfen, da könnte es ein Problem geben.

»Und als Sebastian in der Tankstelle verschwindet, startet der Mann den Wagen und fährt los«, erzählt Vanessa konsterniert. »Erst habe ich gedacht, der sucht jetzt einen Parkplatz, aber der ist einfach auf die Autobahn gefahren. Ich hatte jetzt Panik, weil ich nicht wusste, was das sollte. Deshalb habe ich den Mann zur Rede gestellt und ihn aufgefordert, sofort anzuhalten. Der hat aber nur höhnisch gegrinst und gesagt: ›Die Falle ist zugeschnappt. Du machst jetzt genau, was ich dir sage, sonst mach ich dich kalt. Hast du das kapiert!‹ Und in dem Moment hatte er plötzlich eine Pistole in der Hand und zielte damit auf meinen Kopf.«

Nur etwa fünf Minuten später habe man die Autobahn verlassen und sei in ein Waldgebiet gefahren. Als der Wagen zum Stillstand gekommen sei, habe sie flüchten wollen. »Aber der hat mich an den Haaren festgehalten und zu sich rübergezogen. ›Schlampe, verdammte Schlampe!‹, hat er gebrüllt, ›Dir werd ich's zeigen!‹ Er hat mich gewürgt, so lange gewürgt, bis ich kurz weg war.« Als sie wieder zu Bewusstsein gekommen sei, habe sie auf der Rückbank gelegen, gefesselt, die Hände mit einem Seil zusammengebunden.

»Mit der einen Hand hat er mich am Hals festgehalten, mit der anderen Hand hat er mir die Sachen nicht einfach ausgezogen, sondern runtergerissen. Dabei hat er mich immer wieder beleidigt. Als der sich die Hose runtergezogen hat, wusste ich, was jetzt kommen soll.« Deshalb habe sie sich gewehrt und heftig mit den Füßen gestrampelt. »Plötzlich hatte der wieder die Pistole in der Hand und befahl mir, den Mund aufzumachen. Dann hat er sie mir ganz tief in den Mund reingeschoben und gebrüllt, ich solle aufpassen, sonst würde er mich abknallen. Das war kein Gesicht, in das ich geguckt habe, das war mehr eine Fratze. In dem Moment hatte ich Todesangst.«

Anschließend habe der Täter sich die Unterhose heruntergezogen und Vanessa aufgefordert, ihn mit der Hand sexuell zu befriedigen. Weil dies von ihr energisch abgelehnt worden sei, habe er selbst an seinem Penis gerieben, ihn dann in ihre Scheide eingeführt und den Geschlechtsverkehr vollzogen. Anschließend habe der Täter sich eine Zigarette angezündet und geraucht. »Plötzlich meinte er zu mir: ›So, du kleines Früchtchen, jetzt wirst du brennen!‹ Er fuchtelte mit der Zigarette vor meinem Gesicht herum und brachte sie ganz nah an meine Brüste. Ich konnte die Hitze spüren. Dabei hat er mich die ganze Zeit beobachtet.«

Nachdem der Täter den Zigarettenstummel aus dem Wagen geworfen habe, sei er kurz ausgestiegen und habe aus dem Kofferraum einen Rucksack geholt. »Ich konnte nicht sehen, was da drin war, aber er hatte dann eine Zange in der Hand.« Damit habe er gedroht, Vanessa die Brustwarzen abzukneifen. Dies sei von ihm jedoch lediglich angedeutet worden. »Der wollte mir wohl nur Angst machen.« Anschließend habe er sich Einmal-Handschuhe übergestreift und damit begonnen, sie zu würgen, und zwar so lange, bis sie kurz davor gewesen sei, ohnmächtig zu werden. »Der hat mich dabei sehr intensiv angeglotzt und immer gedroht, er würde mich jetzt umbringen. Das war einfach nur brutal grausam. Ich dachte wirklich, jetzt ist es gleich vorbei.«

Nach den Würgeattacken habe sie sich anziehen dürfen. »Dann ist mir mein Personalausweis weggenommen und gedroht worden, er würde mich jetzt kennen, und wenn ich zur Polizei gehen würde, hätte das ein Nachspiel. Daraufhin hat er mir den Kopf mit Paketklebeband umwickelt, so dass ich nichts mehr sehen konnte. Meine Tasche hat er aus dem Auto geschmissen und mir gesagt, ich solle bis fünfzig zählen, dann könne ich das Klebeband abmachen. Ich konnte aussteigen und habe tatsächlich so lange gezählt. In der Zeit ist er weggefahren.«

Unverzüglich wird eine Ermittlungsgruppe gebildet, bestehend aus den beiden Vernehmungsbeamtinnen und einem Kollegen. Weil sich Vanessa nur an Fragmente des Kfz-Kennzeichens ihres Peinigers erinnern kann – der Wagen soll demzufolge in München zugelassen worden sein –, werden zeitnah die Medien über die Tat informiert. Die Ermittler hoffen, »Sebastian« werde sich melden und weitere Hinweise auf den Täter geben. Es rufen zwar mehrere Zeugen bei der Kripo an, die etwas Verdächtiges beobachtet haben wollen, doch »Sebastian« ist nicht darunter.

Mit Vanessas Hilfe gelingt es der Kripo schließlich, sowohl die Raststätte zu finden, an der sie entführt worden ist, als auch das Stück Wald, in dem der Täter sie vergewaltigt und gedemütigt hat. Um erste Einschätzungen aus kriminalpsychologischer Sicht vornehmen zu können, wird der Ereignisablauf im Wagen des Täters anhand der Angaben des Opfers und der festgestellten Verletzungen rekonstruiert. Auf diese Weise wollen die Ermittler herausarbeiten, welche Bedürfnisse der Gesuchte befriedigt hat und wie die Tat typisiert werden kann.

Auffällig ist nach Einschätzung der Ermittler, dass es dem Täter weniger um Sexualität im engeren Sinne gegangen sein dürfte; vielmehr ist der Eindruck entstanden, sexuelle Handlungen seien lediglich instrumentalisiert worden, um sich des Opfers auf möglichst intime Art bemächtigen zu können. In solchen Fällen spricht man von »sexualisierter Gewalt«. Offenbar habe der Täter Machtgefühle ausgelebt, insbesondere seine Bemerkung »Jetzt ist die Falle zugeschnappt« und das Einführen der Schusswaffe in den Mund des Opfers seien im Sinne eines Verlangens nach eigener Omnipotenz zu deuten. Aber auch die sich wiederholenden verbalen Erniedrigungen des Opfers als »Schlampe« oder »Früchtchen« würden auf entsprechende Absichten hindeuten.

Überdies lasse das Verhalten des Täters stark ausgeprägte sadistische Züge erkennen. Denn er habe das Opfer mehrfach bis zur Bewusstlosigkeit gewürgt, um sich dadurch in erster Linie seelisch zu stimulieren, zudem sei die Frau mit einer glühenden Zigarette bedroht worden und er habe angekündigt, ihr mit einer Zange die Brustwarzen abzukneifen. Diese Handlungselemente würden zweifelsfrei das pathologische Bedürfnis widerspiegeln, die Frau leiden sehen zu wollen und sich dadurch auch sexuell zu erregen.

In einem weiteren Analyseschritt soll auf der Basis der genannten Erkenntnisse festgelegt werden, mit welchem Typ Vergewaltiger man es zu tun hat. Unter einer Tätertypologie versteht man in der Kriminologie allgemein die Aufschlüsselung von Straftätern und Straftaten nach einem oder mehreren zentralen Merkmalen. Ziel ist es dabei, mit wenigen Kategorien die Vielfalt und Komplexität verbrecherischer Handlungen in eine systemische Ordnung zu überführen. Hierher gehört beispielsweise die grundlegende Unterteilung der Täterklientel in »Gewohnheitsverbrecher« und »Gelegenheitsverbrecher«.

Die kriminologische Forschung ist reich an Versuchen, bestimmte Verbrechensgattungen und deren Verursacher entsprechend zu klassifizieren. Das FBI übte dabei eine Vorreiterrolle aus, als es in den beginnenden 1980er Jahren damit begann, eine Typologie für Vergewaltiger zu entwickeln. Die Experten unterteilten dabei die Tat in verschiedene Abschnitte, die ihnen für eine psychologische bzw. kriminalistische Ausbeutung besonders relevant erschienen:

der erste Kontakt zwischen Täter und Opfer, die Art und Weise der Täterkommunikation und das Ausmaß an Gewalt.

Bei der Untersuchung einer Vielzahl von aufgeklärten Vergewaltigungen konnten die Forscher bezüglich des Erstkontakts zwischen Täter und Opfer drei charakteristische Verhaltensweisen herausfiltern. Beim »betrügerischen Überfall« werde das Opfer unter einer Legende angesprochen, und erst wenn der Täter die Situation unter seine Kontrolle gebracht habe, lasse er seine wahren Absichten erkennen und verändere sein Verhalten.

Wenn das Opfer indes »blitzartig überfallen« werde, würde der Täter ohne Vorwarnung Gewalt ausüben. Als dritte Kategorie fanden die Experten den »hinterhältigen Überfall«. Dabei agiere der Täter heimtückisch oder überrasche das Opfer im Schlaf. Diese Vorgehensweise könnte auf ein vorheriges Ausbaldowern der Lebenssituation des Opfers hindeuten oder darauf, dass der Täter das Opfer gezielt ausgewählt habe.

Auch bei der Kommunikation mit dem Opfer zeigten die Täter zwei typische Strategien: Entweder sei ein pseudohöfliches Verhalten zu beobachten gewesen (Täter will dadurch den Eindruck erwecken, das Opfer willige in die sexuellen Handlungen ein), oder der Täter agiere ausgesprochen ichbezogen – typischerweise werde in diesen Fällen geschimpft, gedemütigt und gedroht.

Als Ausgangspunkt für eine Tätertypologie wählten die Experten des FBI den motivationalen Hintergrund, denn sie hatten herausgefunden, dass neben sexuellen Bedürfnissen regelmäßig Macht- bzw. Dominanzstreben, aber auch Wut- und Hassgefühle das Handeln der Täter initiierten und prägten. Allerdings seien diese Einflussfaktoren mitunter sehr individuell ausgeprägt. Deshalb musste in verschiedene Täterkategorien und Untergruppen unterschieden werden.

Bei einem dieser Subtypen soll es sich um den »wutmotivierten, sadistischen« Täter handeln, der es darauf anlege, dem Opfer zu drohen, es zu demütigen oder sogar zu foltern. Die Vergewaltigung, sofern es überhaupt dazu komme, sei eher Mittel zum Zweck. In solchen Fällen könne ein charakteristisches Tatverhalten beobachtet werden: planvolles Handeln, manipulative Annäherung an das Opfer, egozentrische Kommunikation bzw. Interaktion und brutale Gewalt.

Vielfach würde das Opfer an einen abgelegenen Ort gebracht, um es dort über einen längeren Zeitraum missbrauchen zu können. Dabei würden die Täter ihren speziellen Bedürfnissen entsprechende Utensilien verwenden, die sie gegen bestimmte Körperzonen richten, vorzugsweise Mund, Brüste, Vagina oder After. Sollte es sich um einen Serientäter handeln, dürfte mit zunehmender Gewalt zu rechnen sein.

Diesem Tätertyp werden überdies bestimmte Persönlichkeits- und Verhaltensmerkmale zugeschrieben. Aufgrund des planvollen und strategischen Vorgehens könne grundsätzlich von durchschnittlichen bzw. überdurchschnittlichen intellektuellen Fähigkeiten ausgegangen werden. Häufig sei zu beobachten gewesen, dass die Täter vor ihren Taten längere Zeit ziellos mit ihrem Auto herumgefahren seien und während des Tatgeschehens Fotos gemacht oder ihre Erlebnisse zu einem späteren Zeitpunkt schriftlich dokumentiert hätten. Täter dieser Kategorie würden bereits als Jugendliche durch abweichendes Sozialverhalten auffällig werden.

Die Schablone des »wutmotivierten, sadistischen« Vergewaltigers könnte nach dem Ergebnis der Tathergangsanalyse und der festgestellten sadistischen Verhaltenseinfärbung auf den vorliegenden Fall passen, die Ermittler gehen auch aufgrund einschlägiger Erfahrungen von einer hohen Wiederholungsgefahr aus bzw. vermuten, der Täter könnte bereits vorher aktiv gewesen sein. Aus diesem Grund werden alle Polizeidienststellen des Landes über den Sachverhalt informiert und ersucht, ähnlich gelagerte Taten mitzuteilen.

Anderthalb Wochen später melden sich Kollegen der Kripo in Marburg und berichten von einer Vergewaltigung, die sich drei Monate vorher ereignet hatte. Das Opfer, eine 26-jährige Frau, sei gegen 0.45 Uhr nach einem Diskothekenbesuch nach Hause getrampt. Während der Fahrt habe der etwa 25 Jahre alte Täter eine Autopanne vorgetäuscht, die Frau außerhalb des Wagens unvermittelt mit einer Pistole bedroht und in ein angrenzendes Waldgebiet verschleppt. Der Täter sei sehr aggressiv gewesen, habe das Opfer immer wieder als »verdammte Schlampe« beleidigt und gedroht, sie zu erschießen, sollte sie seine Anweisungen nicht befolgen.

Trotz dieser Einschüchterungsversuche habe die Frau um Hilfe gerufen, kurz darauf sei es ihr gelungen, dem Täter die Waffe zu entwinden und in ein Gebüsch zu werfen. Daraufhin habe der Täter ihr den Hals so lange zugedrückt, bis der Frau schwarz vor Augen geworden sei. Ferner habe er das Opfer mit der Faust massiv ins Gesicht geschlagen. Anschließend habe er der Frau die Kleider vom Leib gerissen und sie damit an einen Baum gefesselt. Nachdem es ihm nicht gelungen sei, seine Waffe wiederzufinden, habe er das Opfer mit einer glühenden Zigarette bedroht, sie werde »gleich brennen«.

Schließlich sei die Frau losgebunden worden. Der Täter habe das Opfer gezwungen, sich auf den Boden zu legen. Dort sei die Frau mehrfach gewürgt und schließlich vergewaltigt worden. Währenddessen habe der Täter sie fortwährend beleidigt und bedroht. Nach der Vergewaltigung habe er der Frau mit ihrer eigenen Bluse die Augen verbunden und sie gefesselt im Wald zurückgelassen.

Die Ermittler gehen in beiden Fällen von demselben Täter aus, weil nicht nur der Modus Operandi sehr ähnlich ist, sondern die

Taten sadistisch geprägt sind und dabei ein nahezu identisches Dominanzverhalten und gleichartige Misshandlungen erkennen lassen. Überdies ist der Täter von den Opfern übereinstimmend beschrieben worden, auch soll er jeweils einen VW Scirocco gefahren haben. Offenbar hat man es mit einem gefährlichen Serientäter zu tun.

Bereits eine Woche später klicken die Handschellen, der mutmaßliche Täter wird frühmorgens beim Verlassen seiner Wohnung festgenommen, nachdem die Ermittler auf der Handtasche des ersten Opfers seine Fingerspuren sichern konnten und bei anschließenden vergleichenden Untersuchungen ihn als Spurenleger zweifelsfrei identifiziert haben. Die Fingerabdrücke waren dem Verdächtigen drei Jahre zuvor nach einem Einbruch bei einer erkennungsdienstlichen Behandlung abgenommen worden.

Der Mann heißt Jochen Hansen, ist 26 Jahre alt, wohnt in Frankfurt/Main und verdient sein Geld als Metallfacharbeiter bei einem Industrieunternehmen. Der Kripo gegenüber ist er nicht aussagewillig und streitet alles ab. Erst bei der Begutachtung durch einen erfahrenen Gerichtspsychiater bricht der Beschuldigte sein Schweigen und berichtet über die von ihm verübten Taten, aber auch aus seinem Leben.

Hansen wächst in einer strukturell intakten Familie auf. Die Beziehung zu seinen Eltern, insbesondere zum Vater, ist überwiegend »gut und vertrauensvoll«. Im Kindesalter gibt es keine elterlichen Vernachlässigungen, keine drastischen Erziehungsmaßnahmen, auch macht Hansen keine traumatischen Erfahrungen. Als Schüler zeigt er sich angepasst und leistungsbereit, allerdings verlässt Hansen die Aufbaurealschule nach der 9. Klasse und erreicht damit nur den Hauptschulabschluss. Eine Lehre als Maschinenschlosser kann er erfolgreich abschließen. Nach seiner Zeit bei der Bundeswehr arbeitet Hansen bis zu seiner Festnahme in dem genannten Industrieunternehmen. Er berichtet von einem frühzeitig besonders ausgeprägten Interesse an motorisierten Fahrzeugen, schon als 10-Jähriger sei er Auto oder Traktor gefahren. Die Vorliebe für Maschinen und Motoren führt schließlich in die Kriminalität – bis zu seinem 21. Lebensjahr wird Hansen achtmal verurteilt, meistens wegen Mofadiebstahl und Fahren ohne Fahrerlaubnis. Zuletzt erhält er eine zehnmonatige Freiheitsstrafe, die zur Bewährung ausgesetzt und ihm schließlich erlassen wird.

Während der Bundeswehrzeit habe er regelmäßig und zu viel Alkohol getrunken, gibt Hansen zu Protokoll, auch später im Laufe seiner beruflichen Tätigkeit. Mehrmals in der Woche sei er betrunken gewesen, wobei er sich jedoch an das strikte Alkoholverbot am Arbeitsplatz gehalten habe. Nebenberuflich arbeitet Hansen als Türsteher und Barkeeper in Diskotheken. In dieser Zeit legt er sich einen amerikanischen Straßenkreuzer zu, verkauft ihn aber kurze Zeit später wieder, weil der Wagen im Unterhalt doch zu teuer ist.

Obwohl Hansen von zwei längerfristigen Beziehungen zu Frauen berichtet, wechseln seine Partnerinnen häufig, und es fällt auf, dass er zu seinen Freundinnen keine engere Bindung entwickelt haben will. Letztlich soll es aber keine Verhaltensauffälligkeiten bzw. Grobheiten gegeben haben, auch im sexuellen Bereich nicht. Hansen gibt beharrlich den Jedermann, seine Aussagen und damit auch seine Persönlichkeit bleiben so gesehen schemenhaft, undurchsichtig.

Nach Einschätzung des Gutachters sei eine »Zweiteilung« in der Lebensführung des Beschuldigten zu erkennen: einerseits der sehr gewissenhaft und beanstandungsfrei arbeitende, mit Verantwortung betraute, am Arbeitsplatz pflichtbewusst und strikt alkoholabstinent lebende Mann und anderseits der in der Diskotheken- und Halbwelt Anerkennung Suchende. Hier werde ein

Verhaltensmuster von Unterwerfung deutlich, aber auch das Verlangen nach Macht, Dominanz und Kontrolle. Während die Tätigkeit als Metallfacharbeiter die Ebene der Anpassung darstelle, verkörpere Hansen in der Türsteherszene (dort sieht er sich unter den »Top Ten«) die Ebene der Dominanz. Demzufolge sei von einer Persönlichkeitsstruktur auszugehen, die auf Dominanz und Unterwerfung ausgelegt ist.

Hansen äußert sich auch zu den Vergewaltigungen, jedoch nur sehr zurückhaltend. Er verweigert eine zusammenhängende Schilderung und beruft sich auf alkoholbedingte Erinnerungslücken, überhaupt habe es die von den Opfern beschriebenen sexuellen Misshandlungen und seelischen Demütigungen »so« nicht gegeben, »da wurde doch total übertrieben«. Der mutmaßliche Serienvergewaltiger kann oder will keinerlei Vorzeichen, Auslösefaktoren, spezifische sexuelle Phantasien oder Praktiken mit den Taten in Verbindung bringen. Ebenso besteht er darauf, dass die kurz vor der ersten Vergewaltigung erfolgte Trennung von seiner Freundin »nichts damit (mit der Tat) zu tun« habe, schließlich sei er jederzeit in der Lage gewesen, »andere Frauen zu haben«. Überdies könne der von ihm eingeräumte »Stress am Arbeitsplatz« und der erlittene Führerscheinentzug nicht im Kontext der Taten diskutiert werden. Letztlich bleibt das Wesen des Beschuldigten sphinxhaft, es gelingt nicht, die Vergewaltigungen mit inneren oder äußeren Auslösefaktoren zu verknüpfen, soweit er sie preisgibt.

Hansen wird letztlich zu sechs Jahren Gefängnis verurteilt, die er voll verbüßen muss, weil er sich einer Therapie verweigert. Nur elf Monate nach seiner Entlassung vergewaltigt er drei Frauen und geht dabei wieder besonders brutal vor. Kurz darauf wird Hansen festgenommen, vor Gericht gestellt und schließlich zu zehn Jahren Haft mit anschließender Sicherungsverwahrung verurteilt. Höchststrafe.

Zur Frage der Schuldfähigkeit stellt das Gericht fest, aus den Taten ergäben sich Hinweise auf eine seelische Abartigkeit des Angeklagten. Sie trügen deutlich sadistisch anmutende aggressive Züge. Eine Sexualstörung stehe jedoch nicht im Vordergrund, vielmehr seien dies Aggressionen, für die Hansen in der Sexualität nur ein Instrument finde. Sein delinquentes Verhalten sei durch Lust an der Angst und der Ohnmacht seiner Opfer geprägt. Hansen leide unter einer männlichen Identitätsunsicherheit, Frauen empfinde er als minderwertig. Gefühle der Selbstunsicherheit, des Selbstmitleids und der eigenen Unzulänglichkeit würden lediglich überdeckt und auf sexuellem Gebiet durch Aggressionen kompensiert. Im Ergebnis bestehe aber keine erhebliche Einschränkung von Einsichtsfähigkeit oder Hemmungsvermögen.

Das Gericht sieht in Hansen demnach nicht nur einen Sexualtäter, den es angemessen zu bestrafen gilt, sondern auch einen Verbrecher, vor dem die Sozialgemeinschaft dauerhaft geschützt werden muss. Deshalb hat es Sicherungsverwahrung angeordnet. Die Begründung: Hansen habe zusammen mit den zuvor begangenen Vergewaltigungen fünf Sexualverbrechen mit weitgehend identischer Vorgehensweise verübt, wobei er die Methode, Frauen in seine Gewalt zu bringen, perfektioniert habe. Es bestehe daher eine Tendenz zur Wiederholung seiner Taten innerhalb kurzer Zeitabstände, weil auch die langjährige Haftzeit ohne Eindruck auf ihn geblieben sei.

Der Angeklagte habe vielmehr eine seelische Abartigkeit entwickelt, die ihn Lust an der Fesselung, Angst und der Ohnmacht seiner Opfer empfinden lasse und in seiner Persönlichkeit tief verankert sei. Er empfinde keinen Leidensdruck, es sei nicht ersichtlich, dass er sich mit den Ursachen seiner Taten auseinandersetze; überdies neige er zum Verdrängen der Geschehnisse. Da er sonst ein sozial integriertes Leben führe, erscheine dieser Wesenszug von seiner sonstigen Persönlichkeit abgelöst und inselartig.

Dementsprechend sei nicht zu erwarten, dass stabile soziale Verhältnisse oder die lange Haftzeit ihn in der Zukunft von weiteren Taten abhalten könnten. In derartige Störungen komme zumeist nur Bewegung, wenn der Betreffende eine intensive Beziehung zu einer Frau entwickeln könne. Letztlich seien mit hoher Wahrscheinlichkeit schwerste Aggressionen zu erwarten, sollte Hansen an ein Opfer geraten, das seinen Wünschen Widerstand entgegensetze.

Legalprognose

22 Jahre später. Hansen befindet sich noch immer in Haft, die zehnjährige Sicherungsverwahrung neigt sich dem Ende zu. Deshalb muss eine Vollstreckungskammer darüber entscheiden, ob der Häftling nach wie vor eine Gefahr für die Öffentlichkeit darstellt. Entscheidungserheblich ist unter dieser Fragestellung die sogenannte Kriminal-, Sozial- bzw. Legalprognose. Alle Begriffe meinen dasselbe: die Vorhersage, dass unter bestimmten Bedingungen bestimmte Ereignisse in einem bestimmten Zeitraum (nicht) eintreten werden.

Eine individuelle Kriminalprognose setzt im Idealfall Folgendes voraus: Der Gutachter kennt die relevanten Einflussfaktoren auf die Rückfälligkeit, die sich durch die Zugehörigkeit des Betroffenen zu einer bestimmten Tätergruppe ergeben; er erhebt die Faktoren, die in diesem speziellen Fall zu einer Rückfälligkeit führen könnten, durch eigenes Aktenstudium; und er klärt durch Befragung und Untersuchung des Häftlings bzw. Patienten ab, wie bedeutend diese Faktoren aktuell sind.

Die kriminalprognostische Aussage über den Gefangenen wird im vorliegenden Fall dadurch gewonnen, dass Hansen als Sexualstraftäter typisiert, also einer bestimmten Tätergruppe zugeordnet wird, über die empirisch abgesicherte Erfahrungen zu ihrem (Rückfall-)Verhalten vorhanden sind. Bei möglichst weitgehender Übereinstimmung der Merkmale aus der Person des Gefangenen und aus seinen erwarteten Lebensumständen mit den Merkmalen der Kontrollgruppe kann geschlussfolgert werden, dass der Begutachtete sich wohl ebenso verhalten wird. Die Berechtigung zu dieser Annahme ergibt sich aus der Gültigkeit des Erfahrungssatzes, also der begründeten Erwartung, dass die darin zusammengefasste Erfahrung zuverlässig ist.

Hansen zeigt dem Gutachter gegenüber diesmal ein verändertes Aussageverhalten. Er schildert die Taten ausführlicher, gleichwohl weichen seine Schilderungen von den Feststellungen des letzten Urteils ab, insbesondere bei der Ereignisabfolge und dem Waffengebrauch. Dennoch räumt er nunmehr erstmals ein, dass es sich »so gesehen« um Vergewaltigungen gehandelt habe.

Dies führe nach Einschätzung des Sachverständigen jedoch nicht zu einer ernsthaften Anerkennung seiner Rolle als Täter, da Hansen weiterhin versuche, die Opfer als Lügnerinnen darzustellen. Er habe die Taten auffallend distanziert, sachlich, emotionslos und mitleidlos geschildert. Besonders auffällig sei gewesen, dass Hansen von den Opfern häufig wie von unbelebten, puppenartigen Objekten gesprochen habe (»dann hab ich die hingestellt«, »dann hab ich die mir auf den Schoß gesetzt«, »dann hab ich die ins Bett gelegt«, »dann habe ich die ausgezogen«). Auch seine Ausdrucksweise, er habe mit seinem letzten Opfer »einfach ein bisschen rumspielen wollen«, unterstreiche diese instrumentalisierende Haltung gegenüber Frauen. Er habe sie wie »Spielzeuge« benutzt und an ihnen seine Dominanz- und Machtphantasien ausgelebt.

Ob bei Hansen zum Zeitpunkt der Taten sexuell-sadistische Phantasien und Motivationen vorgelegen haben bzw. heute noch aktuell sind, kann durch den Gutachter nicht abschließend festgestellt werden, weil der Begutachtete dazu keine näheren Angaben machen will.

Deshalb orientiert sich die Strafvollstreckungskammer an einer Kriterienliste, die eigens von einer Forschergruppe entwickelt wurde, um die Diagnose des »schweren sexuellen Sadismus« stellen zu können. Demzufolge müssen mindestens vier der elf Merkmale auf der folgenden Liste erfüllt sein, wobei zumindest drei »Kernkriterien« (= K) enthalten sein sollten.

Kriterienliste »schwerer sexueller Sadismus«

▶ Der Täter wendet mehr Gewalt an, als notwendig wäre, um das Opfer sexuell zu überwältigen, oder er verletzt es.

▶ Der Täter übt Macht/Kontrolle bzw. Dominanz aus. (K)

▶ Der Täter erniedrigt oder degradiert das Opfer. (K)

▶ Der Täter wird durch die Tat sexuell erregt. (K)

▶ Der Täter foltert das Opfer oder ergeht sich in besonderer Grausamkeit. (K)

▶ Evidenz, dass die Tat einem Ritual folgt.

▶ Das Opfer wird entführt oder festgehalten.

▶ Einführen von Gegenständen in Körperöffnungen.

▶ Der Täter verstümmelt Geschlechtsmerkmale. (K)

▶ Der Täter verstümmelt andere Körperteile.

▶ Der Täter behält Dinge oder Körperteile des Opfers als Trophäen zurück oder hat Bild- bzw. Tonaufzeichnungen gemacht.

Dass eine Tat besonders grausam begangen worden ist, längere Zeit gedauert hat und die besondere Zerstörungswut des Täters ausweist, belegt nach Einschätzung des Gerichts noch keinen überdauernden sexuellen Sadismus. Entscheidend sei vielmehr, dass der Täter sexuelle Erregung und Befriedigung darin findet, das Opfer zu quälen, zu demütigen und sich an dessen Leiden zu ergötzen. Eine sexuelle Störung liege nur dann vor, wenn es sich um ein dauerhaftes und stabiles inneres Gebilde in Form einer abweichenden sexuellen Orientierung an sadomasochistischen Praktiken handelt. Dies werde allerdings aus der früheren Anamnese und Biographie des Gefangenen nicht durchgehend deutlich. Vielmehr seien auch beachtliche dissoziale Elemente in seiner Persönlichkeit festgestellt worden, die zu häufigen Normverletzungen und unterschiedlichen Formen von Kriminalität geführt hätten.

Auf der Grundlage eines testpsychologischen Gutachtens zur Persönlichkeitsstruktur des Gefangenen ergibt sich folgender Befund: Hansen sei eher selbstbewusst, willensstark und durchsetzungsfähig, allerdings würden psychopathische Wesensmerkmale (die ebenfalls anhand einer entsprechenden Skalierung festgestellt wurden) auf verantwortungslose, manipulative, oberflächliche, egozentrische und fordernde Charaktermerkmale hinweisen. Letztlich könne eine Persönlichkeitsstörung im klinischen Sinne jedoch nicht bejaht werden, vielmehr sei von einer akzentuierten Charakterstruktur auszugehen.

Rückfallrisiko

Bevor die Kammer über das weitere Schicksal des Häftlings entscheiden kann, muss dessen Rückfallrisiko beurteilt werden. Eine sexuelle Störung wird allgemein als wichtiger Faktor für eine ungünstige Legalprognose angesehen. Auch wenn eine überdauernde sexuelle Perversion bei Hansen nicht sicher habe festgestellt werden können, urteilt das Gericht, würden jedenfalls Merkmale einer solchen vorliegen. Ungünstige prognostische Faktoren seien überdies die diagnostizierten dissozialen und psychopathischen Persönlichkeitsanteile. Auch sei Hansen nicht bereit, seine bisherige Delinquenz und Persönlichkeitsproblematik therapeutisch aufzuarbeiten. Zudem hätten sich seine Einstellungen zu früherer Kriminalität, zu den Opfern und zum Ausmaß des ihnen zugefügten Leids nicht wesentlich verändert.

Demgegenüber könne als positiv bewertet werden, dass Hansen nicht unter einer psychiatrischen Erkrankung oder einer schweren Persönlichkeitsstörung im eigentlichen Sinne leide. Die Rückfallraten seien – auch im Bereich der Sexualdelikte – bei Tätern ohne psychiatrisch relevante Grunderkrankung und ohne Persönlichkeitsstörung statistisch niedriger als bei Personen mit erheblichen psychopathologischen Auffälligkeiten.

Um sexuelle Gewalttaten möglichst seriös vorhersagen und das Rückfallrisiko präzisieren zu können, wurden in den vergangenen Jahrzehnten insbesondere in Nordamerika und Westeuropa unterschiedliche Methoden entwickelt. Im Fall Hansen kommt zunächst das »Sexual Violence Risk«-Verfahren (SVR-20) zur Anwendung. Die zu erhebenden Merkmale umfassen die psychosoziale Anpassung, verübte Sexualtaten und Zukunftspläne des Gefangenen.

Das »Sexual Violence Risk«-Verfahren (SVR-20)
Psychosoziale Anpassung
- ▶ sexuelle Deviation
- ▶ Opfer von Kindesmissbrauch
- ▶ Psychopathie
- ▶ seelische Störung
- ▶ Substanzproblematik (+)
- ▶ suizidale/homicide Gedanken
- ▶ Beziehungsprobleme (+)
- ▶ Beschäftigungsprobleme
- ▶ nicht sexuelle gewalttätige Vordelinquenz

▶ gewaltfreie Vordelikte (+)
▶ frühes Bewährungsversagen (+)

Sexualdelinquenz
▶ hohe Deliktfrequenz (+)
▶ multiple Formen der Sexualdelinquenz
▶ physische Verletzung der Opfer (+)
▶ Waffengebrauch/Todesdrohung gegen Opfer (+)
▶ Zunahme der Deliktfrequenz oder -schwere (+)
▶ extremes Bagatellisieren oder Leugnen (+)
▶ deliktfördernde Ansichten (+)

Zukunftspläne
▶ Fehlen realistischer Pläne (+)
▶ Ablehnung weiterer Interventionen (+)

Insgesamt ergibt sich demnach für Hansen eine mittlere bis hohe Rückfallwahrscheinlichkeit. Während die Merkmale des SVR-20 es lediglich erlauben, die einzelnen prognostisch günstigen und ungünstigen Faktoren zu erfassen und abzuwägen, steht mit dem »Static-99« ein Prognosetool zur Verfügung, das auf der Grundlage von Wiederverurteilungsraten einer entlassenen Sexualstraftäter-Population in Österreich eine Einschätzung zum Rückfallrisiko ermöglicht. Deshalb legt die Strafvollstreckungskammer auf diese Methodik besonderen Wert. Das »Static-99«-Verfahren erfasst ausschließlich statische Risikovariablen:

Das »Static-99«-Verfahren
▶ Alter zum Zeitpunkt der Prognosestellung   0
▶ Beziehungsstatus   0
▶ gegenwärtiges Delikt enthält (auch)
   nicht sexuelle Gewalttätigkeit   0

- ▸ frühere, nicht sexuelle Gewalttätigkeit   0
- ▸ frühere Sexualdelikte (0 – 3 Punkte)   2
- ▸ Anzahl der Vorstrafen   1
- ▸ Sexualdelikte ohne Berührung   0
- ▸ auch nicht verwandte Opfer   1
- ▸ Fremde als Opfer   1
- ▸ männliche Opfer   0

Hansen erhält bei diesem Prognoseinstrument ein Rating von fünf Risikopunkten. Damit gehört er der Tätergruppe mit einem mittleren Risiko an. Bezogen auf den deutschsprachigen Raum kam es bei den wegen Vergewaltigung verurteilten Tätern mit fünf Risikopunkten im »Static-99« innerhalb von fünf Jahren nach der Entlassung bei knapp 10 Prozent der Täter zu einer erneuten Vergewaltigung, allerdings bei etwa 45 Prozent zu weiteren Gewaltstraftaten.

Die Ergebnisse der Testverfahren unterstreichen nach Auffassung des Gerichts die ungünstige klinische Prognose. Deshalb müsse die Frage, ob von Hansen aufgrund seiner verbrecherischen Veranlagung auch weiterhin erhebliche Sexualstraftaten unter Anwendung von erheblicher Gewalt zu erwarten sind, unter Bezugnahme auf die gesamte Befundlage unbedingt bejaht werden.

Letztlich ist es den Ermittlungsbehörden und Strafvollstreckungsorganen in diesem Fall nur über eine dezidierte Bewertung des Tatverhaltens gelungen, Hansen in eine bestimmte Täterkategorie einzuordnen und seine (Allgemein-)Gefährlichkeit dementsprechend seriös einschätzen zu können. Er selbst hat nicht viel dazu beitragen wollen, sehr wahrscheinlich aus gutem Grund.

Typologien:
Schlussfolgerungen ziehen
und Prognosen stellen

Außerhalb der Welt des Verbrechens stehen wir häufig vor ähnlich gelagerten Problemstellungen: Mir widerfährt etwas, ich muss das Erlebte bewerten, daraus Schlussfolgerungen ziehen und eine Prognose stellen, die nicht selten den weiteren Verlauf meines Daseins und Soseins wesentlich beeinflussen wird. Leider stehen für diese mitunter richtungsweisenden Alltagsentscheidungen keine ausgefeilten Prognoseinstrumente zur Verfügung, deshalb müssen wir uns regelmäßig auf die eigene Lebenserfahrung verlassen, dem gesunden Menschenverstand vertrauen oder unserem Instinkt folgen – mit ungewissen Erfolgsaussichten.

Besonders anfällig für Fehleinschätzungen und Fehlentscheidungen sind wir immer dann, wenn unsere Gefühle angesprochen werden. Und bei einem Seitensprung bzw. einer Affäre des Lebenspartners ist dies der Regelfall. Auch ich habe solche Dramen im Freundes- und Bekanntenkreis über viele Jahre hinweg miterlebt.

Die Sache mit dem Brief

Gerhard ist außer sich, als er die Rufnummer in sein Handy eintippt. »Könnte ich bitte meine Frau sprechen?« Kurz darauf meldet sich Martina. Gerhard mit bebender Stimme: »Du kommst jetzt sofort nach Hause!« Er sagt kein weiteres Wort und legt auf.

Als Martina eine Viertelstunde später in der Küche der ge-

meinsamen Wohnung steht, präsentiert Gerhard ihr einen hand-
geschriebenen Brief, den er im Schlafzimmerschrank zufällig bei
der Suche nach Blankopapier in einem Pappkarton gefunden hat.
Der Inhalt des Briefes lässt nur einen Schluss zu: Martina hat ein
Verhältnis. Und die Datierung des Schreibens beweist, dass diese
Beziehung bereits seit mehreren Monaten andauert.

»Erkläre mir das bitte!«

Martina ist sichtlich beeindruckt, als sie den Brief ausgehändigt bekommt. Sie streitet die Affäre nicht ab, erklärt sie aber für
bereits beendet. Mehr will sie darüber nicht sagen, auch auf mehr-
maliges Nachfragen nicht. Gerhard droht ihr schließlich mit
Scheidung, sollte sie ihm gegenüber nicht Rechenschaft ablegen.
Martina lässt sich jedoch nicht umstimmen und kehrt an ihren
Arbeitsplatz zurück.

Zur Vorgeschichte: Gerhard und Martina lernten sich auf der
Geburtstagsparty eines gemeinsamen Freundes kennen. Er, damals 22 Jahre alt, absolvierte seine Bundeswehrzeit, sie, ein Jahr
jünger, arbeitete bereits als Anwaltsgehilfin in einer Kanzlei.
Gerhard kommt aus einer strukturell intakten Beamtenfamilie
und hat einen Bruder, Martinas Eltern haben sich früh scheiden
lassen, sie ist mit ihren beiden Schwestern im Haushalt der Mutter aufgewachsen. Während Gerhard das Abitur abgelegt hat, ist
Martina mit 16 von der Realschule abgegangen und hat eine Lehre absolviert.

Nach einer kurzen Zeit des Kennenlernens zog Gerhard bei
Martina ein. Drei Monate später wurde sie ungewollt schwanger.
Beide entschieden sich gegen eine Abtreibung. Nach der Geburt
ihres Sohnes kehrte Martina schnell in ihren Beruf zurück, das
Kind kam in die Obhut einer Tagesmutter. Ein halbes Jahr später
wurde geheiratet. Doch schon in den ersten Monaten ihrer Ehe
stritten die beiden häufiger miteinander, weil sie der Doppelbelastung von Beruf und Familie nicht gewachsen waren, aber auch

unterschiedliche Interessen hatten und letztlich zu selten bereit waren, Kompromisse einzugehen. Trotzdem führten sie eine innige und vertrauensvolle Beziehung – glaubte jedenfalls Gerhard, bis er den Brief seines Nebenbuhlers fand.

Und der lässt ihn nun nicht mehr zur Ruhe kommen, zumal Martina die Sache totschweigen möchte. Kurz entschlossen recherchiert Gerhard die Telefonnummer von Johannes, so heißt der Mann, mit dem ihn seine Frau betrogen hat. Das Telefonat verläuft anders als von Gerhard erwartet, denn Johannes gibt wie selbstverständlich Auskunft und erklärt sich sogar zu einem gemeinsamen Treffen bereit, um diese delikate Angelegenheit in Ruhe besprechen zu können.

So erfährt Gerhard schon am nächsten Tag die ganze Wahrheit: Johannes, 26, ist Fitnesstrainer und lernt Martina während der Arbeit im Studio kennen. Sie unterhalten sich anfangs nur sporadisch, Martina ist aufgeschlossen wie immer. Erst als sie ihn nach seiner Telefonnummer fragt, beginnt Johannes sich für Martina zu interessieren. Sie verabreden sich schließlich zum Essen, gehen danach ins Kino und verbringen den restlichen Abend in seiner Wohnung. Sie trinken dabei einige Gläser Wein. Schließlich kommt man sich näher, auch sexuell. Martina ist dabei die treibende Kraft.

Sie erzählt Johannes noch am selben Abend von ihrer Beziehung zu Gerhard, die aber nur noch platonisch verlaufen soll, in absehbarer Zeit wolle man sich scheiden lassen, nur sei für Gerhard so kurzfristig keine neue Unterkunft zu bekommen, deshalb noch die gemeinsame Wohnung. Zu den Gründen der angeblichen Trennung sagt sie nichts. Johannes und Martina treffen sich immer dann, wenn Gerhard beruflich unterwegs ist, die frisch Verliebten schmieden bald sogar Urlaubspläne, angedacht ist eine Reise nach Venedig, wenn auch nur über das verlängerte Wochenende.

Martina und Johannes harmonieren auch sexuell, immer wenn sie sich sehen, haben sie Geschlechtsverkehr. Zweimal nimmt Martina ihren Liebhaber mit in die eigene Wohnung, als Gerhard bei der Bundeswehr ist. Martina lässt sich bei diesen Gelegenheiten im eigenen Ehebett von Johannes nackt fotografieren und videografieren. Johannes stört an seiner Freundin lediglich, dass sie ihm strikt verboten hat, sie zu Hause oder nach Dienstschluss anzurufen, angeblich möchte sie Gerhards Gefühle schonen, der seinen Trennungsschmerz noch nicht überwunden habe.

Als Gerhard seinen Gesprächspartner schließlich empört darüber aufklärt, dass sie unwissentlich über Monate hinweg eine Dreiecksbeziehung geführt hätten, reagiert Johannes prompt und unmissverständlich: »Mit dieser Person will ich nichts mehr zu tun haben!« Und hält sich daran, er wird Martina nicht mehr wiedersehen.

Gerhard will sich nach alledem ebenfalls von Martina trennen, weil er glaubt, ihr nicht mehr vertrauen zu können, und sich keine gemeinsame Zukunft vorstellen will – auch wenn er sich seinem Sohn gegenüber besonders verpflichtet und durch eine Trennung das Wohl des eigenen Kindes gefährdet sieht. Nichtsdestotrotz setzt er sein Vorhaben auch bald in die Tat um und zieht zu seinen Eltern. Zwei Wochen lang hört er nichts von Martina. Funkstille. Dann ruft sie ihn an einem Samstagabend doch an und bittet um eine baldige Aussprache: »Gerhard, das kann es doch nicht gewesen sein! Jonas (so heißt sein Sohn) braucht dich doch auch!«

Gerhard steht nun vor einer wegweisenden Entscheidung. Denn nicht nur für ihn ist trotz der erlittenen Enttäuschung eine erfüllte und vertrauensvolle Partnerschaft das Lebensziel Nummer eins. Und sollte ihm jetzt bei der Beurteilung des Verhaltens seiner Frau, aber auch der Umstände, die dazu geführt haben, eine Fehleinschätzung unterlaufen, drohen irgendwann ernsthafte finanzielle Einschnitte und soziale Konsequenzen, die sein Leben ruinieren können.

Also muss Gerhard sich fragen: Soll ich Martinas Seitensprung als einmalige Verfehlung sehen und ihr verzeihen? Ist meine Annahme berechtigt, dass wir wieder zueinanderfinden und eine gemeinsame Zukunft haben werden? Darf ich darauf hoffen bzw. vertrauen, dass sie mir künftig treu sein wird, auch wenn wir im Streit liegen? Stimmen Wunsch und Wirklichkeit überein? Welche Prognose kann ich für Martina stellen? Und es muss vor alledem gefragt werden: Auf welcher Grundlage soll er diese Entscheidung treffen? Welche Methodik steht ihm – aber auch vielen anderen Betroffenen – in solchen Fällen, wo es doch um so viel geht, zur Verfügung?

Die ernüchternde Antwort lautet: keine. Aus diesem Grund habe ich auf der Basis einschlägiger wissenschaftlicher Studien, kriminalpsychologisch ausgerichteter Analyseverfahren für die Legalprognose, zahlreicher Expertengespräche, aber auch eigener beruflicher Erfahrungen einen Leitfaden entwickelt, um die Verhältnisse nach einer partnerschaftlichen Untreue objektivieren, die vorliegenden Informationen bestmöglich ausbeuten, das gezeigte Verhalten emotionslos einschätzen, die eigene Beziehung wertfrei beurteilen und eine seriöse Risikoprognose vornehmen zu können.

Eine solche Analyse macht auch dann Sinn, sollten Sie sich bereits dazu entschlossen haben, die Beziehung sofort zu beenden. Denn mit dieser radikalen Entscheidung, von der Sie übrigens nur bedingt annehmen können, es sei die richtige, sind Sie in bester Gesellschaft: Die meisten Betroffenen empfinden und handeln nach solch einer traumatischen Erfahrung so – lieber ein Ende mit Schrecken als ein Schrecken ohne Ende.

Dadurch wird die Entscheidung, sich von seinem Partner zu

trennen, aber nicht automatisch richtig, zumal es an einer professionellen Beurteilung von Ursache und Wirkung mangelt. Außerdem gehört die Bereitschaft, sich gemeinsam anzuschauen, wie die Partnerschaft war, bevor es zu der Affäre gekommen ist, zum Pflichtprogramm einer Beziehung, unabhängig davon, wie die Partner aktuell zueinander stehen. Denn Untreue ist stets als Hinweis auf eine Beziehungsstörung zu verstehen, insofern sind regelmäßig beide Parteien maßgeblich daran beteiligt. Und wer seine ungelösten Konflikte unbesehen in die nächste Beziehung mitnimmt, setzt damit – und diese Prognose darf als gesichert gelten – höchstwahrscheinlich nur eine neue Seitensprung-Spirale in Gang. Sich kategorisch einer tieferen Betrachtung zu verweigern, ist der Angelegenheit weder angemessen noch zuträglich.

Allerdings sollten Sie es mit Ihren Bemühungen nicht zu eilig haben. Viele Menschen durchlaufen die erste Phase nach dem Beziehungs-Super-GAU wie auf Autopilot, stellen Fragen, die sie nicht beantworten können, suchen nach Halt, wo keiner ist, leiden. Während dieser Teiletappe auf dem Weg zurück in ruhigeres Fahrwasser sind sie nicht in der Lage, rational zu denken und danach zu handeln. Aber irgendwann eben doch. Und dann stehen sie immer wieder vor dieser einen Frage: gehen oder bleiben?

Das KBU-Verfahren

Der Wegweiser »Kriminalpsychologische Beurteilung des Untreueverhaltens« (KBU) soll als roter Faden verstanden werden, um das Fallmaterial strukturiert bearbeiten und bewerten zu können. Anhand des rekonstruierten Ereignisverlaufs und empirisch gewonnener Zusammenhänge wird nicht nur eine prognostische Beurteilung angestrebt; vielmehr sind die Fallinformationen ganzheitlich zu betrachten, um eine möglichst umfassende

Analyse und Problembeschreibung vornehmen zu können. Das KBU-Verfahren in acht Phasen ist jedoch nicht als starres Konstrukt zu verstehen, sondern soll über eine dynamische bzw. modifizierte Handhabung die Umstände des Einzelfalls berücksichtigen und nutzbar machen.

Phase 1: Datenerhebung

Bevor überhaupt etwas analysiert werden soll, müssen alle verfügbaren Informationen vorliegen. Objektiven Daten ist dabei der Vorzug zu geben. Dazu zählen eigene Erlebnisse und Erfahrungen mit dem untreuen Partner und seiner Bezugsperson, aber auch Fotos, Dokumente und Informationen, die Medien entnommen werden können. Bloße Meinungen anderer über die zu beurteilende Person dürfen nur dann Berücksichtigung finden, wenn sie verifiziert werden können. Eigene Angaben des untreuen Partners dürfen herangezogen werden, wenn sie sich nicht auf den Seitensprung selber beziehen. Sollte dies nicht der Fall sein, müssen sie wegen fehlender Objektivität ausgespart bleiben. Überdies sollten sowohl die aktuelle Lebenssituation des Fremdgängers als auch sein Persönlichkeitsprofil skizziert werden.

Die Sache mit dem Brief

Martina ist ein intelligenter, freundlicher, hilfsbereiter, liebevoller und sympathischer Mensch, eine durchaus attraktive Frau, kontaktfreudig, die sich eher unauffällig kleidet, auf Make-up verzichtet und durchschnittlich gebildet ist. Über ihre Kindheit spricht sie ungern, der Vater war Alkoholiker – deshalb trinkt sie gewöhnlich keinen Alkohol – und starb früh, das Verhältnis zur Mutter ist sachbezogen, unterkühlt. Zu ihren Schwestern hat sie kaum Kontakt. Man sieht sich nur bei familiären Anlässen. Martina zeigt sich in Diskussionen wenig zugänglich und beharrt auf ihrer Meinung.

134

Beruflich ist sie sehr engagiert und wird sowohl von ihrem Arbeitgeber als auch den Kollegen geschätzt, insbesondere für ihre fröhliche Art und ihr unermüdliches Engagement. Statussymbole bedeuten ihr wenig. Vorherige Beziehungen zu Männern waren längerfristig, den ersten Freund hatte sie mit vierzehn, erste sexuelle Erfahrungen mit dreizehn. Sie hat mehr männliche als weibliche Freunde bzw. Bekannte. Ihr Selbstwertgefühl erscheint eher schwach ausgeprägt. Martina hat ein starkes Geltungsbedürfnis und ist durchsetzungsfähig, manchmal auch störrisch, unzugänglich. Über ihre Gefühle spricht sie selten, über Sexualität gar nicht.

Martina ist nicht sportlich veranlagt, sie geht aber seit einem halben Jahr sporadisch in ein Fitnessstudio. Sie ist mit ihrer beruflichen Situation überaus zufrieden. Um ihren Arbeitsplatz nicht zu gefährden und den Lebensstandard nicht einschränken zu müssen, gibt sie den Sohn zu einer Tagesmutter. Wenn sie Johannes trifft, nimmt sie den Jungen meistens mit.

Als Gerhard seine Ehe Revue passieren lässt, erinnert er sich an eine Begebenheit, die ihm damals zwar komisch vorkam, der er aber keine weitere Bedeutung beimaß: Als er sich nach einer Party Martina zu Hause sexuell nähern wollte, wies sie ihn barsch und ohne weitere Begründung mit der Bemerkung zurück: »Ihr Männer seid doch alle gleich. Ihr wollt immer nur das eine!«

Phase 2: Milieubeschreibung

In diesem Abschnitt soll das Setting des Untreueverhaltens herausgearbeitet werden. Dabei sind insbesondere räumliche (wo fanden die Treffen statt?), zeitliche (wann, wie lange und wie oft hat man sich getroffen?) und situative Faktoren (zu welcher Gelegenheit fand der erste Kontakt statt?) zu berücksichtigen. Auch ist danach zu fragen, ob es zwischen dem untreuen Partner und der dritten Person bereits vorher eine Beziehung gab, und wenn dies der Fall sein sollte, ist festzustellen, ob der Liebhaber aus dem gemeinsamen Freundes- und Bekanntenkreis bzw. dem beruflichen Umfeld des Fremdgängers stammt.

Die Sache mit dem Brief

Martina und Johannes treffen sich an verschiedenen Orten, immer nach Dienstschluss, mal in seiner, mal in ihrer (ehelichen) Wohnung, und zwar (fast) immer dann, wenn Gerhard beruflich gebunden ist. Zwischen Martina und Johannes gibt es keine Vorbeziehung. Martinas Sohn ist bei den heimlichen Treffen überwiegend anwesend.

Phase 3: Rekonstruktion

Die gedankliche Nachbildung des Untreueverhaltens sollte in drei wesentliche Abschnitte gegliedert werden: Kontaktanbahnung, Nebenbeziehung, Folgeverhalten. Situative Einflüsse sind genauso zu berücksichtigen wie der Konsum von Alkohol oder Drogen. Bei der deskriptiven Darstellung ist unbedingt dem Zeitstrahl zu folgen, um schon an diesem Punkt die Dynamik des Geschehens und Entwicklungen markieren zu können. Die Sequenzierung wird jeweils nach der zusammenfassenden Beschreibung vorgenommen und folgt der Struktur des 3-Phasen-Modells.

Die Sache mit dem Brief. Sequenzierung, Kontaktanbahnung

▸ Martina besucht sporadisch ein Fitnessstudio.
▸ Sie interessiert sich für Johannes.
▸ Sie geht jetzt regelmäßig ins Fitnessstudio.
▸ Sie bittet Johannes um seine Telefonnummer.
▸ Sie verabredet sich mit Johannes zum Essen.
▸ Sie bringt Jonas vorher zur Tagesmutter.
▸ Sie trifft sich mit Johannes im Restaurant.
▸ Sie schaut sich mit ihm danach einen Kinofilm an.

- Sie geht anschließend mit in Johannes Wohnung.
- Sie trinkt dort mehrere Gläser Wein.
- Sie wird mit Johannes intim.

Die Sache mit dem Brief. Sequenzierung, Nebenbeziehung
- Martina verheimlicht Gerhard den Seitensprung.
- Sie führt mit beiden Männern eine intime Beziehung.
- Sie belügt Johannes (angebliche Trennung von Gerhard).
- Sie belügt Gerhard (für Treffen mit Johannes).
- Sie manipuliert Johannes (keine Anrufe zu Hause).
- Sie manipuliert Gerhard (intaktes Verhältnis).
- Sie empfängt Johannes in der eigenen Wohnung.
- Sie wird mit ihm im eigenen Ehebett intim.
- Sie lässt sich dabei nackt fotografieren.
- Sie weist Gerhard sexuell gelegentlich zurück.
- Sie schreibt Johannes Liebesbriefe.
- Sie versteckt seine Liebesbriefe zu Hause.
- Sie möchte mit Johannes nach Venedig fahren.

Die Sache mit dem Brief. Sequenzierung, Folgeverhalten
- Martina streitet den Seitensprung ab.
- Sie schweigt zu den Umständen ihrer Affäre.
- Sie möchte sich von Gerhard nicht trennen.

Phase 4: Sequenzanalyse
Nun ist auf der Grundlage der markierten (wesentlichen) Sequenzen eine entsprechende Bewertung durchzuführen. Ein bedeutsamer Ansatzpunkt sind dabei die Verhaltensweisen des untreuen Partners, welche in zwei Bereiche zu unterscheiden sind: pragmatisches und personifiziertes Handeln. In diesem Zusammenhang ist immer danach zu fragen, was der abtrünnige Partner in der Nebenbeziehung getan hat, was er nicht hätte tun müssen.

Während pragmatische Handlungen lediglich darauf abzielen, die Affäre zu ermöglichen und zu unterhalten, weisen personifizierende Verhaltenselemente auf höchstpersönliche Bedürfnisse hin, die gerade den untreuen Partner kennzeichnen, idealerweise nur ihn. Diese Aspekte des Untreueverhaltens sind nicht immer unmittelbar zu erkennen, sondern müssen über einzelne Sequenzen hergeleitet werden.

Zu bewerten sind überdies der motivationale Hintergrund, quantitative und qualitative Handlungsaspekte, aber auch die Persönlichkeit des untreuen Partners unter Berücksichtigung aktueller Stressfaktoren sowie seiner vergangenen und derzeitigen Lebenssituation und Alltagsroutinen. Abschließend ist das Untreueverhalten aufgrund der Sequenzanalyse grob zu klassifizieren, wobei prognostische Aspekte ausgeklammert werden müssen.

Die Sache mit dem Brief

Martinas Verhalten wird überwiegend von sach- und personenbezogenen Handlungen geprägt, wenn sie beispielsweise häufiger ins Fitnessstudio geht, um den Kontakt zu Johannes pflegen und intensivieren zu können, wenn sie ihn um seine Telefonnummer bittet, wenn sie ihren Sohn bei der Tagesmutter abgibt, wenn sie sich mit Johannes zum Essen verabredet und anschließend ins Kino geht, wenn sie sich von ihm zu Hause bewirten lässt, wenn sie Johannes darum bittet, nicht bei ihr anzurufen, oder wenn sie Gerhard bzw. Johannes manipuliert, belügt und betrügt (auch Johannes ist nach Lage der Dinge Leidtragender). Diese Vorgehensweise ist allein darauf ausgerichtet, die beabsichtigte Untreue zu ermöglichen und danach zu wiederholen.

Andererseits sind Verhaltensweisen zu beobachten, die zu Martinas sonstigem, eher unauffälligem und zurückhaltendem Wesen bzw. Auftreten nicht passen wollen. So lässt sie sich von Johannes nackt fotografieren und videografieren. Mit diesem vergleichsweise expressiven Verhalten wird sie sich selbst untreu und offenbart ein Bedürfnis, das sie in dieser Form bei Gerhard noch nicht ausgelebt hat. Weil Martina nicht darüber sprechen möchte, müssen ihre Beweggründe unscharf bleiben, Fakt ist jedoch, dass nicht nur sexuelle Handlungen realisiert werden, sondern Martina ein spezielles Bedürfnis erkennen lässt. Dies wiederum dürfte auf eine entsprechende Mangelsituation in der ehelichen Beziehung zurückzuführen sein.

Dazu passt: Martina nimmt ihren Liebhaber mit in die eigene Wohnung und hat dort mit ihm Sex, und zwar im Bett des ehelichen Schlafzimmers. Ob sie dies als Tabubruch einschätzt, muss dahinstehen, offenkundig wird indes: Martina verletzt die eheliche Privat- und Intimsphäre, denn Gerhard würde, wollte sie ihn um Erlaubnis fragen, keinesfalls einverstanden sein. Ihr unsensibles und illoyales Verhalten lässt insofern auch eine gewisse Respektlosigkeit und Gleichgültigkeit ihrem Ehemann gegenüber erkennen, vielleicht hat sie auf diese Weise ihrer latenten Wut auf Gerhard Ausdruck verliehen und ihr poröses Selbstwertgefühl ein wenig aufpoliert.

Auch Martinas Spontanäußerung »Ihr Männer seid doch alle gleich ...« ist in diesem Kontext zu diskutieren. Denn sie offenbart hier – ungewollt – einerseits ein ambivalentes Verhältnis zur Sexualität, andererseits ein stereotypes Männerbild. Martina unterstellt damit ihren Partnern, höchstwahrscheinlich nach einschlägigen Lebenserfahrungen, sie nicht um ihrer selbst willen zu begehren, sondern nur als Lustobjekt. Sie befürchtet, als Person nicht wertgeschätzt zu werden, sondern lediglich als Mittel zum Zweck herhalten zu müssen. Ob diese Interpretation tatsächlich zutreffend ist, mag dahinstehen, wichtig ist vielmehr die Schlussfolgerung, dass Martina mit seelischen Problemen zu kämpfen hat, die sie möglicherweise für eine außereheliche Affäre besonders empfänglich machen.

Martina geht durch die Liaison mit Johannes ein hohes Risiko ein. Sie gefährdet möglicherweise nicht nur die Beziehung zu Gerhard, sondern auch ihren finanziellen und sozialen Status. Auch wenn sie angenommen oder darauf gehofft haben sollte, ihre Nebenbeziehung geheim halten zu können, wird sie die andernfalls drohenden Konsequenzen nicht vollends ausgeblendet haben. Insofern dürfte ihre Motivation, sich trotzdem mit einem anderen Mann einzulassen, sehr hoch gewesen sein.

Mit welchen Zielvorstellungen Martina dieses Verhältnis eingegangen ist, weiß letztlich nur sie selbst. Allerdings darf nicht übersehen werden, dass gewisse Ablösungstendenzen erkennbar sind. Denn sie erzählt Johannes, sich von Gerhard bereits getrennt zu haben, und behandelt ihren Liebhaber wie einen gleichberechtigten Partner, mit dem sie auch Pläne für die Zukunft hat; beispielsweise beabsichtigt sie wahrscheinlich nicht ganz zufällig einen Kurztrip nach Venedig – jene Stadt, die symbolhaft als Refugium für Verliebte und ihre Träume gilt.

Andererseits hat Martina eine wesentliche Handlungsoption verneint: die Trennung von Gerhard. Vielleicht wollte sie zunächst die weitere Entwicklung in ihrer außerehelichen Beziehung abwarten, bevor sie Fakten schafft und sich von Gerhard trennt. Vielleicht zog sie eine Scheidung aber auch gar nicht ernsthaft in Erwägung, weil sie mit Johannes nur das auf Zeit ausleben wollte, was ihr Gerhard bis dahin nicht geben konnte. Unabhängig davon, welche Motivation bei Martina vorgelegen haben mag, wollte sie sich in jedem Fall mehrere Handlungsoptionen offenhalten.

Martina traf sich mit Johannes regelmäßig im Fitnessstudio, ging mit ihm ins Restaurant, nahm ihn mit nach Hause, verkehrte in seiner Wohnung, versteckte seine Liebesbriefe im eigenen Schlafzimmerschrank und ließ ihren einjährigen Sohn an vielen Treffen teilnehmen. Zu jeder dieser Gelegenheiten musste sie damit rechnen, in einem ungewohnten Kontext wahrgenommen zu werden und dadurch Argwohn zu erregen – sie hätte ihr Zusammensein mit Johannes auch wesentlich konspirativer gestalten können und ist demzufolge ein erhöhtes Entdeckungsrisiko eingegangen. Warum Martina sich so verhalten hat, erscheint eher nachrangig, entscheidend ist vielmehr, dass sie überhaupt bereit gewesen ist, dieses Wagnis einzugehen. Insofern unterstreicht sie durch dieses risikobehaftete Verhalten die Bedeutung der Beziehung zu ihrem Liebhaber.

Die Liaison zwischen Martina und Johannes ist nicht dem bloßen Zufall geschuldet, sie ist vielmehr das Ergebnis planvollen Handelns. Martina hat alles dafür getan, um mit Johannes in Kontakt zu kommen und eine Beziehung anzubahnen. Auch traf sie sich mit ihrem Liebhaber regelmäßig. Darüber hinaus manipulierte sie ihre Partner fortwährend, um letztlich zwei Parallelwelten zu erschaffen und zu erhalten: heiße Affäre, trautes Heim. Insofern kann bei Martina nicht von einem spontanen, situativ eingefärbten Handeln ausgegangen werden, das lediglich episodenhaften Charakter hat.

Martina ist ein grundsätzlich durchsetzungswilliger und auch durchsetzungsfähiger Mensch (sie hat beispielsweise im Beruf Erfolg und wird für ihre Leistungen geschätzt, sie manipuliert Gerhard und Johannes über einen längeren Zeitpunkt in ihrem Sinne), dem es anderseits schwerfällt, eigene Bedürfnisse zu artikulieren und Gefühle zu zeigen. Sie definiert den Wert der eigenen Person nicht kraft ihres Personseins, sondern über die Anerkennung und Zuwendung Dritter. Die Ursache für diese brüchige Selbsteinschätzung könnte erziehungs- bzw. erlebnisbedingt sein.

Sie sucht vielfach nicht die offene Konfrontation, sondern den (Aus-)Weg durch die Hintertür, ohne sich einer Diskussion bzw. sich selbst zur Disposition stellen zu müssen (dazu passt beispielsweise die Weigerung, über ihr außereheliches Verhältnis zu sprechen). Martina verfügt nicht über die notwendigen charakterlichen und sozialen Kompetenzen, um in Konfliktsituationen bestehen zu können, die sie selbst als Person betreffen. Insofern passt der Seitensprung durchaus zu Teilen ihrer Persönlichkeit und lässt eine spezifische Handlungsstruktur erkennen. Allerdings dürfen bei diesen Betrachtungen ihre beachtlichen positiven Eigenschaften nicht übersehen werden.

Martinas Affäre ist auch im Sinne einer ganzheitlichen Betrachtung mit ihrer aktuellen Lebenssituation zu verknüpfen. Auffällig erscheint dabei, dass sie mit ihrem Ehemann nur wenige Gemeinsamkeiten verbinden, eine belastbare Streitkultur nicht vorhanden ist (die Affäre mit Johannes wird nicht erörtert) und die Belastungen durch den unverhofften Familienzuwachs beachtliche Stressfaktoren darstellen; allerdings erst seit etwa einem Jahr, klammert man die Zeit der Schwangerschaft aus.

Und genau an diesem Punkt ist immer folgende Frage zu stellen: Hätte Martina mit Johannes auch dann eine Beziehung begonnen, sollte ihre Ehe intakt gewesen sein? Auch wenn die Antwort spekulativ bleiben muss, gibt sie doch Anlass, darüber nachzudenken, ob der Seitensprung mehr persönlichkeitsbedingt oder doch eher situationsbezogen veranlasst gewesen sein könnte. Für Martinas Verhalten dürften indes beide Aspekte entscheidungserheblich gewesen sein.

Nach alledem erscheint es abwegig, annehmen zu wollen, Martinas Affäre sei bloß eine Art Ausrutscher gewesen, eine kurze Episode, situativ bedingt, eher unbeabsichtigt – es fehlt der Einmaligkeitscharakter, die Austauschbarkeit der handelnden Personen, die Beliebigkeit. Stattdessen deutet Martinas planvolles und konsequentes Vorgehen, aber auch ihr stressresistentes, risikobehaftetes, manipulatives, illoyales, konspiratives und konsistentes Verhalten auf feste Absichten hin, die ihr zudem nicht wesensfremd sind.

Phase 5: Typisierung

Die Verhaltensinterpretation und die damit vorgenommene erste Klassifizierung des Untreueverhaltens müssen nun in eine empirisch basierte Typologie überführt werden, weil die Einzelfallperspektive allein noch nicht aussagekräftig genug sein kann, um das künftige Verhalten des untreuen Partners seriös einschätzen zu können. Erinnern wir uns hier noch einmal an den Fall Hansen: Auch hier wurde die Einschätzung des individuellen Rückfallrisikos insbesondere von einschlägigen empirischen Erfahrungswerten und daraus abgeleiteten Typisierungen bzw. Testverfahren abhängig gemacht.

Der renommierte britische Paartherapeut Andrew Marshall hat nach 30-jähriger Berufserfahrung eine Typologie der partnerschaftlichen Untreue entwickelt.[1] Jede der acht Kategorien ist mit einem Schweregrad der Verfehlung versehen worden, die auch im Sinne eines Rückfallrisikos zu interpretieren ist. Allerdings dürfen die verschiedenen Gattungen nicht isoliert betrachtet werden, es gibt gelegentlich Überschneidungen oder auch gemeinsame Übergänge bzw. Folgeentwicklungen.

Typologie der partnerschaftlichen Untreue

Zufallsaffäre

Sie verläuft kurzfristig und kann auch mehrere Wochen andauern. Es muss dabei nicht zu sexuellen Handlungen kommen. Im Allgemeinen überwiegen Risiken, Schuldgefühle und Täuschungen, das Vergnügen ist vergleichsweise gering. Die Auslöser sind relativ geringfügig, man fühlt sich unverstanden, vernachlässigt oder nicht ausreichend gewürdigt. Rückfallrisiko: gering-/mittelgradig.

Frustrationsaffäre

Auch diese Form der Nebenbeziehung muss nicht notwendigerweise zu Sex führen. Der untreue Partner bemüht sich nur halbherzig, die Spuren seines vollkommen untypischen Verhaltens zu beseitigen. Wenn es zur Aufdeckung kommt, erfolgt meist ein spontanes Eingeständnis. Häufig sind die Ursachen für die Affäre offensichtlich: Stress im Beruf, Depressionen oder finanzielle Schwierigkeiten. Rückfallrisiko: gering-/mittelgradig.

Erkundungsaffäre

Der untreue Partner sucht keine neue Beziehung, sondern neue Erfahrungen. Er ist an einem Punkt seines Lebens angelangt, der ihn fragen lässt, ob alle getroffenen Entscheidungen (beispielsweise jung geheiratet, früh Kinder bekommen) auch richtig gewesen sind. Erkundungsaffären sind allgemein von kurzer Dauer und werden von starker Neugier geprägt, wie sich Sexualität mit einem anderen Partner anfühlt, wie das wohl sein mag. Vielfach wird die Liebelei durch den Fremdgänger beendet, weil er nach ernüchternden Erfahrungen gelernt hat, den Wert der Hauptbeziehung zu schätzen. Rückfallrisiko: gering-/mittelgradig.

Vergeltungsaffäre

Diese Beziehungen sind meist nur von kurzer Dauer und werden von Rachegefühlen getragen. Überwiegend handelt es sich um ein eher reflexartiges Untreueverhalten, nachdem der Partner ebenfalls fremdgegangen ist. Den Betroffenen fällt es schwer, ihre Wut zu zeigen bzw. darüber zu sprechen, die Affäre ist Ausdruck eines passiv-aggressiven Verhaltens. Rückfallrisiko: mittelgradig.

Selbstmedikationsaffäre

Beide Partner (überwiegend mittleren Alters) sind in ihrer Beziehung unzufrieden, enttäuscht und unglücklich, können diesen bereits länger andauernden Konflikt jedoch nicht auf konstruktive Art zum Ausdruck bringen. Man hat sich so weit auseinandergelebt, dass in vielen Bereichen getrennte Leben geführt werden. Keiner ist bereit, für den anderen einzustehen oder zu kämpfen. Durch die Nebenbeziehung soll das eigene Selbstvertrauen erhöht werden, oder es dient der Bestätigung, noch begehrenswert zu sein. Solche Affären dauern etwa sechs Monate und länger. Nicht selten hat es vorher schon Untreue gegeben. Rückfallrisiko: mittelgradig.

Leidenschaftsaffäre

Derartige Beziehungen nehmen einen eher stürmischen Verlauf, der außereheliche Partner bekommt sehr viel Aufmerksamkeit, wird umschmeichelt und erhält zahlreiche Geschenke. Sexualität spielt eine große Rolle. Letztlich werden sexuelle Handlungen instrumentalisiert, um Stress abzubauen oder negative Gefühle zu unterdrücken. Die untreuen Partner leiden häufig unter einem geringen Selbstwertgefühl und führen gelegentlich mehrere Beziehungen gleichzeitig. Rückfallrisiko: mittel-/hochgradig.

Dreiecksaffäre

Diese Nebenbeziehung wird langfristig geführt und hat für die Betroffenen große Bedeutung. Obwohl die Hauptbeziehung des untreuen Partners stabil erscheint, ist die Liaison eine große Belastung. Den Fremdgänger und die dritte Person verbinden starke Emotionen, man verbringt sogar Urlaube zusammen. Die Untreue ist nicht mehr nur Bewältigungsstrategie, sondern ein fester Bestandteil der Alltagsroutinen. Des Öfteren gibt es in den elterlichen Familien des untreuen Partners Eifersucht, außereheliche Beziehungen und Scheidungen. Selbst wenn eine Dreiecksaffäre aufgedeckt wird, weiß der Fremdgänger nicht, für welchen Partner er sich entscheiden soll. Rückfallrisiko: mittel-/hochgradig.

Ausstiegsaffäre

In der Hauptbeziehung gibt es seit Jahren massive Probleme, das Verhältnis ist zerrüttet und von gegenseitigem Unverständnis geprägt. Der enttarnte untreue Partner zeigt keine bzw. kaum Reue, die Affäre ist als verklausulierte Botschaft zu verstehen, der Hauptbeziehung keine Chance mehr geben zu wollen. Oftmals wird nur die Untreue eingestanden, ohne dafür nähere Begründungen zu geben. Rückfallrisiko: hochgradig.

Die Sache mit dem Brief

Die Verhaltensinterpretation hat ergeben, dass Martina eine Art doppelte Buchführung betrieben hat sowohl Gerhard als auch Johannes glaubten an die Singularität und Authentizität ihrer Beziehung. Für Martina hatten beide Verbindungen eine große Bedeutung (personifiziertes Verhalten!), andernfalls wäre sie nicht so planmäßig und risikofreudig vorgegangen, sonst hätte sie ihre Affäre nicht tarnen müssen. Auch die (zumindest äußerlich) gezeigte Reuelosigkeit und die Verweigerung einer Aussprache mit Gerhard nach Aufdeckung der Liaison unterstreichen die ihr beigemessene Wertigkeit.

Überdies dürfte Martina mit beiden Partnern eine dauerhafte Beziehung angestrebt haben, die bereits seit mehreren Monaten andauert. Für diese Annahme sprechen insbesondere die Urlaubspläne mit Johannes und die gleichzeitig getroffenen Schutzmaßnahmen für ihre Hauptbeziehung (keine Anrufe zu Hause). Die Treffen mit Johannes fanden zudem regelmäßig statt und waren fester Bestandteil von Martinas Alltagsroutinen, nicht zuletzt auch deshalb, weil sie ihren Sohn in die Beziehung integrierte und Johannes eine stellvertretende Vaterfunktion zuweist. Nach alledem ist typologisch von einer Dreiecksaffäre auszugehen.

Phase 6: Beziehungsüberprüfung

Dieser Arbeitsschritt ist zwingend notwendig, weil eine Affäre erfahrungsgemäß, dies belegen jedenfalls die Ergebnisse zahlreicher wissenschaftlicher Untersuchungen, immer auch mit ungelösten Beziehungsproblemen einhergeht. Und weil mittlerweile gesicherte Erkenntnisse dazu vorliegen, welche Merkmale eine langfristig tragfähige Verbindung kennzeichnen, ist genau danach zu fragen: Gemeinsamkeiten, Kommunikation, Konfliktverhalten, Sexualität.

Die Sache mit dem Brief

Beiden gelingt es nicht, Auslöser bzw. Ursachen und Folgen der Affäre zu diskutieren. Martina verweigert sich einer Aussprache und schweigt (dies darf auch als Respektlosigkeit bzw. als Gleichgültigkeit verstanden werden). Überhaupt erscheint das Kommunikations- und Konfliktverhalten der Partner unterentwickelt bzw. nachhaltig gestört. Probleme werden bislang nicht angesprochen, sondern verdrängt. Auffällig ist ebenso, dass zwischen Martina und Gerhard nur wenige Gemeinsamkeiten auszumachen sind, die ihre Verbindung mit Leben erfüllen. Zu denken ist hier an den gemeinsamen Sohn und die Familie als soziales Refugium – eine bloße Zweckgemeinschaft, an der unverdrossen festgehalten wird, weil die sonst drohenden Konsequenzen vermieden werden sollen?

Phase 7: Selbstreflexion

Die ganzheitliche Betrachtungsweise macht auch einen kritischen Blick auf die eigene (Mit-)Verantwortung an der Affäre des untreuen Partners erforderlich. Seriöse Umfragen haben nicht zufällig zum Ergebnis, dass sich etwa 80 Prozent der Betrogenen fragen, was sie selbst dazu beigetragen haben, dass es so weit kommen konnte. Nicht wenige Leidtragende stellen dabei fest, sich bereits vor dem Seitensprung aus der Paarbeziehung zurückgezogen zu haben – dafür gibt es zahlreiche Rechtfertigungs- bzw. Entschuldigungsgründe: insbesondere zu viel Stress mit den Kindern, zu viel Stress am Arbeitsplatz, zu viel Stress mit dem

Partner. Der Leitgedanke, als Betrogener nicht nur Leidtragender zu sein, sondern auch Verantwortung übernehmen zu müssen, soll letztlich den Beginn einer professionellen Aufarbeitung der Beziehungskrise markieren.

Die Sache mit dem Brief

Martinas Unzufriedenheit könnte durchaus mit Gerhards Beziehungsverhalten zusammenhängen, schließlich wird auch ihm die negative Entwicklung der jüngeren Vergangenheit nicht verborgen geblieben sein, wodurch er sich jedoch nicht dazu veranlasst sieht, initiativ zu werden. Wenn er sich mit seiner Frau überwarf, endete die Meinungsverschiedenheit mit gegenseitigen Vorwürfen und Unverständnis. Anstatt sich der Kritik zu stellen, beschränkte er sich darauf, Probleme geringzuschätzen. Möglicherweise ist Martinas Affäre auch als Fluchtverhalten zu deuten, weil Gerhard sich aus ihrer Sicht wenig zugänglich zeigte und gewisse Kompetenzen vermissen ließ. Insofern muss er sich auch fragen: Was hat Johannes, was ich nicht habe?

Phase 8: Risikoeinschätzung

Die abschließende Bewertung ist unter Berücksichtigung der vorliegenden Analyseergebnisse vorzunehmen. Eine besondere Wertigkeit haben die Typisierung, die Beziehungsüberprüfung und die zu erwartenden Lebensumstände des untreuen Partners in seiner Hauptbeziehung. Nicht übersehen werden darf dabei, dass eine Rückfallprognose sich lediglich auf einen vergleichsweise kurzen Zeitraum bezieht, denn eine Vorhersage menschlichen Verhaltens ist nur auf der Basis vergangener bzw. aktueller Erkenntnisse möglich. Sobald sich die Lebensumstände (gravierend) verändern, muss die Risikoeinschätzung ihre Gültigkeit verlieren und eine neue Beurteilung erfolgen.

Die Sache mit dem Brief

Martina und Gerhard durchleben fraglos eine schwere Ehekrise, nicht nur die kürzlich aufgedeckte Dreiecksaffäre zeugt davon, sondern auch die bisher unbewältigten zwischenmenschlichen Verwerfungen, die durch zusätzliche Stressfaktoren (Doppelbelastung in Beruf und Familie) befeuert worden sind. Martinas Affäre wiegt deshalb schwer, weil die Ursachen in ihrer Persönlichkeit, aber auch der aktuellen Lebenssituation begründet liegen. Auch wenn sie auf eine Fortsetzung der Ehe mit Gerhard drängt, dürfte bei ihr aufgrund der ungelösten Problemstellungen mit einer grundlegenden Wesens- bzw. Verhaltensänderung kaum zu rechnen sein, denn entscheidend ist in diesem Zusammenhang nicht, was jemand sagt bzw. verspricht, sondern was er getan hat bzw. tut. Aus diesen Gründen muss kurz- bzw. mittelfristig davon ausgegangen werden, dass Martina sich auch künftig in vergleichbaren Krisensituationen ähnlich selbstbezogen und wenig partnerschaftlich verhalten dürfte.

Martina und Gerhard stehen stellvertretend für viele Paare, die glauben, sich in einen anderen zu verlieben, ihn zu begehren und mit ihm Sex zu haben würde immer nur den anderen passieren, weil man selbst bzw. der eigene Partner dazu gar nicht fähig sei. Und wenn sich diese naive Vorstellung letztlich doch als Irrglaube erweist und das Beziehungsdrama nicht mehr geleugnet werden kann, dann ist guter Rat teuer.

Das vorgestellte KBU-Verfahren ist in diesem Zusammenhang als ggf. zu modifizierender Leitfaden zu sehen, der nicht unbedingt zu einer Lösung des Problems führen muss, sondern in erster Linie die strukturgeleitete tiefere Durchdringung der unterschiedlichen Problemstellungen ermöglichen soll. Als Maxime gilt dabei: nicht wie ein Richter zu urteilen, sondern wie ein Arzt zu diagnostizieren. Es geht also nicht ums Verurteilen und Verzeihen, sondern ums Verstehen und Vergewissern. Aber auch die vorgenommene Risikoeinschätzung entbindet nicht von der Pflicht, sich weiterhin um den eigenen Partner zu bemühen – bevor es ein anderer tut.

Kehren wir ein letztes Mal zu Martina und Gerhard zurück. Sie kann ihn schließlich davon überzeugen, die Ehe fortzusetzen. In der ersten Zeit verbessert sich ihr Verhältnis spürbar, nach einigen Monaten entwickelt sich sogar eine Beziehung, die von gegenseitigem Verständnis und Vertrauen geprägt ist. In dieser Phase wird das zweite Kind geboren, eine Tochter. Allerdings währt das Beziehungsglück nur etwa zweieinhalb Jahre: Martina verliebt sich in einen Arbeitskollegen, einige Monate später beginnt sie zudem ein Verhältnis mit einem ehemaligen Klassenkameraden. Es braucht eine Zeit, bis diese Vierecksaffäre ruchbar wird und Gerhard die Scheidung einreicht. Also doch kein Happy End.

Checkliste
»Kriminalpsychologische Bewertung
des Untreueverhaltens«

Phase 1: Datenerhebung
- ▶ objektive Daten favorisieren
- ▶ Daten möglichst umfassend erheben
- ▶ Informationen schriftlich dokumentieren
- ▶ Lebenssituation des untreuen Partners beschreiben
- ▶ Persönlichkeitsprofil des untreuen Partners erstellen
- ▶ frühere Selbstaussagen des untreuen Partners berücksichtigen

Phase 2: Milieubeschreibung
- ▶ räumliche Faktoren (Wo wurde gehandelt?)
- ▶ zeitliche Faktoren (wann, wie lange und wie oft?)
- ▶ situative Faktoren (zu welcher Gelegenheit?)
- ▶ Vorbeziehung (zu Liebhaber?)
- ▶ soziale Einbettung (Liebhaber aus Freundeskreis?)

Phase 3: Rekonstruktion
- ▶ 3-Phasen-Modell des Seitensprungverhaltens
- ▶ Sequenzierung (grobkörnig)
- ▶ situative Einflüsse (auf Entschluss zum Seitensprung)
- ▶ Beeinträchtigung durch Alkohol/Drogen
- ▶ Zeitstrahl berücksichtigen
- ▶ Plausibilitätsprüfung

Phase 4: Sequenzanalyse

▸ Planungsgrad (spontan/überlegt/vorausschauend)

▸ pragmatisches/personifiziertes Handeln

▸ Entscheidungsstruktur herausarbeiten

▸ Dynamik/Progredienz (Intensität/Steigerung)

▸ Risikoverhalten (bezüglich Enttarnung)

▸ motivationaler Hintergrund/Bedürfnisstruktur

▸ Kommunikationsverhalten (initiativ/zurückhaltend)

▸ Tarnhandlungen (Verschleierung/Spurenbeseitigung)

▸ illoyales Verhalten (gegenüber Betroffenem)

▸ Aussagebereitschaft (des untreuen Partners)

▸ Stressfaktoren (Beziehung/Familie/Beruf)

▸ Folgeverhalten (Reue/Gleichgültigkeit)

▸ biographische Daten berücksichtigen (Seitenspringer)

▸ Handlungsmuster identifizieren (Masche des Seitenspringers)

▸ Charakter des untreuen Partners (akzentuiert/pathologisch)

▸ Klassifizierung Untreueverhalten (Ausrutscher/Affäre)

Phase 5: Typisierung

▸ Einordnung Untreueverhalten in Typologie nach Marshall

▸ Zufallsaffäre

▸ Frustrationsaffäre

▸ Erkundungsaffäre

▸ Vergeltungsaffäre

▸ Selbstmedikationsaffäre

▸ Leidenschaftsaffäre

▸ Dreiecksaffäre

▸ Ausstiegsaffäre

▸ Typisierung mit Sequenzanalyse verknüpfen

Phase 6: Beziehungsanalyse
▶ Konfliktverhalten
▶ Respekt/Akzeptanz
▶ Kompromissfähigkeit
▶ Gemeinsamkeiten
▶ emotionale Nähe
▶ Empathie
▶ Kommunikation
▶ Sexualverhalten

Phase 7: Selbstreflexion
▶ eigenes Fehlverhalten berücksichtigen
▶ Mitverantwortung übernehmen

Phase 8: Prognose
▶ Risikobeurteilung aufgrund Typisierung
▶ sozialisierungsbedingte Risikofaktoren (Eltern/Erziehung)
▶ charakterbedingte Risikofaktoren (narzisstisch/neurotisch)
▶ krankheitsbedingte Risikofaktoren (Depression)
▶ künftige Lebenssituation berücksichtigen (Veränderungen)
▶ Beziehungsprobleme ansprechen
▶ Sexualverhalten reflektieren
▶ soziale Aspekte prüfen (Kinder/Freundeskreis/Eigentum)
▶ Kommunikationsverhalten (intakt/gestört)
▶ gemeinsame Interessen begründen (Hobbys/Lebensziele)
▶ Prognoseergebnis (niedriges/mittleres/hohes Risiko)
▶ Prognosegültigkeit (kurz-/mittelfristig)

Bearbeitungshinweise
▶ Leitfaden hat dynamische/offene Struktur
▶ Datenqualität prüfen
▶ objektive Daten/Informationen nutzen

- ganzheitliche Betrachtungsweise
- Einzelfallperspektive
- Handlungen dominieren Aussagen
- Hypothesen auf Validität/Plausibilität prüfen
- Vertrauensperson hinzuziehen
- Transparenz der Prognose herstellen
- Analyseergebnis für Entscheidung heranziehen
- Prognosecharakter beachten

4
Topf sucht Deckel

»›Ich‹ sagst du und bist stolz auf dieses Wort.
Aber das Grössere ist, woran du nicht glauben willst –
dein Leib und seine große Vernunft:
die sagt nicht Ich, aber thut Ich. (…)
Hinter deinen Gedanken und Gefühlen, mein Bruder,
steht ein mächtiger Gebieter, ein unbekannter Weiser –
der heisst Selbst. (…)
Dein Selbst lacht über dein Ich und seine stolzen Sprünge.
›Was sind mir diese Sprünge und Flüge des Gedankens?‹
sagt es sich. Ein Umweg zu meinem Zwecke.
Ich bin das Gängelband des Ichs und der Einbläser seiner Begriffe.«

Friedrich Nietzsche,
Also sprach Zarathustra

»Und solang du das nicht hast,
dieses: Stirb und werde!
Bist du nur ein trüber Gast
auf der dunklen Erde.«

Johann Wolfgang von Goethe,
Selige Sehnsucht

Der Fall:
Die Handschrift des Serienmörders

Ich habe eine bestimmte Vorstellung, welchen Jungen ich zu sexuellen Handlungen nehme. Charakterisieren möchte ich diesen Jungen, dass er seinem Alter entsprechend groß, dass er nicht zu dick oder zu dünn ist, dass er nach Möglichkeit keine abstehenden Ohren hat, kein Brillenträger ist, dass sein ganzes Wesen kindlich ist.«[1]

31. Mai 1969, gegen 17.30 Uhr. Der junge Mann ist schon eine Weile mit dem Fahrrad unterwegs, wie immer allein. Sein bevorzugtes Jagdgebiet sind die Waldgebiete rings um Eberswalde, einer etwa 34 000 Einwohner zählenden Kreisstadt, knapp 50 Kilometer nordöstlich von Berlin im Bezirk Frankfurt/Oder. Was der 17-Jährige seinem Opfer antun will, sollte ihm ein Junge in die Falle gehen, ist fester Bestandteil einer perversen Parallelwelt, die ihn fasziniert, die ihn beseelt, die ihn hinaustreibt in die Natur – und dann am liebsten: foltern, töten, verstümmeln. Doch bislang ist es ihm nicht gelungen, seine Phantasien zu realisieren. Keine Gelegenheit.

»Ich bin da triebmäßig immer Karussell gefahren. Mein Revier war in erster Linie die Drehnitzwiese. Wenn die Gedanken so drängend wurden, wenn die immer schneller kreisten, da bin ich Abend für Abend losgezogen, um einen Jungen aufzunehmen. Aber sie waren so selten allein, und ich hätte sie doch immer erst isolieren müssen, um sie töten zu können. Dazu fiel mir dann meist nicht viel ein.«

Plötzlich hört er Geräusche. Stimmen. Kinderstimmen. Zwei Knaben kommen ihm auf ihren Rädern entgegen. Als sie ihn erreichen, spricht er die Kinder an. »Hey, wo wollt ihr denn hin?«

157

Mario, 9, und sein gleichaltriger, großgewachsener Freund Henry sind auf dem Heimweg. Bis zur elterlichen Wohnung sind es nur noch einige Kilometer.

»Sollen wir gemeinsam fahren?«

Mario und Henry haben nichts dagegen, dass der junge Mann sich ihnen anschließt.

Wenig später erreichen die drei eine große Wiese. Mario will anhalten, um schnell noch einen Hochstand zu erklimmen, der sich nur etwa 50 Meter entfernt am Rande einer Lichtung befindet. Einverstanden. Beim Zurückkehren schlägt der junge Mann vor, Nachlaufen zu spielen.

»Die waren mir noch zu aufgedreht. Ich habe überlegt, wie ich das anstellen soll. Deshalb habe ich gedanklich mehrere Möglichkeiten durchgespielt.«

Als sie gemeinsam über die Wiese tollen, lässt der junge Mann absichtlich einen Gegenstand aus seiner Lederjacke ins hohe Gras fallen. Henry hebt das Messer auf und gibt es seinem älteren Spielkameraden zurück.

»Nur den Henry wollte ich für meine sexuellen Handlungen haben, den anderen konnte ich dafür nicht gebrauchen. Deshalb musste ich sie trennen. Wie ich das machen wollte, war mir jetzt klar.«

Der junge Mann setzt sich mit Mario auf einen Baumstamm, um ihm die Handhabung des Messers zu erklären. Er umfasst den rechts von ihm sitzenden Jungen mit der rechten Hand und sticht ihm unvermittelt in die linke Brustseite – angeblich aus Versehen, ein bedauerlicher Unfall.

»Der kleine Junge wurde durch den Stich nur leicht verletzt. Ich sagte ihm, er soll sich hinlegen, ich würde mit seinem Freund Hilfe holen.«

Henry und der junge Mann nehmen ihre Räder auf und fahren zurück in Richtung Wald, angeblich eine Abkürzung, um schneller Hilfe holen zu können. Doch bereits einige hundert Meter weiter kommt alles ganz anders. Der junge Mann gibt Henry ein Zeichen. Er soll anhalten.

»Ich hielt dieses Gelände für günstig, um an dem Jungen sexuelle Handlungen durchzuführen. Wir hielten an und gingen den Hang hinauf bis hin zu der Lichtung dort. Nachdem ich mit dem größeren Jungen die Lichtung erreicht hatte, drehte ich mich zu ihm um und forderte ihn auf, seine Hosen herunterzuziehen. Er antwortete mir mit ›Nein‹. Daraufhin zog ich das Messer, das ich bei mir führte, und forderte ihn nochmals auf, dieses zu machen. Er antwortete wieder ›Nein‹. Daraufhin streckte ich meinen rechten Arm aus und stach dem Jungen in die Herzgegend.«

Henry wehrt sich heftig gegen seinen Peiniger, der eben noch sein Freund gewesen ist, versucht wegzulaufen, doch weit kommt er nicht. Der junge Mann, von bulliger Statur und Henry körperlich weit überlegen, wirft ihn zu Boden und versetzt ihm einen tiefen, tödlich wirkenden Halsschnitt.

»Der Blutstrom, das war genau so, wie ich es mir immer vorgestellt hatte. Es war überhaupt das Zweitschönste von allem. Ich hätte ihm gerne auch noch den Penis abgeschnitten, aber irgendwie glaubte ich, mir das noch aufsparen zu müssen.«

Der junge Mann öffnet den Hosenschlitz des Jungen und manipuliert an dessen Penis. Minuten später läuft der Mörder den Hang hinunter, schnappt sich sein Rad und fährt zurück. Als er Mario kurz darauf erreicht, stöhnt der Junge vor Schmerzen, jammert, weint, spricht leise, will wissen, ob ihm bald geholfen werde. Der junge Mann beschwichtigt den schwerverletzten Jungen, Hilfe werde bald eintreffen, es könne nicht mehr lange dauern.

Eine Viertelstunde später hockt der junge Mann immer noch neben Mario. Er beobachtet den Jungen, wie er sich vor Schmerzen windet und darauf vertraut, bald ärztlich versorgt zu werden. Doch sein vermeintlicher Spielgefährte hat es sich mittlerweile anders überlegt, der Anblick des wehrlosen, verängstigten Jungen erregt ihn – ein Abgrund menschlicher Perversion tut sich auf, als er wieder nach seinem Messer greift.

»Der war schon etwas geschwächt, konnte sich nicht mehr richtig wehren. Ich habe ihn gestichelt, das heißt geritzt. Wahrscheinlich hat er nicht mehr so viel gemerkt, der war so halb im Tran. Beim Stechen hatte ich einen Samenabgang, und vielleicht habe ich ihm deshalb den Hals nicht vollständig durchgeschnitten.«

Als der junge Mann sich befriedigt hat und Mario qualvoll gestorben ist, schaut er auf die Uhr: 17.57 Uhr. Ohne den Leichnam zu verbergen, macht der Mörder sich auf den Heimweg. Die Zeit drängt. Er will vermeiden, dass seine Eltern schimpfen, wenn er zu spät nach Hause kommt. Dass seine Opfer nicht zu ihren Familien zurückkehren werden, berührt ihn nicht.

Zehn Tage nach dem Verschwinden der Kinder arbeiten Holzfäller in einem bereits durchsuchten Gebiet und entdecken den Leichnam eines Knaben. Es ist Henry. Der tote Körper, übersät mit Maden, liegt rücklings auf dem Waldboden, die Arme ausgebreitet, die Beine gespreizt. Das Fahrrad des Jungen wird nur wenige Meter vom Leichenfundort entfernt in einem Gebüsch gefunden.

Nach dem Ergebnis der Obduktion sind die linksseitigen Halsgefäße durchtrennt worden, zudem findet sich eine großflächige Stichverletzung auf der linken Brustseite. Für einen sexuellen Hintergrund dieses Verbrechens gibt es keinen Hinweis. Die Ermittler mutmaßen, Henry könnte nach einem Streit getötet worden sein, und Mario traut sich deshalb nicht mehr nach Hause.

Diese Hypothese muss schon zwei Tage später verworfen werden, weil Marios Leiche entdeckt wird, nur 275 Meter vom Fundort des anderen Jungen entfernt. Der Leichnam befindet sich in

Bauchlage, die Kleidung sitzt regelgerecht, nur der geöffnete Schlitz der Lederhose gibt den Kriminalisten zu denken.

Die Fahnder gehen letztlich von einer sexuell-sadistischen Motivation des Täters aus und beschließen deshalb, einen Experten zu konsultieren. Ihre Wahl fällt auf Professor Hans Szewczyk, Leiter des Instituts für Gerichtliche Psychiatrie an der Berliner Charité. Er ist der einzige Wissenschaftler der DDR mit Spezialwissen zu Erscheinungsformen und Ursachen sadistischer Störungen. Die Staatsanwaltschaft schickt Professor Szewczyk einen Fragenkatalog, er soll eine »Täterhypothese« aufstellen (heute würde man von einem Täterprofil sprechen). Seine einzige Arbeitsgrundlage sind neben seinem Fachwissen die zur Verfügung gestellten Akten der Mordkommission und die Fotos der grausam ermordeten Kinder.

Zusätzlich wird durch die Stasi Material über den Serienmörder Jürgen Bartsch beigezogen, über dessen aufsehenerregende, vermeintlich einmalige Taten Professor Szewczyk im westdeutschen Nachrichtenmagazin *Der Spiegel* bisher nur gelesen hat, ohne indes Einzelheiten zu kennen. Und die sind dem Experten für die Abgründe der menschlichen Seele wichtig, weil er sich durch die vergleichende Auswertung der Fälle Hinweise darauf erhofft, wie der Eberswalder Kindermörder einzuschätzen ist. Gibt es tatsächlich Parallelen? Und wenn es sie geben sollte, können sie auf den Fall in Eberswalde Anwendung finden?

Blick zurück. Zwischen 1962 und 1966 erschüttert eine Serie von Kindermorden die Bundesrepublik: Vier Jungen im Alter zwischen 8 und 13 Jahren werden missbraucht, gefoltert, getötet und anschließend verstümmelt. Als Täter wird Jürgen Bartsch ermittelt, ein 19-jähriger Metzgergeselle, der den ersten Mord bereits im Alter von 15 Jahren begeht. Der sogenannte Kirmesmörder findet seine Opfer überwiegend auf Rummelplätzen und lockt sie in einen alten Luftschutzstollen im rheinischen Langenberg, einer kleinen Gemeinde zwischen Wuppertal und Essen. Sein fünftes Opfer kann entkommen, offenbart sich den Eltern, Bartsch wird kurz darauf festgenommen. Im Dezember 1967 erfolgt seine Verurteilung durch das Landgericht Wuppertal zu lebenslanger Haft.

Bestimmte Passagen der psychiatrischen Gutachten im Fall Bartsch, aber auch der schriftlichen Urteilsbegründung erscheinen Professor Szewczyk besonders aussagekräftig: »(…) Neben dieser auf homosexuelle Betätigung mit Gleichaltrigen gerichteten Triebrichtung (…) entwickelte sich bei ihm schon frühzeitig die Begierde, Jungen im schulpflichtigen Alter, denen er sich körperlich überlegen glaubte, durch Anwendung von körperlicher Gewalt zu beherrschen und dabei unzüchtige Handlungen an ihnen vorzunehmen. (…)

In den Sozialbezügen (…) finden sich ebenfalls keine für Jugendliche typischen Trotz- und Auflehnungstendenzen. Im Gegenteil hat er sich in richtiger Einschätzung seiner Pflichteinstellung bis zu seiner Verhaftung völlig unauffällig in das Familien- und Berufsleben eingeordnet. (…) Im Geschäft seines Vaters war er ein gern gesehener, fröhlicher Mitarbeiter und insbesondere ein guter Verkäufer, der sich stets auf die Wünsche der Kunden einzustellen wusste. (…) Gerade das über lange Zeit planvoll und geschickt durchgeführte Doppelleben und das sichere Auftreten (…) außerhalb des ihn umsorgenden Elternhauses sind sichere Merkmale seines selbständigen Lebensgestaltungsvermögens. (…)

Neben diesen unterschiedlich starken Triebrichtungen ist (…) eine besondere Triebabartigkeit festzustellen, die, wie die Sachverständigen (…) übereinstimmend ausgeführt haben, in dieser Form fast einmalig ist. Diese Triebabartigkeit hat sich (…) schon bald nach seiner Geschlechtsreife in der Weise manifestiert, dass es ihm sexuelle Lust bereitete, jüngere Kinder zu quälen. (…) Nach alledem ist die Triebentfaltung (…) als ein besonders ausgeprägter sadistischer Tötungstrieb zu bezeichnen, der sich ganz einseitig auf Kinder im Alter von acht bis 14 Jahren gerichtet hat. Im Hinblick auf seine gute Intelligenz, die subtile Planung seiner Taten und das Bestreben nach absoluter Absicherung bezeichnet ihn der Sachverständige (...) zu Recht als einen pädophil-bezogenen, sadistischen Intelligenzverbrecher. (...)«

Die Analyse der Tatortbefunde im Fall Eberswalde und die Unterlagen über Jürgen Bartsch weisen nach Einschätzung von Professor Szewczyk gravierende Übereinstimmungen auf. Deshalb hält er es für vertretbar, sich bei der gewünschten »Täterhypothese« insbesondere am Fall Bartsch zu orientieren. Und dementsprechend beschreibt Professor Szewczyk den Kindermörder aus Eberswalde letztlich so: »Es handelt sich bei dem Täter um einen homophilen Sadisten, eine noch ziemlich junge Person, die vermutlich in geordneten, mit hoher Wahrscheinlichkeit nicht asozialen Verhältnissen lebt. Über die Ursachen des Sadismus gibt es bisher noch keine gesicherten Erkenntnisse. Der Sadismus als sexuelle Perversion ist nicht heilbar, eine Rückfallgefahr ist immer vorhanden.«

9. Oktober 1971. Wieder in Eberswalde.

»Ich verließ die Wohnung zwischen 14 und 15 Uhr. Mein Ziel war es, endlich wieder einen Jungen für sexuelle Handlungen zu finden.«

Dem 19-Jährigen begegnen zwar einige Kinder, doch die wollen auf seine Annäherungsversuche nicht eingehen. Je länger der junge Mann vergeblich sucht, desto größer wird das Verlangen, sich eines Jungen zu bemächtigen. Jagdfieber. Seine unerhörten Phantasien bedrängen ihn, treiben ihn voran. Kopfkino.

Also muss weitergesucht werden. Stunde um Stunde verstreicht, mittlerweile ist die Dämmerung hereingebrochen. Weil der junge Mann kein Ende finden will, kein Ende finden kann, geht er schließlich zu einer Neubausiedlung; dort kennt er sich gut aus, dort hat er schon häufiger Kinder beim Spielen beobachtet. In der Nähe einer Garage hört er plötzlich ein auffälliges Geräusch, so, als wenn eine Holzlatte auf den Boden fällt. Kurz entschlossen läuft er in Richtung des Geräusches. Sekunden später sieht er einen Jungen auf einem Bretterstapel sitzen, der offenbar damit beschäftigt ist, Holzlatten zu stehlen.

»Nachdem ich den ganzen Nachmittag vergeblich nach einem Jungen gesucht hatte und zwei Versuche fehlgeschlagen waren, kam mir der Junge am Abend sehr gelegen, um meine sexuellen Handlungen an ihm durchführen zu können. Seit ich ihn gesehen hatte, war ich leicht sexuell erregt.«

Der junge Mann steht etwas unschlüssig da und mustert den Knaben streng, der immer noch auf dem Holzstapel sitzt. Der Ältere überlegt, was er jetzt tun soll, wie er den Jungen in seine Gewalt bringen kann, ohne dabei für Aufsehen zu sorgen. Aber auch wenn es ihm gelingen sollte, den Jungen in seine Gewalt zu bringen, muss er erst noch eine geeignete Örtlichkeit finden, um die Tat auch ungestört durchführen zu können.

»In der Nähe hatte ich meine Folterecke, und da hatte ich schon immer Jungen gequält, aber so, dass sie nicht merkten, dass es absichtlich weh tat. Mehr so Mutproben. Ich entschied mich, den Jungen dorthin zu bringen.«

Der junge Mann gibt sich schließlich als Polizist aus, bezichtigt den Jungen barsch des Diebstahls und fordert ihn unmissverständlich auf, vom Holzstapel herunterzukommen. Doch der Junge hört nicht auf den angeblichen Gesetzeshüter, sondern rennt weg. Und der läuft spontan hinterher.

»Ich war jetzt fest entschlossen, den Jungen für meine sexuellen Handlungen zu benutzen. Da gab es für mich kein Zurück mehr.«

Der junge Mann schneidet dem Flüchtenden den Weg ab und stellt ihn im Wald. Um den Jungen zu beruhigen, fragt er ihn nach seinem Namen und wofür er die Bretter brauche. Er heiße Ronald, antwortet der Junge verängstigt und etwas außer Atem, er wolle mit den Holzlatten bloß seine Bretterbude im Wald abdecken.

»Seit dem Verlassen des Waldes hatte ich ein steifes Glied, ich war sexuell erregt. Mir war klar, worauf das jetzt hinauslaufen würde.«

Ronald wird zu einem Erdloch geführt. Dort droht der junge Mann, ihn wegen des Bretterdiebstahls anzuzeigen, sollte er ihm nicht einen Gefallen tun. Ronald willigt ein, ohne zu wissen, was damit eigentlich gemeint ist. Dies wird ihm erst klar, als der junge Mann ihn auffordert, die Hose herunterzuziehen.

»Das tat er auch ohne Widerspruch, und ich führte an seinem Glied sexuelle Handlungen durch, wobei mein Glied steif war. Ich war jetzt stark erregt.«

Sein Opfer fügt sich und wird minutenlang missbraucht. Als man die Grube schließlich wieder verlässt, versucht Ronald zu fliehen.

»Ich riss den Jungen an der Schulter herum. Da ich das Messer schon in der rechten Hand hatte, stach ich kurz entschlossen in seine linke Brust. Er fiel hin. Damit er nicht schreien konnte, drückte ich ihm den Hals zu.«

Der junge Mann hebt den Verletzten hoch und trägt ihn bis zu einer Lichtung. Als Ronald dort abermals einen Fluchtversuch unternimmt, erhält er weitere Stiche in den Brustkorb. Ronald bricht zusammen und versucht, mit letzter Kraft wegzukriechen. Doch der junge Mann kennt kein Erbarmen und sticht zunächst auf Kopf und Rücken seines Opfers ein.

»Weil er um Hilfe schreien wollte, schnitt ich ihm den Hals durch. Ich befürchtete aber auch, dass der Junge bereits tot sein könnte. Und weil ein toter Mensch nicht so heftig blutet, habe ich ordentlich geschnitten, sonst wäre es für mich vielleicht nicht mehr so schön gewesen. Ich konnte zwar nicht sehen, wie der Blutstrom kam, aber ich habe mir einfach vorgestellt, wie das Blut aus ihm herausströmt.«

Anderthalb Tage später findet ein Pilzsammler Ronalds Leichnam. Bei der wenig später stattfindenden Obduktion werden ein Halsschnitt und elf Stichverletzungen erkannt: vier haben von hinten die Brusthöhle eröffnet, fünf den Schädelknochen beschädigt bzw. durchstoßen und das Gehirn verletzt, zwei reichen tief in die Weichteile des Halses hinein. Überdies finden die Rechtsmediziner zwölf oberflächliche Verletzungen im Brustbereich, jeweils kleine Einstiche in die Haut vorne, hinten und seitlich, am Hals und an der Vorderseite der linken Oberarmkugel. Alle Verletzungen sollen von einem Messer hervorgerufen worden sein, Klingenbreite drei Zentimeter.

Auch vier Wochen nach dem Mord an Ronald kann die Kripo keinen Täter präsentieren. Abermals wird Professor Szewczyk konsultiert, die letzte Hoffnung der Kriminalisten. Vielleicht gelingt es dem erfahrenen Gerichtspsychiater, einen eher ungewöhnlichen Ermittlungsansatz zu entwickeln, eine neue Strategie, wie man dem Serienmörder auf die Spur kommen könnte.

Professor Szewczyk studiert nochmals das Material im Fall Jürgen Bartsch. Dabei legt er besonderen Wert auf das Verhalten des Täters zwischen den Morden. Er findet schließlich heraus, dass Bartsch auch nach den Taten regelmäßig unterwegs war, um neue Opfer zu finden. Er will Hunderte von Kindern angesprochen haben, jeweils unter einer Legende, um Vertrauen und Abenteuerlust der Jungen zu wecken. Mal ließ er in der Nähe spielender Kinder einen Zettel fallen, der einen Treffpunkt bezeichnete, an dem der Finder eine Geldbelohnung empfangen könne, mal behauptete er, die Kinder könnten sich für Gelegenheitsarbeiten etwas Geld verdienen, wenn sie ihm zu einem bestimmten Ort folgen würden.

Besonders relevant erscheint Professor Szewczyk das vordeliktische Verhalten des Täters. Denn eine sexuell-sadistische Störung entwickelt sich nicht binnen Wochen oder Monaten, es vergehen viele Jahre, bis die Perversion schließlich durchbricht und reale Taten versucht werden. Doch bevor es dazu kommt, zeigen die späteren Täter bereits ein abnormes Sexualverhalten und schüchtern ihre Opfer ein, damit sie nicht in den Fokus elterlicher oder polizeilicher Maßnahmen geraten.

Professor Szewczyk schlussfolgert deshalb, auch der Täter in Eberswalde dürfte aufgrund seiner pathologischen Persönlichkeitsstruktur vor und nach den Morden nicht untätig geblieben sein, er könnte Phasen durchlebt haben, während deren er intensiv auf der Suche nach Jungen gewesen sei und Kontakt aufgenommen haben könnte, ohne dabei gewalttätig geworden zu sein – scheinbar harmlos eben. Vielleicht hat es aber auch – wie im Fall Bartsch – aggressive Annäherungsversuche bzw. sexuelle Übergriffe gegeben, die von den Kindern jedoch aus Scham oder Angst vor angedrohten Repressalien bisher verschwiegen worden sind.

Deshalb rät Professor Szewczyk den Ermittlern, in die Schulen von Eberswalde zu gehen und dort entsprechende Befragungen von Jungen durchzuführen, die für das Opferprofil des Täters in Frage kommen. Und genau so wird es gemacht: Psychologen und Kriminalisten werden entsprechend gebrieft und fragen die Kinder sensibel nach einem bestimmten Muster, ob es in der Vergangenheit Kontakte oder Kontaktversuche von männlichen Jugendlichen bzw. Erwachsenen gegeben hat, die in sexuelle Manipulationen oder sadistische Handlungen gemündet sind.

Einige der befragten Kinder möchten nicht direkt antworten, sondern ihre Erlebnisse lieber aufschreiben. Der 13-jährige Andreas verfährt auch so. Was die Beamten danach von ihm zu lesen bekommen, versetzt sie sofort in Alarmstimmung. Denn: Andreas will vor etwa zwei Jahren von einem Jugendlichen im Waldgebiet von Eberswalde zum Skifahren eingeladen worden sein. Während einer Verschnaufpause sei er von dem jungen Mann sexuell missbraucht worden – unter Vorhalt eines Messers.

Andreas hat bisher nicht darüber sprechen wollen, weil er von dem Täter entsprechend bedroht worden sei. Zwar kenne er seinen Namen nicht, allerdings habe er den jungen Mann noch mehrmals in der Eberswalder Innenstadt gesehen, einmal sogar am Fenster eines Mehrfamilienhauses. Die Ermittler besorgen sich daraufhin Passfotos der in dem Haus wohnenden Personen und legen sie Andreas vor. Bei einem Bild zuckt der Junge merklich zusammen und sagt spontan: »Der war's!«

Endlich die heiße Spur, auf die man so lange gewartet hat! Der Verdächtige heißt Erwin Hagedorn, 19 Jahre alt, von Beruf Koch, nicht vorbestraft. Wenige Stunden später sitzt der mutmaßliche Kindermörder zwei erfahrenen Vernehmungsbeamten gegenüber: ein unauffälliger junger Mann, mittelgroß, kräftige Statur, dichtes schwarzes Haar, pausbackig – eine durchaus sympathische Erscheinung.

Dieser erste Eindruck verblasst schlagartig, als Hagedorn damit beginnt, die Morde in allen grausigen Details zu schildern. Er beantwortet bereitwillig und höflich jede ihm gestellte Frage, mitunter scheint es ihm sogar Freude zu bereiten, sich mit seinen Taten nochmals auseinandersetzen zu sollen. So erzählt Hagedorn erkennbar angetan, das Messer, mit dem er seine Opfer getötet hatte, mit nach Hause genommen zu haben – als Trophäe, als zusätzliches Stimulans, wenn er sich die Morde wieder und wieder in Erinnerung rief.

Hagedorn gibt schließlich auch Hinweise darauf, wie sich seine sadistische Störung entwickelt hat. Als Kind bzw. Jugendlicher habe er sich wohl mit gleichaltrigen Mädchen einlassen wollen, nur sei es ihm nicht gelungen, seine Bedürfnisse mitzuteilen. Vielmehr habe er sich nicht nur von den Klassenkameradinnen wegen seines tollpatschigen Verhaltens und seiner groben Umgangsformen auslachen und ausgrenzen lassen müssen – »Amanda, das Huhn«.

Während seiner Lehrzeit als Koch habe er auch Geflügel und Fische schlachten und ausnehmen müssen. Bei diesen Gelegenheiten sei er sich seiner sadistischen Veranlagung erstmals vollends bewusst geworden: »Dieses Fischeschlachten hatte für mich keine sexuelle Bedeutung. Jedoch war es für mich eine innerliche Genugtuung zuzusehen, wie die Karpfen beziehungsweise Aale mit ihrem Tode kämpften. Wobei ich dann den Aalen den Kopf abschlug. Ich bevorzugte es besonders gerne, große Aale zu schlachten. Karpfen zappeln ja nach diesem Abstechen nicht mehr so schön, aber die Aale.«

Weil es mit den Mädchen »nicht geklappt« habe, sei er auf Jungen »umgeschwenkt«. Beim Spielen mit den Kindern habe er die Erfahrung gemacht, seine sexuellen Absichten eher spielerisch verwirklichen zu können. Nach und nach habe er dabei realisiert, dass ihn weniger die körperlichen Berührungen sexuell erregt hätten als vielmehr Situationen, in denen er den Jungen habe Schmerzen zufügen können. Nur aufgrund dieser Erfahrungen habe er Phantasien entwickelt, Sexualität gewaltsam zu erzwingen und seine Opfer zu quälen.

Erst ein Jahr vor dem Mord an Mario und Henry habe sich bei ihm das Bedürfnis verfestigt, seine abnormen Phantasien in der Realität umzusetzen. Während dieser Phase sei er durch äußere Einflüsse inspiriert worden, insbesondere durch das Gedicht »Kinderschuhe aus Lublin« (Pflichtlektüre in den Schulen), Besuche in Konzentrationslagern, aber auch der Kriminalfilm »Es geschah am helllichten Tag« habe ihn fasziniert – die Geschichte eines Kindermörders, der seine Opfer in einen Wald lockt und dort mit einem Messer tötet.

Personifizierung

Ironie des Schicksals: Wie im Film »Es geschah am helllichten Tag« auch – dort ist es »Professor Manz«, der den Kommissar auf die richtige Spur bringt – haben die Kriminalisten in Eberswalde ihren Erfolg in erster Linie den zutreffenden Analysen von Professor Szewczyk zu verdanken. Ihm ist es gelungen, die Taten Hagedorns als sexuell-sadistische einzuordnen, die abnorme Persönlichkeit des Täters korrekt zu beschreiben und eine hierauf abzielende Ermittlungsstrategie zu entwickeln.

Zentraler Gegenstand dieser Überlegungen waren spezifische Handlungselemente des Täters (beispielsweise das Quälen der Opfer mit dem Messer, die ihnen zugefügten multiplen Stichverletzungen und der obligatorische Halsschnitt), die in der Kriminalpsychologie als »Personifizierung« bezeichnet werden (siehe dazu schon in ähnlicher Ausprägung Kapitel 3). Während der Modus Operandi (Vorgehensweise des Täters, die sich durch Lerneffekte verändert) allein darauf abzielt, die ungestörte Durchführung der Tat sicherzustellen und den Erfolg zu garantieren, offenbart die Personifizierung individuelle Bedürfnisse des Täters, die letztlich einer hochpathologischen Persönlichkeitsstruktur bzw. einem entsprechend abnormen Sexualverhalten geschuldet sind.

Insbesondere die Taten sadistischer Serienmörder kennzeichnet vielfach ein zumindest partiell rituelles Verhaltensmuster, das regelrecht eingeschliffen erscheint (bei Tatwiederholungen wird aus kriminalpsychologischer Sicht von einer »Signatur« gesprochen). Ihre abnorme Phantasie dient den Tätern als Skript, als geistige Vorlage, als Schema. Diese bewusstseinsdominanten Wunschträume bedrängen den Betroffenen fortwährend und wollen schließlich ausagiert werden. Nur das penible Imitieren und Ausleben der Phantasie ermöglicht und garantiert sexuelle, vor allem aber seelische Befriedigung und die vermeintliche Bestätigung eigener Omnipotenz. Die morbide Vorstellung wird gegen das Ritual eingetauscht, verschmilzt mit ihr, ermöglicht das narzisstisch-autarke Selbsterleben. Das Ritual ist dabei eingebettet in regelgebundene, den Täter verpflichtende Handlungsabläufe. Und ebendiese pathologische Fixierung zwingt den Betroffenen, sich in einer bestimmten Weise zu verhalten, andernfalls bleibt ihm die emotionale Gratifikation versagt. Man könnte in diesem Zusammenhang auch von einem Verhaltensfingerabdruck bzw. einer Visitenkarte des Täters sprechen.

Ein weiterer Aspekt erscheint bei Mördern wie Hagedorn beachtenswert: Alle Täter entwickeln vor den Taten ein lediglich marginal ausgeprägtes Selbstwertgefühl, sie leiden unter ihrem porösen sozialen Status, ihrer vermeintlichen Bedeutungslosigkeit. Man darf die Freude an den Qualen des Opfers bzw. der Vernichtung eines Menschenlebens darum nicht nur als pathologisches, sondern auch als (anti-)soziales Verhalten verstehen.

Denn jeder Mensch benötigt neben anderen Voraussetzungen ein gesundes und gesichertes Selbstwertgefühl, um für die Aufgaben des Alltags, aber auch für besondere Herausforderungen des Lebens gerüstet zu sein. Diese Ich-Stärke wird niemandem in die Wiege gelegt, sie muss von Kindern und Heranwachsenden mühsam erworben, erstritten oder erkämpft und gepflegt werden. Wer ein schwaches Selbstwertgefühl hat, dem gelingt es selten, widersprüchliche Erfahrungen, Enttäuschungen, Zurücksetzungen oder Kränkungen zu akzeptieren und in das Selbstbild zu integrieren. Die Konsequenz daraus ist eine zutiefst widersprüchliche Existenz, eine scheinbar unüberwindbare Kluft zwischen Sein-Sollen und Sein-Wollen, eine ausgeprägte Identitätsunsicherheit. Es mangelt an einem gewachsenen und belastbaren Selbstkonzept, die Präsentation der eigenen Person und Persönlichkeit misslingt.

Die verbrecherische Tat indes wird als Befreiungsschlag erlebt, der Täter ist nicht mehr länger Sklave seiner gesellschaftlichen Frigidität, seiner emotionalen Verklemmung, seiner Orientierungslosigkeit. Er hat etwas Außergewöhnliches vollbracht, endlich! Von dem Augenblick an, wo er über Leben und Tod entscheiden kann und wird, schlüpft er in eine neue Rolle: Mörder. Auch wenn der Verbrecher nur Bestialität und Tod zu bieten hat, katapultiert er sich schlagartig in den Fokus des allgemeinen Interesses. Nun hat auch er eine soziale Identität – denn wir müssen ihn zur Kenntnis nehmen.

Entscheidungen treffen

Ich habe diese psychopathologischen Zusammenhänge deshalb so detailliert beschrieben, weil die abnorme Entwicklung bei Tätern wie Hagedorn nicht nur aus kriminalistisch-kriminologischer Sicht lehrreich ist, sondern ebenfalls ernstzunehmende Rückschlüsse darauf zulässt, wie und woran sich Menschen fernab der Welt des Verbrechens orientieren könnten, wenn wegweisende, das spätere Leben prägende Entscheidungen anstehen.

Die Wahl des eigenen Berufs ist so eine Entscheidung – mit der viele Menschen überfordert sind, egal zu welchem Zeitpunkt. Die in einem Leserartikel kürzlich bei *Zeit Online*[2] geschilderten Probleme stehen stellvertretend für eine Orientierungskrise, in die insbesondere Schulabgänger und Hochschulabsolventen geraten, wenn sie sich für eine Berufstätigkeit entscheiden sollen: »Ich bin 28 Jahre alt, weiblich und ledig. Seit dem Abschluss meines ersten

Studiums habe ich bei dem Versuch, ›mein Ding‹ zu machen, zwei Masterstudiengänge ausprobiert, um danach erst mal als Doktorandin fortzufahren. Ich habe auch zwei vergleichsweise harte Umzüge hinter mir. Denn auf der Suche nach dem Sinn des Lebens ließ ich Familie, Freunde, Bekannte und Netzwerke zurück. Auch frisch geknüpfte Bande wurden für das Streben nach höheren Zielen gleich wieder zertrennt. Trotzdem ist es mir knapp drei Jahre nach meinem Abschluss als Diplom-Designerin immer noch nicht möglich zu sagen, was eigentlich ›mein Ding‹ ist.«

Bei Erwin Hagedorn hat es zwar auch viele Jahre gebraucht, aber dann wusste er sehr genau, was er seinen Opfern antun wollte und wie er dabei vorzugehen hatte: »Den Höhepunkt meiner sexuellen Erregung merkte ich aufgrund dessen, dass das Blut aus dem Körper des Jungen herausgeschossen kam, dass das Messer blutig war, dass eben der Junge einen Todeskampf führte.«

Dieses ungeschönte Selbstbekenntnis spiegelt ein hochgradig abnormes Bedürfnis wider und belegt eindrucksvoll die kausale Verbindung zwischen Hagedorns Verbrechen und seiner Persönlichkeit. Einerseits. Anderseits sind die charakteristischen Ausprägungen der Tötungen (Folter, Halsschnitt) fester Bestandteil der Täteridentität und symbolisieren dessen Träume und Sehnsüchte – ein symbiotisch anmutendes, identitätsstiftendes Beziehungsgeflecht, die Triebfeder seiner menschlichen Destruktivität. Erst nach Abschluss dieser verhängnisvollen Entwicklung realisierte Hagedorn, was als Täter »sein Ding« war, und handelte danach, genauer gesagt: musste danach handeln.

Signaturen:
Welcher Beruf passt zu mir?

Die beschriebenen Zusammenhänge können auch auf den Entscheidungsprozess bei der Berufswahl übertragen werden, der, grobkörnig beschrieben, stets gleichartig verläuft: Selbsterkenntnis → Informiertheit → Entscheidung → Realisierung.

Der erste Schritt zielt immer darauf ab, ein verlässliches bzw. belastbares Selbstbild zu entwickeln, die persönliche Identität zu markieren, um sie mit beruflichen Identitäten abgleichen zu können. In Anbetracht der komplexer und dynamischer werdenden Berufswelt, die ein hohes Maß an Flexibilität erfordert, werden die Karrierepfade zunehmend undurchsichtiger – lebenslänglich ausgeübte berufliche Tätigkeiten verzeichnen einen rasanten Rückgang; jeder Berufssuchende, aber auch jeder Berufstätige, ist deshalb gut beraten, selbst Verantwortung zu übernehmen, die individuellen Dispositionen auszuloten und den Beginn bzw. den Verlauf seiner beruflichen Existenz eigenhändig zu managen.

Die in der Verbrechensanalyse gebräuchliche Figur der Personifizierung dürfte auch bei der Berufswahl ein probates Hilfsmittel sein, weil die Grundstruktur der vorherigen pathologischen bzw. natürlichen Entwicklungen jeweils identisch ist: Persönlichkeit → Bedürfnis → Personifizierung → Signatur → Gratifikation → Identität → Stabilität. Im Mittelpunkt der Betrachtungen stehen dabei solche Handlungen bzw. Tätigkeiten, die in der Vita des Betroffenen singulär oder wiederkehrend mit dem Grundgedanken der Personifizierung vereinbar sind. Demnach ist bei jeder Begebenheit zu fragen: Was habe ich damals getan, was ich nicht hätte tun müssen?

»Personifizierung« ist unter diesem Blickwinkel als charakteristische Verhaltensweise mit hoher Motivation, ungewöhnlicher Ausprägung und Intensität zu definieren, die aus eigenem Antrieb erfolgt und unmittelbar auf ein spezifisches Bedürfnis zurückgeführt werden kann: eine Art Verhaltensfingerabdruck, der die Persönlichkeit des Betroffenen kennzeichnet, unverrückbarer Bestandteil der eigenen Identität ist und für innere Stabilität steht.

Aus diesen überwiegend kriminalpsychologisch geprägten Erkenntnissen und Erfahrungen habe ich unter Berücksichtigung bereits vorhandener Verfahren eine Methodik abgeleitet, um sich bei der Berufswahl anders, vielleicht sogar besser orientieren zu können. Ausgegangen wird von der Überlegung, dass bestimmte Verhaltensweisen als »Personifizierung« zu erkennen sind und in der Summe ein Selbstbild zeichnen, das drei Aspekte umfasst: Persönlichkeit, Interessen, Begabungen. Bevor nun weitere Schritte der Analyse unternommen werden, müssen zunächst vergangene Tätigkeiten als Personifizierung identifiziert und dokumentiert werden.

Doch alle Theorie ist grau. Um ein Beispiel zu geben, habe ich mein Dasein bis zum 19. Lebensjahr rekonstruiert – damals machte ich mein Abitur und stand vor der Entscheidung, welchen Beruf ich ausüben wollte – und einige Verhaltensweisen, die im Sinne einer Personifizierung interpretiert werden könnten, aufgeschrieben.

Meine persönliche Berufsfindung

Wenn sich meine Mutter richtig erinnert, beginnt alles in einem Laufstall. Wir, meine Eltern und zwei ältere Brüder, leben zu dieser Zeit in einer Zwei-Etagen-Wohnung. Ich bin damals 14 Monate alt und mit meiner Situation im Laufstall unzufrieden.

Um mich aus dieser misslichen Lage zu befreien, stoße ich mit meinem Körper so lange gegen das Gitter, bis der Laufstall schließlich auf die Seite kippt und ich hinauskrabbeln kann.

Mein Weg führt mich über den Flur zum nächsten Hindernis: einer 30-stufigen, recht steilen Holztreppe. Da ich noch nicht richtig laufen kann, setze ich mich mit dem Po auf den Treppenabgang und rutsche hinunter, Stufe für Stufe. Unten angekommen, krabbele ich durchs Wohnzimmer in die Küche und versuche mich dort an einem Hosenbein meiner Mutter hochzuziehen, die gerade damit beschäftigt ist, das Mittagessen vorzubereiten, und dabei Musik hört.

Als meine Mutter mich bemerkt, erschrickt sie sich furchtbar, weil sie glaubt, alleine zu sein. Vollkommen perplex beugt sie sich zu mir herunter, nimmt mich in den Arm und fragt: »Stephi, wo kommst du denn her! Jetzt musst du der Mami aber mal zeigen, wie du das gemacht hast.« Und genau das tue ich – meine Mutter kann es kaum glauben und spricht heute noch davon. Schmunzelnd und kopfschüttelnd.

Gymnasium, 6. Klasse. Die Deutschlehrerin stellt uns folgende Hausaufgabe: Wir sollen eine etwa zwei Seiten lange Geschichte erfinden, in der wir selbst vorkommen. Nach dem Mittagessen setze ich mich hin, das Schreibheft liegt vor mir, und denke nach, verliere mich in meiner Phantasie, schreibe, überlege, schreibe, lasse meinen Gedanken freien Lauf. Ich merke gar nicht, wie die Zeit vergeht, meine Schreibutensilien und ich sind eins.

Als die Geschichte zu Ende geschrieben ist, habe ich nicht die geforderten zwei Seiten verfasst, sondern dreizehn. Und es hat mir unglaublich viel Spaß gemacht. Der Zufall will es so, dass ich am nächsten Tag gebeten werde, meine Geschichte vorzulesen. Sie geht so: Auf dem Kopf meines Vaters ist eine Baumlandschaft entstanden, in der ich – jetzt arg geschrumpft – eine Reihe von

Abenteuern zu bestehen habe. Nachdem der letzte Satz gelesen ist, stehen meine Klassenkameraden spontan auf und applaudieren – ein ganz besonderer Moment. Unvergesslich.

Apropos Lesen. Der Vorlesewettbewerb wird seit 1959 jedes Jahr vom Börsenverein des Deutschen Buchhandels in Zusammenarbeit mit Buchhandlungen, Bibliotheken, Schulen und sonstigen kulturellen Einrichtungen veranstaltet. Er steht unter der Schirmherrschaft des Bundespräsidenten und zählt zu den größten bundesweiten Schülerwettbewerben. Fast 700 000 Schülerinnen und Schüler beteiligen sich jedes Jahr. Mitmachen können alle 6. Schulklassen.

Meine Klasse macht auch mit, es wird um die Wette gelesen. Die Deutschlehrerin entscheidet, ich könne am besten lesen und soll an der schulinternen Ausscheidung teilnehmen, die ich tatsächlich gewinne. Für den nächsten Wettbewerb, diesmal schulübergreifend in Düsseldorf, darf ich mir einen Text aussuchen. Ich wähle eine Kurzgeschichte aus »Der kleine Nick«. Es bereitet mir unbändige Freude, diesen, aber auch andere Texte laut zu lesen. Die gute Vorbereitung zahlt sich aus, ich erreiche mit zwei anderen Kindern das Stechen, weil die Jury uns für gleich gut hält. Im Finale muss ich die Kurzgeschichte »Jenö war mein Freund« vorlesen, die mir überhaupt nicht liegt, der Text ist ganz und gar unrhythmisch – ich werde letztlich Zweiter und scheide aus dem Wettbewerb aus. Vergessen werde ich diese aufregende Episode meines Lebens jedoch niemals.

Genauso leidenschaftlich habe ich mich dem Comic-Magazin »Kobra« verschrieben, erschienen in Deutschland von 1975 bis 1978. Die verschiedenen phantastischen Abenteuergeschichten inspirieren mich nicht nur zum regelmäßigen Lesen, sondern auch zu eher ungewöhnlichem Verhalten: Ich erstelle Statistiken darüber, welche Figur wie häufig auf das Titelbild kommt, wie viele Seiten eine Geschichte umfasst, welcher Held wie oft in Bedrängnis gerät und vieles mehr. Letztlich verfasse ich sogar Lobgedichte über das Comic-Heft, die in der Rubrik »Kobra-Leser schreiben ihre Meinung« veröffentlicht werden. Als das Comic-Magazin schließlich eingestellt wird, ist das für mich wie die Vertreibung aus dem Paradies. Auch heute noch denke ich wehmütig an diese Zeit zurück.

Lego-Bausteine. Für mich nicht einfach nur Spielzeug, sondern ein eigenes Universum, in dem ich auch noch als 14-Jähriger nach Herzenslust und hemmungslos experimentieren kann, ausprobieren muss. Denn in meinem Kopf entstehen immer wieder Baupläne für Dinge, die es in der bunten Lego-Welt gar nicht gibt: beispielsweise zu Fußballstadien, Bobbahnen oder Skisprungschanzen. Ich beschäftige mich dabei so lange mit einem Problem, bis ich eine unkonventionelle Lösung finde, die mich zufriedenstellt. Heute ist es übrigens nicht anders: Meine Familie, aber auch Freunde und Bekannte sind verblüfft, wenn ich ihnen meine Unikate von Raumschiffen, Panzern oder Burganlagen präsentiere, die ich für meine Kinder baue und für die Lego-Originale gehalten werden.

Gymnasiale Oberstufe. Deutsch-Leistungskurs. Auf Vorschlag unserer Lehrerin gründen wir eine Theater-AG. In »Leonce und Lena« von Georg Büchner übernehme ich gleich zwei Rollen: König Peter vom Reiche Popo (erster und dritter Akt) und einen Gendarmen, der nur im zweiten Akt vorkommt. Wir führen das Stück in unserer Aula vor jeweils etwa 1000 Zuschauern auf. Die Auftritte beflügeln mich regelrecht, weil mir der unmittelbare Kontakt zum Publikum liegt und die sofortige Reaktion der Zuschauer auf meine Darbietung Gefühle in mir auslöst, die ich bis dahin nicht kenne. Es ist überwältigend.

Im Drama »Wir sind noch einmal davongekommen« (Thornton Wilder) spiele ich auf Wunsch meiner Mitstreiter den »George Antrobus«, die Hauptrolle. Erstmals gehe ich aus freien Stücken zur Schule und übe meinen Part Stunde um Stunde in der ansonsten gähnend leeren Aula. Es fasziniert mich, die unterschiedlichen Facetten der Figur auszuprobieren, sie zu gestalten, zu prägen. »Das will ich immer machen« – dieser Gedanke elektrisiert mich, er kommt und geht, bleibt, bleibt haften.

Das Stück ist uns insgesamt zu pessimistisch. Wir entscheiden deshalb, den dritten Akt in seiner Originalfassung zu streichen und neu zu schreiben. Warum ich mich hierfür anbiete, weiß ich nicht, ich tue es einfach. Alle Mitglieder der Gruppe sind einverstanden, und so entsteht allein in meiner Phantasie der dritte Akt, bevor er gegengelesen, diskutiert und schließlich für gut befunden wird. Die Aufführungen werden ein voller Erfolg, sogar die Düsseldorfer Lokalpresse berichtet. Ich werde niemals vergessen, wie nach der letzten Aufführung ein Profidarsteller des Düsseldorfer Schauspielhauses auf mich zukommt, mir gratuliert und sagt: »Was Sie da eben gezeigt haben, geht über das Laienspiel weit hinaus.« Ich empfinde dieses Lob als damals 19-Jähriger wie eine Art Ritterschlag. Und während der Abitur-Abschlussfeier erhalte ich von unserem Oberstufenleiter das Buch »Theater lebenslänglich« des legendären Regisseurs Boleslaw Barlog mit Widmung: »In Anerkennung für intensive und erfolgreiche Mitarbeit in der Theater-AG am Max-Planck-Gymnasium«. Ich besitze dieses Werk noch heute.

Im Rahmen der Feierlichkeit wird den Festgästen unsere Abitur-Zeitung ausgehändigt. Ich habe mich auch daran beteiligt und allen Lehrern ein Zeugnis ausgestellt, das ihre Stärken und Schwächen humorvoll-satirisch, in jedem Fall aber gesichtswahrend beschreibt – ausgerechnet ich, der Abiturient mit der höchsten Fehlstundenzahl, der bei Mathematik- und Biologieklausuren keine Lösungen anzubieten hatte, sondern bereits nach wenigen Minuten (fast) leere Blätter abgab, auf denen lediglich zu lesen war: »Machen Sie sich bitte keine Sorgen. Dass ich nichts weiß, hat nichts mit Ihnen zu tun. Ich werde das Abitur trotzdem schaffen.« Und ich habe Wort gehalten.

Meine besondere Leidenschaft gilt in der Oberstufe der Philosophie. Die geistige Auseinandersetzung mit meiner Umwelt und meinen Mitmenschen inspiriert und fasziniert mich. Kraft der eigenen Gedanken Lehrmeinungen und Autoritäten relativieren zu können, Selbsterfahrungen machen zu dürfen und eine eigene Sicht der Dinge zu entwickeln, hat etwas Magisches. Den Philosophieunterricht verpasse ich nicht ein einziges Mal.

Personifizierung

Bei der nunmehr abgeschlossenen Rekonstruktion berufsrelevanter Verhaltensweisen geht es weniger darum, individuelle Fähigkeiten und Fertigkeiten widerzuspiegeln, sondern die Grundlage dafür zu schaffen, um Personifizierungen markieren und in einem weiteren Schritt auf charakteristische Persönlichkeits- und Bedürfnisstrukturen zurückführen zu können. Mich betreffend habe ich folgende Aspekte der Personifizierung gefunden:

▸ Ausbrechen aus Laufstall
▸ Herunterrutschen der Treppe
▸ Autor einer Abenteuergeschichte
▸ Teilnahme an Vorlesewettbewerb
▸ Entwicklung von Lego-Unikaten
▸ statistische Auswertung von Comic-Heften
▸ Autor von Kurzgedichten
▸ Darstellungen als Laienschauspieler
▸ Autor bei Theater-AG
▸ Autorenbeitrag für Abitur-Zeitung

Sämtliche Tätigkeiten dürfen als Personifizierung gewertet werden, weil sie aus eigenem Antrieb erfolgten, mit hoher Motivation durchgeführt wurden, eine ungewöhnliche Ausprägung und Intensität erreichten und letztlich unmittelbar auf spezifische Bedürfnisse zurückgeführt werden können. Nun müssen die erkannten Personifizierungen im Sinne eines Selbstbildes diskutiert werden, das sich in Persönlichkeit, Interessen und Begabungen gliedert.

Persönlichkeit

Der Charakter ist ein bei jedem Menschen einzigartiges und über längere Phasen hinweg stabiles Konstrukt, durch das unser Verhalten und Erleben maßgeblich beeinflusst und gesteuert wird. Um unterschiedliche Persönlichkeiten erkennen und unterscheiden zu können, hat sich international mittlerweile der »Big Five«-Ansatz durchgesetzt. Das auch »Fünf-Faktoren-Modell« genannte Konzept gibt breite Dimensionen spezifischer Persönlichkeitsbereiche vor, die sich jeweils in sechs Subtypen unterteilen lassen. Diese Merkmale wiederum können auf Verhaltensorientierungen im zwischenmenschlichen Bereich, aber auch auf individuelle Einstellungen, Erlebensweisen und Motivationen zurückgeführt werden.

Zahlreiche wissenschaftliche Untersuchungen belegen, dass zwischen den beschriebenen Persönlichkeitstypen und bestimmten beruflichen Aufgaben bzw. Positionen durchaus ein Zusammenhang besteht. Aufgrund des »Big Five«-Modells lassen sich zwar keine konkreten Berufsvorschläge generieren, es können jedoch Aussagen dazu gemacht werden, welche beruflichen Anforderungen dem Persönlichkeitsprofil am ehesten entsprechen. Die fünf Merkmalsdimensionen werden so beschrieben:

Neurozitismus (N) (Erleben von negativen Gefühlen)	
Subtypen: Ängstlichkeit, Reizbarkeit, Traurigkeit, Unsicherheit, Impulsivität, Verletzlichkeit	
Merkmale (niedrig)	Merkmale (hoch)
beständig, ausgeglichen, robust, entspannt, selbstsicher, sorglos, zufrieden, ruhig, optimistisch	deprimiert, verlegen, nervös, traurig, launenhaft, ängstlich, verärgert, empfindlich, angepasst, verlegen, besorgt
Extraversion (E) (Aktivitäten, zwischenmenschliches Verhalten, Lebenseinstellung)	
Subtypen: Herzlichkeit, Geselligkeit, Aktivität, Durchsetzungsfähigkeit, Frohsinn, Begeisterungsfähigkeit	
Merkmale (niedrig)	Merkmale (hoch)
zurückgezogen, schüchtern, verschlossen, scheu, reserviert, distanziert, schweigsam, still, ernsthaft	gesellig, humorvoll, temperamentvoll, aktiv, lebhaft, kontaktfreudig, gesprächig, optimistisch, spontan
Offenheit für Erfahrungen (O) (intellektuelle Neugier und Unabhängigkeit)	
Subtypen: Phantasie, Ästhetik, Gefühle, flexibles Werte- und Normensystem, Ideen, Bereitschaft für Abwechslung	
Merkmale (niedrig)	Merkmale (hoch)
unflexibel, pragmatisch, konservativ, sachlich, traditionell, phantasielos	wissbegierig, einfallsreich, vielseitig, kreativ, scharfsinnig, neugierig, gebildet
Verträglichkeit (V) (Einstellungen und Verhalten in sozialen Beziehungen)	
Subtypen: Vertrauen, Freimütigkeit, Bescheidenheit, Nachgiebigkeit, Kooperationsbereitschaft, Selbstlosigkeit	
Merkmale (niedrig)	Merkmale (hoch)
starrköpfig, angeberisch, arglistig, arrogant, undankbar, skeptisch, selbstgefällig, unfreundlich	bescheiden, hilfsbereit, mitfühlend, warmherzig, kooperativ, offenherzig, rücksichtsvoll, freundlich

Gewissenhaftigkeit (G) (Selbstkontrolle bei Planung, Organisation und Ausführung von Aufgaben)	
Subtypen: Kompetenz, Ordnungsliebe, Pflichtbewusstsein, Leistungsstreben, Selbstdisziplin, Besonnenheit	
Merkmale (niedrig)	Merkmale (hoch)
unzuverlässig, unpünktlich, unsystematisch, schlampig, sprunghaft, unbedacht, vergesslich, inkonsequent	sorgfältig, gewissenhaft, fleißig, pflichtbewusst, zuverlässig, ordentlich, planvoll, leistungsorientiert

Die eigenen Personifizierungen sind nun den Dimensionen der Persönlichkeit im Sinne des »Big Five«-Modells zuzuordnen, wobei insbesondere die Subtypen aussagekräftig erscheinen. Zu fragen ist jetzt: Wo ergeben sich starke Ausprägungen? Was für ein Typ bin ich? In meinem Fall habe ich folgende Zuordnungen vornehmen können, wobei ich Mehrfachnennungen zugelassen habe:

Personifizierung	N	E	O	V	G
Ausbrechen Laufstall			X		
Herunterrutschen Treppe			X		
Autor Abenteuergeschichte			X		X
Teilnahme Lesewettbewerb		X	X		X
Entwicklung Lego-Unikate			X		
Auswertung Comic-Magazin			X		X
Autor Kurzgedichte			X		
Auftritt Laienschauspieler		X	X	X	X
Autor Theater-AG			X	X	X
Beitrag Abitur-Zeitung			X		
Interesse Philosophie			X		X

Das Ergebnis ist eindeutig: Ich bin nach dem »Big Five«-Modell insbesondere ein O-Typ, also offen für Erfahrungen. Menschen mit einer hohen positiven Ausprägung in diesem Bereich sind empfänglich für Phantasie (lebhaftes Vorstellungsvermögen), Ästhetik (Kunst und Schönheit werden wertgeschätzt), Emotionen (eigene und fremde Gefühle), Handlungen (verschiedene Aktivitäten werden ausprobiert), Ideen (Neuorientierung im Alltag) und Normen- bzw. Wertesysteme (Reflektieren von religiösen, sozialen und politischen Themen).

Gewissenhaftigkeit. Nach dem Fünf-Faktoren-Konzept erziele ich hier einen höheren positiven Wert. In diesem Segment geht es im Wesentlichen um Selbstkontrolle und Selbstdisziplin bei der Aufgabenerfüllung und Organisation. Starke Ausprägungen bei der Gewissenhaftigkeit weisen auf ein hohes Maß an Zielstrebigkeit, Entschlossenheit und Willensstärke hin. Die langjährigen Beschäftigungen mit einem Comic-Magazin, der Philosophie, aber auch das Engagement in der Theater-AG dürfen in diesem Sinne interpretiert werden. Das Ergebnis ist – vordergründig betrachtet – überraschend, weil ich während meiner Schulzeit, zumindest ab der 9. Klasse, alles war, nur eben kein pflichtbewusster und verlässlicher Schüler. Offenbar ist ein hohes Maß an Gewissenhaftigkeit zu diesem Zeitpunkt nur dann von mir zu erwarten gewesen, wenn ich gleichzeitig hoch motiviert war.

Allerdings sollten die Aspekte der Personifizierung nicht nur schematisch umgesetzt werden, weil andernfalls Merkmale der eigenen Persönlichkeit ausgespart bleiben, die in dem benutzten Vergleichsmodell unberücksichtigt geblieben sind oder abweichend beschrieben bzw. klassifiziert werden. In meinem Fall erfordert der öffentliche Auftritt (Lesewettbewerb und Laientheater) unbedingt Selbstvertrauen. Denn nur wer sich etwas zutraut, wagt sich auf die Bühne und stellt sich der Herausforderung.

Allein die Überwindung des Lampenfiebers ist nur möglich, wenn der Betroffene sich der Situation gewachsen glaubt. Die schauspielerische Aktivität erfordert zudem eine weitere, unverzichtbare Eigenschaft: Spontaneität. Man muss jederzeit in der Lage sein, flexibel und unwillkürlich auf innere und äußere Einflüsse zu reagieren, seine Rolle den Umständen anzupassen.

Interessen

Die Begriffe Neigung, Vorliebe, Hang, Sympathie oder Faible stehen als Synonyme für – sperrig ausgedrückt – eine geistige Anteilnahme, die eine Person an einer Sache oder einer Person nimmt: Interesse. Wenn etwas oder jemandem besondere Beachtung beigemessen wird, ist dies häufig ein relativ konstantes Verhaltensmuster, das mit einer besonderen Motivation einhergeht. Interesse kann entwickelt werden für konkrete Objekte, thematische Wissensgebiete und spezifische Tätigkeiten. Relevant für die Wahl des passenden Berufs sind diese Aspekte immer dann, wenn sie Freizeitaktivitäten und schulische Interessen betreffen oder bereits mit einer bestimmten beruflichen Tätigkeit in Verbindung gebracht werden können.

Was mich anbelangt, belegen die festgestellten Personifizierungen eine (vergleichsweise) häufig auftretende Autorentätigkeit und die Freude an der intellektuellen Herausforderung, die sich weitestgehend auf den eher geisteswissenschaftlich ausgerichteten Bereich beschränkt. Es gibt keine Hinweise auf naturwissenschaftliches Interesse. Objektbeziehungen sind zwar gelegentlich vorhanden (Lego-Steine, Comic-Magazin), allerdings besteht das Interesse nicht an den Gegenständen selbst, sondern an deren Inhalt bzw. ihrer Funktion – letztlich sind sie bloß Mittel zum Zweck.

Begabungen

Dieser Begriff meint bestimmte Voraussetzungen bzw. Fähigkeiten, um in einem oder mehreren Bereichen (ggf. überdurchschnittliche) Aufgaben zu bewältigen. Begabungen wurden deshalb häufig mit Leistungen verbunden, weil sie messbar sind. Dies gilt insbesondere für kognitive (beispielsweise Intelligenz oder Gedächtnis), musikalische, sprachliche, künstlerische, sportliche, handwerkliche und organisatorische Bereiche. Mittlerweile herrscht jedoch Einigkeit darüber, dass Begabung nicht unbedingt mit Leistung gleichzusetzen ist. Aber man darf Talent als individuelles Potenzial definieren, außergewöhnliche Leistungen erzielen zu können. Menschen sind dabei jedoch nicht bloß auf *eine* Begabung beschränkt, sondern können unterschiedliche Ausprägungen entwickeln.

Talentierte Menschen interessieren sich insbesondere für bestimmte Materialien, Aufgaben oder Sachen, mit denen sie sich dauerhaft beschäftigen, die sie als Herausforderung betrachten, von denen sie glauben, sich in deren Handhabung bzw. Durchführung dauerhaft bewähren und verbessern zu können. Typisch sind ein ungewöhnliches Leistungsvermögen und eine hohe Leistungsbereitschaft. Unmittelbare Folge der Tätigkeit ist ein gesteigertes Selbstvertrauen, weil der Begabte erkennt, dass er zu besonderen Leistungen fähig ist, die andere Menschen in diesem Bereich nicht bzw. nicht mit dieser Qualität erbringen.

In meinem Fall – und ich beziehe mich dabei abermals auf die beschriebenen Personifizierungen – liegen die Begabungen mehrheitlich im sprachlich-literarischen Bereich, allerdings darf die Laienschauspielerei auch als Form des Entertainments verstanden werden. Dieses Ergebnis lässt überwiegend auf eine abstrakt-akademische Intelligenz schließen. Nicht übersehen werden dürfen jedoch Talente, die sich nicht messen lassen und nur über die Personifizierungen zu erkennen sind: Einfallsreichtum (Anfertigung von Lego-Unikaten), Originalität (Bevorzugung von unkonventionellen Lösungen schon als Kleinkind), eine rege Phantasie, ohne die bestimmte Tätigkeiten (insbesondere als Autor) gar nicht möglich gewesen wären, aber auch die Fähigkeit, Menschen für die eigene Person zu interessieren bzw. in einer sozialen Interaktion zu bestehen.

Das Selbstbild

Aus den Teilbereichen Persönlichkeit, Interessen und Begabungen ergibt sich in meinem Fall folgendes Selbstbild:

- intellektuell neugierig (k)
- strebt nach Unabhängigkeit (k)
- phantasiebegabt (k)
- an eigenen/fremden Gefühlen interessiert (k)
- reflektiert religiöse/soziale Themen (k)
- diszipliniert
- pflichtbewusst
- spontan (k)
- selbstbewusst (k)
- sprachlich-literarisch interessiert (k)
- einfallsreich (k)
- ausdauernd (k)
- ausdrucksstark (k)
- originell (k)

Diese Persönlichkeits- und Verhaltensmerkmale müssen nun in einem weiteren Analyseschritt zu einer Signatur verdichtet werden. Dieser Begriff orientiert sich inhaltlich an dem der Personifizierung, nur ist aus den unterschiedlichen Personifizierungen ein gemeinsames Thema abzuleiten, das möglichst viele Merkmale verbindet und ein individuelles Bedürfnis widerspiegelt.

Anders herum ausgedrückt: Was befähigt mich? Welche Kompetenz besitze ich? Was will ich damit erreichen?

Die Signatur

In meinem Fall stimmen 12 von 14 Merkmalen (durch »k« gekennzeichnet) mit einer Befähigung überein, die gleichzeitig als Bedürfnis verstanden werden darf: die Lust, kreativ zu sein. Es hat unzählige Versuche gegeben, Kreativität zu definieren, die ich hier nicht wiedergeben möchte. Aus meiner Sicht ist Kreativität gleichbedeutend mit einem schöpferischen Akt, der etwas Neues, Nutzbares hervorbringt, was auch immer. Die von mir ermittelten Personifizierungen passen zu dieser Begriffsbestimmung. Denn ob ich mich aus einem Laufstall befreie, das Hindernis einer steilen Treppe überwinde, mir eine Abenteuergeschichte ausdenke, Lego-Steine zu Unikaten zusammensetze, Kurzgedichte formuliere, eine Rolle als Laiendarsteller einstudiere, den Akt für ein Theaterstück schreibe, einen Beitrag für die Abitur-Zeitung ausdenke oder eine philosophische Problemstellung gedanklich durchdringe – immer entsteht dabei etwas Neues, Nützliches: eine Lösung, ein Gegenstand, eine Geschichte, eine Meinung, eine Vision, irgendetwas.

Ich persönlich glaube nicht an den Mythos des dem Wahnsinn anheimfallenden Genies. Wahr hingegen ist, dass kreative Menschen weder besonders neurotisch noch besonders unglücklich sind bzw. sein müssen, um ihr schöpferisches Potenzial abrufen zu können. Das typische Persönlichkeitsprofil des kreativen Menschen existiert nicht, vielmehr sind es nach neueren Erkenntnissen überraschend wenige Merkmale, die Kreativität bedingen: Flexibilität, Selbstvertrauen, Optimismus, Fleiß, Fachlichkeit, Neugier und Offenheit. Letztlich besitzen alle Menschen kreative Fähigkeiten, nur sind sie – und wenigstens diese Erkenntnis darf als gesichert gelten – unterschiedlich stark ausgeprägt und gewiss auch von den äußeren Umständen beeinflusst. Kreativität verstehe ich deshalb in erster Linie als das Ergebnis entbehrungsreicher und beharrlicher Beschäftigung mit einem Thema – Geistesblitze passieren nicht einfach so, auch wenn dies immer wieder behauptet wird.

Bevor die nun erarbeitete facettenreiche Signatur mit den dafür in Frage kommenden beruflichen Fertigkeiten und Tätigkeiten in Verbindung gebracht wird, sollte ein eherner Verfahrensgrundsatz der Fallanalytik unbedingt beherzigt werden: Meinungsvielfalt, Gruppendiskussion, Fremdkontrolle. Nicht nur man selbst ist Experte in eigener Sache, vor allem Eltern, Geschwister, Freunde, Vorgesetzte, Lehrer und Kollegen sind es ebenfalls. Und sich in diesem Kreis mit dem Ergebnis der Analyse kritisch auseinanderzusetzen dürfte den Prozess der Erkenntnis abrunden.

Negative Abgrenzung

Da die positiven Voraussetzungen für das berufliche Profil bereits vorliegen, empfehle ich, die angestrebte Tätigkeit nun negativ abzugrenzen. Und wenn der Wunsch nach kreativ geprägter Berufsausübung im Blickpunkt steht, dann müssen Aspekte diskriminiert werden, die als Kreativ-Killer gelten. Nach dem Ergebnis zahlreicher wissenschaftlicher Untersuchungen sind dies in meinem Fall:

▸ Konformitätsdruck
▸ Gruppendenken
▸ Checklistentum
▸ starker Formalismus
▸ strikte Zielorientierung
▸ straffe Organisationsform
▸ autoritärer Führungsstil

- Problemlösungsrituale
- ausgeprägtes Netzwerkertum

Auf die weiteren Schritte der Berufswahl (Abgleich der Signatur mit Berufsprofilen, Entscheidung für eine Tätigkeit, Bewerbung) möchte ich hier nicht näher eingehen, weil sie andernorts bereits ausführlich dargestellt worden sind und für sie keine spezifische Methodik notwendig erscheint.

Eigene Berufswahl

Und was ist nun aus mir geworden? Wenn ich als 20-Jähriger eine solche Analyse durchgeführt und mich daran orientiert hätte, wäre der Beruf des Polizeibeamten (anfangs gezwungenermaßen Schutzpolizist, später aus freien Stücken Kriminalist) für mich mit hoher Wahrscheinlichkeit nicht in Frage gekommen. Und doch habe ich mich dazu entschlossen, auch wenn ich diesen Beruf anfänglich nur für drei Jahre ausüben wollte, um später zu studieren. Letztlich haben bei meiner Berufswahl pragmatische Gründe den Ausschlag gegeben: Arbeitsplatzgarantie, angemessene Bezahlung, gesicherte Existenz, auch nach der Pensionierung – aus heutiger Sicht und nach all den beruflichen und nebenberuflichen Erfahrungen, die ich in den vergangenen einunddreißig Jahren gemacht habe, gewiss eine diskussionswürdige Entscheidung.

Wenn ich das Verfahren meiner Selbstanalyse zur Berufswahl betrachte, dann sehe ich mich im Ergebnis eindrucksvoll bestätigt. Denn insbesondere als Kriminalist habe ich entweder haupt- oder nebenberuflich Tätigkeiten ausgeübt, die meinem Bedürfnis nach kreativer Arbeit sehr entsprechen: Teilnahme an verschiedenen wissenschaftlichen Forschungsprojekten im In- und Ausland, eigenständige Untersuchungen zu Serienmördern und Fallanalytik, Entwicklung von neuen Fahndungsmethoden, Kommissions-, Abschnitts- und Dienststellenleiter, Autor von Fachaufsätzen, Vortragstätigkeiten, Lehrbeauftragter an Fachhochschulen, Dozent an Universität, Fachbuchautor, TV-Experte, Fachberater bei Fernsehproduktionen, Darsteller in Kinofilmen und TV-Dokumentationen, Veranstaltung von Lesungen, Radio- und Fernsehauftritte, Autor von mittlerweile 21 Büchern insbesondere zu den Themen Serienmord und Profiling und vieles mehr.

Ich möchte hier gewiss keine Nabelschau betreiben, sondern lediglich den Beweis dafür liefern, dass die vorherige Selbstanalyse zutreffend ist; und sie ist es deshalb, weil die Figur der Personifizierung/Signatur eben nicht nur in der Welt des Verbrechens trägt, sondern auch dort, wo nicht geraubt, vergewaltigt und gemordet wird. Um es mit Marc Twain zu sagen: »In seinen Taten malt sich der Mensch.«

Checkliste Berufswahl

Personifizierung/Merkmale
▸ eigeninitiativ
▸ bedürfnisorientiert
▸ hohe Motivation
▸ hohe Intensität
▸ ungewöhnliche Ausprägung

Rekonstruktion Vita
▸ Personifizierung
▸ Dokumentation
▸ Subsumption

Selbstbild
▸ Persönlichkeit (»Big Five«)
▸ Interessen
▸ Begabungen
▸ Signatur
▸ Gruppendiskussion

Selbstbild vs. Berufsbild
▸ Informiertheit
▸ Abgleich der Berufsprofile
▸ Inspiration (praktische Erfahrungen)

Entscheidung
▸ Beruf

Realisierung
▸ Bewerbung

5
Das Drehbuch ändern

»Cassius: Weit besser ist es, wenn der Feind uns sucht;
so wird er, sich zum Schaden, seine Mittel
erschöpfen, seine Krieger müde machen.
Wir liegen still indes, bewahren uns in Ruh,
wehrhaftem Stand und Munterkeit.
Brutus: Den bessern Gründen müssen gute weichen.
Das Land von hier bis nach Philippi hin
beweist uns nur aus Zwang Ergebenheit;
denn murrend hat es Lasten uns gezahlt.
Der Feind, indem er durch dasselbe zieht,
wird seine Zahl daraus ergänzen können
und uns erfrischt, vermehrt, ermutigt nahn.
Von diesem Vorteil schneiden wir ihn ab,
wenn zu Philippi wir die Stirn ihm bieten.«

William Shakespeare,
Julius Cäsar

»Wer interessieren will,
muss provozieren.«

Salvador Dalí

Der Fall:
Katz-und-Maus-Spiel

Bern und angrenzende Regionen, Schweizer Mittelland, im Sommer 2001.[1]

Dieses düstere Kriminaldrama beginnt vergleichsweise harmlos: Ein Mann lauert Frauen auf, frühestens am späten Nachmittag, verfolgt und überfällt sie, beschimpft und schlägt die Opfer, entreißt ihnen die Handtasche; manchmal spritzt er den Frauen eine Mixtur aus Salzwasser und Zitronensaft ins Gesicht – danach flüchtet er, meistens mit einem Fahrrad. Merkwürdig dabei ist, dass der Täter einigen Opfern Tage später Briefe schickt, die neben einer kurzen handschriftlichen Notiz Gegenstände beinhalten, die ihnen zuvor geraubt worden sind: etwa ein Ausweis, eine Bankkarte oder ein Schlüssel.

Mittlerweile haben die Ermittlungsbehörden die Sonderkommission »Liquid« eingerichtet. Die Fahnder zählen bislang 17 Fälle, in denen der Unbekannte stereotyp vorgegangen ist und im Westen Berns zugeschlagen hat, überwiegend im Stadtteil Bümpliz und weiter südwestlich in der Gemeinde Köniz. Die Opfer – ihr Alter variiert stark – haben den Täter sehr ähnlich beschrieben. Demnach ist er 18 bis 30 Jahre alt, groß, schlank, gepflegt, hat dunkle Augen und verbirgt sein Gesicht häufig hinter einer Woll- oder Schirmmütze.

9. Dezember 2001, 23.50 Uhr. In Bremgarten, einer nördlich von Bern gelegenen Vorortgemeinde.

Louisa trennen nur noch etwa 300 Meter von ihrer elterlichen Wohnung, als sie den Bus verlässt und über einen schmalen Fußgängerweg läuft. Wenige Herzschläge später wird die 19-Jährige

urplötzlich von einem Mann angesprungen, der sie mit Faust-
schlägen traktiert, bis zur Bewusstlosigkeit würgt, das wehrlose
Opfer auf eine 60 Meter entfernte Wiese zerrt, dort den Oberkörper der Frau entblößt – und: wie ein böser Geist unvermittelt
wieder in der Dunkelheit verschwindet.

Über den Fingernagelschmutz des Opfers können biologische
Spurenträger extrahiert und mit den DNA-Profilen der Spuren
an den Briefmarken verglichen werden, die der »Liquid«-Täter
hinterlassen hat. Treffer! Louisa beschreibt ihren Peiniger ähnlich wie die anderen Opfer, ihr ist außerdem die picklige Ge-
sichtshaut des jungen Mannes aufgefallen. Auf dieses Detail weist
die Kripo auch in ihrem Fahndungsaufruf hin, der über die Medien in Bern verbreitet wird.

Und wohl auch von dem Gesuchten gelesen worden sein dürfte, jedenfalls erhalten die Fahnder, kurz nachdem die Bevölkerung über den jüngsten Fall informiert worden ist, ein als authen-
tisch eingestuftes Bekennerschreiben. »Hallo Polizei«, heißt es
darin, »nach meiner Vergeltung in Bremgarten haben Sie da
wirklich einen guten Bericht in der Zeitung gehabt. Die Beschreibung von mir stimmt beinahe perfekt. Nur das mit dem unreinen
Teint hat mich schon gekränkt! Ein paar Pickel zu haben ist doch
nicht so schlimm. Seit ich heute Morgen den Bericht sah, fühle ich
mich ziemlich beschissen, und ich habe Angst, dass Sie doch her-
ausfinden, wer ich bin.«

Doch auch fünf Wochen später kennt die Kripo den Namen
des Täters nicht, dafür aber die Leidensgeschichte des jüngsten
Opfers. Die Tat hat sich 16 Kilometer nördlich von Bern in dem
Dorf Büren zum Hof ereignet. Eine 19-jährige Studentin gibt
nach dem Überfall zu Protokoll, der Täter müsse ihr längere Zeit
unbemerkt gefolgt sein, bevor er sie von hinten gepackt, gewürgt,
umgerissen und ihren Kopf gegen den Straßenbelag geschlagen
habe. Erst als ein Auto zu hören gewesen sei, habe der Mann von

ihr abgelassen und sei geflüchtet. Auch in diesem Fall hat der Täter seinem Opfer einen Brief geschrieben und damit gedroht, sie demnächst nochmals überfallen zu wollen.

Die Ermittler sind alarmiert und besorgt zugleich. Denn es ist zu befürchten, dass der Täter auch weiterhin Frauen überfallen und verletzen könnte, schlimmstenfalls tödlich – die sich im Laufe der Monate steigernde Brutalität des Unbekannten lässt aus kriminalpsychologischer Sicht keine andere Prognose zu. Doch obwohl die Ermittler hochmotiviert sind und die Spurenlage erfolgversprechend ist, laufen die Nachforschungen ins Leere. Und nur noch vereinzelt melden sich junge Frauen bei der Kripo, die beobachtet haben wollen, wie sie von einem Mann belauert oder verfolgt worden seien, ohne dass der Unbekannte auch nur den Versuch unternommen habe, sich ihnen zu nähern. Schließlich bleiben auch diese Zwischenfälle aus. Von einem Tatverdacht sind die Fahnder nun himmelweit entfernt. Deshalb verbieten sich weitere kostenintensive Ermittlungen. Bis auf weiteres. Stillstand.

Bümpliz, 31. Juli 2002, 23.55 Uhr. An einer Bushaltestelle.

Anja hat am späten Abend in der Stadt nach dem Besuch einer Freundin den Bus nach Bümpliz genommen. Die 23-Jährige will den restlichen Heimweg zu Fuß zurücklegen. Es dauert nicht lange, bis ihr ein Radfahrer auffällt, der sie beobachtet, der ihr folgt, der sie verfolgt. Komisch. Unheimlich. Als Anja vor ihrer Haustür steht und glaubt, diese prekäre Situation überstanden zu haben, greift der Mann sie an, hinterrücks, wortlos, und sticht siebenmal wuchtig in ihren Hinterkopf, den Nacken, die Schulter und ihren Brustkorb. Unmittelbar danach flüchtet der Täter. Das Messer ist zwischen den Wirbeln bis ins Rückenmark eingedrungen und hat wichtige Nervenbahnen verletzt. Unfähig, sich zu bewegen, bleibt die junge Frau lebensgefährlich verletzt liegen, blutend, vor Schmerzen stöhnend. Anja ist gelähmt. Doch sie wird die Messerattacke überleben, weil sie kurz darauf gefunden und notoperiert wird. Wenigstens das.

Knapp eine Stunde später im vier Kilometer entfernten Niederwangen.

Ein Wachschutzmitarbeiter findet am Rand einer Wohnsiedlung die Leiche einer Frau. Es ist Natalia Stoschek, 20 Jahre alt, Abiturientin. Später werden die Rechtsmediziner insgesamt 14 Stichverletzungen zählen, todesursächlich ist ein Kehlschnitt gewesen. Der Täter muss mit brachialer Gewalt auf das Opfer eingestochen haben. Die Handtasche der Frau fehlt.

Noch in derselben Nacht werden alle verfügbaren Kräfte der Berner Polizei zusammengezogen, denn niemand zweifelt daran, dass es zwischen der versuchten und der vollendeten Tötung einen Zusammenhang gibt. Aber ob es auch der »Liquid«-Täter gewesen ist, dem viele Kriminalisten weitere Gewalttaten zugetraut haben, wenn auch nicht mit dieser exzessiven Ausprägung, bleibt zunächst ungewiss.

Überhaupt stecken die Ermittler in der Bredouille. Sie haben an den Tatorten kaum Spuren gefunden, es gibt keine Zeugen, ein Tatverdächtiger kann nicht präsentiert werden – aber die Medien stürzen sich lustvoll auf diesen für Berner Verhältnisse spektakulären Fall und wollen berichten, möglichst bald, möglichst detailliert, möglichst bildhaft.

Kontrovers wird in Reihen der Ermittler darüber diskutiert, was weiter zu tun ist, wie man sich insbesondere den Medien gegenüber verhalten soll. Welche Informationen dürfen bei einer derart unübersichtlichen Beweislage preisgegeben werden? Ein kriminalistischer Offenbarungseid kommt jedenfalls nicht in Frage, in diesem Punkt herrscht Einigkeit. Stillschweigen indes würde bohrende Nachfragen und eigene Recherchen der Medienvertreter heraufbeschwören, wilde Spekulationen, aber auch zeitraubende Phantom-Ermittlungen wären die zwangsläufige Folge. Und ein weiterer Aspekt, was den Täter anbelangt, muss überlegt werden: Eine unbedachte Äußerung in den Medien könnte ihn möglicherweise provozieren und zu einer neuen Tat animieren.

Schließlich wird entschieden, einen Kriminalpsychologen zu konsultieren, der zeitnah beurteilen soll, ob der »Mitternachtsmörder« (so wird der Gesuchte mittlerweile in den Zeitungen genannt) und der »Liquid«-Täter dieselbe Person sind, ob von einer Wiederholungsgefahr ausgegangen werden muss und wie groß das Risiko erscheint, durch eine missglückte Berichterstattung in den Medien den Unbekannten ungewollt herauszufordern und neue Aktivitäten heraufzubeschwören.

Nach wenigen Tagen liegt die Einschätzung des Experten vor. Demnach müsse von einer Verbindung zwischen allen in Frage kommenden Verbrechen ausgegangen werden. Die scheinbare Diskrepanz zwischen einem Handtaschenraub, verübt an eher älteren Frauen, und gewalttätigen Übergriffen auf lebensjüngere Opfer dürfe nicht irritieren, sondern sei als Steigerung der Angriffsintensität gegen das Weibliche zu verstehen. Demzufolge habe der Gesuchte ein sexuelles Bedürfnis durch eine nicht sexuelle (bzw. als solche nicht erkennbare) Handlung befriedigt.

Bei dem Täter dürfte es sich um eine angepasst, eher unauffällig lebende Person handeln, die in polizeilichen Datenbanken wahrscheinlich nicht zu finden ist, schlussfolgert der Experte. Mit einer zeitnahen Tatwiederholung sei eher nicht zu rechnen, da die innere Spannung nach den letzten Verbrechen erfahrungsgemäß nachlassen würde und der Täter sich dorthin zurückziehen werde, wo er sich geborgen und sicher wähnt. Bei einem intensiven Medienecho sei zwar mit einer emotionalen Reaktion des Täters zu rechnen, nur würde ihn dies nicht zwingend dazu veranlassen, zeitnah wieder aktiv zu werden. Vielmehr sieht der Kriminalpsychologe in der medialen Ansprechbarkeit des Täters eine Chance: Dieser erwarte schließlich eine Fortsetzung der Berichterstattung, und möglicherweise könnte er durch bestimmte Reizsetzungen zu einer wünschenswerten Reaktion gegenüber der Presse oder der Polizei verleitet werden. Somit steht nach Ansicht des Experten einer Zusammenarbeit mit den Medien nichts im Wege, vielmehr erscheint sie sogar geboten.

Der Kriminalpsychologe folgt dem ad hoc gestellten Ersuchen der Berner Kripo, eine Tatortanalyse durchzuführen. Die Fahnder erhoffen sich hierdurch neue Erkenntnisse über den Täter, der bislang unangreifbar erscheint, auch wenn man über sein DNA-Profil verfügt. Und tatsächlich: Der Kriminalpsychologe bemerkt bei der Begehung der »Liquid«-Tatorte, dass sie in auffällig engen, verwinkelten Siedlungsbereichen liegen, der Täter hier jedoch rasch und zielsicher agiert hat – als würde er sich dort auskennen; vielleicht, weil er in der Nähe wohnt oder gewohnt hat oder dort jemand wohnt, den er kennt, oder er dort arbeitet bzw. gearbeitet hat?

Die meisten Tatorte liegen in unmittelbarer bzw. relativer Nähe zu zahlreichen Bahnhaltestellen und Busstationen. Wahrscheinlich hat der Täter diese Örtlichkeiten bewusst ausgewählt, um potenzielle Opfer besser ausspähen und von dort aus verfolgen zu können, urteilt der Experte; ob der Gesuchte vor bzw. nach den Taten den öffentlichen Nahverkehr benutzt hat, lässt sich nicht mit Sicherheit sagen. Nach Einschätzung des Kriminalpsychologen dürfte es sich um einen gut integrierten, intelligenten und zielstrebigen Täter handeln, der in seiner Freizeit häufig mit dem Fahrrad unterwegs sein dürfte, sofern Radtouren zu seinen bevorzugten Freizeitaktivitäten zählen sollten.

Der Täter würde die Verbrechen in seiner Phantasie immer wieder aufs Neue durchleben und zelebrieren, dies verlängere die positive Wirkung, schreibt der Kriminalpsychologe in seiner Expertise. Das Verschicken von Briefen an die Opfer dürfe als eine Demonstration seiner Macht verstanden werden. Er verfolge zudem intensiv die Presseberichte und sei ein überaus eitler Mensch. Hierin glaubt der Kriminalpsychologe zugleich die Schwachstelle des Gesuchten erkannt zu haben, der aktuell nicht mit seiner Entdeckung rechne und insbesondere aufgrund seiner pathologischen Persönlichkeit höchstwahrscheinlich auch weiterhin auf die Berichterstattung in den Medien unmittelbar ansprechen werde.

Die Ermittler reagieren auf das Ergebnis der Tatortanalyse positiv, insbesondere der erkannte Narzissmus und die daraus resultierende besondere Ansprechbarkeit des Täters eröffnen neue kriminaltaktische Optionen. Aus diesem Grund wird die Zusammenarbeit mit den Medien nicht nur aufrechterhalten, sondern weiter forciert. Die Ermittler erhoffen sich eine zeitnahe Reaktion des Täters. Und dabei könnte er den entscheidenden Fehler machen und eine Handlungsfolge anstoßen, die sie direkt zu ihm führt.

Schon nach wenigen Tagen geht die Rechnung auf: In kurzen Abständen erreichen mehrere Briefe das Polizeihauptquartier, die nördlich von Bern bei unterschiedlichen Poststellen abgegeben worden sind und kleinere Gegenstände aus der Handtasche des getöteten Opfers beinhalten, aber auch Zettel mit Ortsnamen: Herzogenbuchsee, Bätterkinden, Burgdorf, Hindelbank, Utzenstorf – fünf Gemeinden in einem Umkreis von 15 Kilometern nördlich von Bern.

Der Täter will die Ermittler offenbar glauben machen, er habe in der genannten Region weitere Taten verübt oder beabsichtige dies; höchstwahrscheinlich eine falsche Fährte, um die Fahnder von Bern wegzulocken.

Doch die Ermittler lassen sich nicht darauf ein. Stattdessen bestätigen sie den Eingang der Schreiben in den Medien, verschweigen aber die Aufgabeorte. Zeitnah setzen die Fahnder einen neuen Reizpunkt, indem sie ein Phantombild des Gesuchten veröffentlichen und die Bevölkerung fragen: »Wer kennt den Mann mit der Mütze?« Zusätzlich werden Briefpassagen, die vom Täter stammen, abgebildet. Um den Mann gezielt zu provozieren, wird er schlecht rasiert dargestellt: deutlich hervorgehobene Bartstoppeln lassen ihn unvorteilhaft aussehen, und es wird wider besseres Wissen spekuliert, der Täter »könnte Kratzspuren aufweisen«. Ein Frontalangriff auf die mutmaßlich übersteigerte Eitelkeit des Mörders.

Der Gesuchte reagiert prompt: Die Ermittlungskommission erhält einen Brief, in dem es auf Französisch heißt: »Das ist nicht freundlich. Ich rasiere mich jeden Morgen!« Obwohl der Täter einerseits die gewünschte Reaktion gezeigt hat, verhält er sich andererseits nicht wie erhofft: Die Überwachung sämtlicher Poststellen nördlich von Bern verläuft ergebnislos, er muss den Brief andernorts eingeworfen haben.

Dafür wird durch die Verbreitung des Phantombildes, der Schriftproben und der Besonderheit, dass der Gesuchte an seine Opfer Briefe schreibt, eine wahre Flut von Hinweisen ausgelöst. Mehr als 700 Anrufer melden sich bei der eigens eingerichteten Telefonhotline; darunter sind auffällig viele junge Frauen, die mitteilen, in den vergangenen Wochen bei unterschiedlichen Freizeitaktivitäten von einem jungen Mann angesprochen worden zu sein, der dem Phantombild ähnlich sehe.

Über ein vergleichbares Erlebnis berichtet auch eine 22-jährige Verkäuferin, als sie sich den Ermittlern anvertraut. Sie will vor einigen Wochen beim Joggen die Bekanntschaft eines jungen

Mannes gemacht haben: ein belangloses Gespräch, ein harmlos erscheinender Typ, der sich bereits nach wenigen Minuten wieder verabschiedet habe; allerdings sei da noch »etwas sehr Merkwürdiges«, erklärt die Zeugin, denn der Mann habe ihr zwei Tage später einen kurzen Brief geschrieben, obwohl ihm ihre Adresse gar nicht mitgeteilt worden sei.

Die Ermittler wähnen sich endlich auf der richtigen Spur und lassen die Handschriften auf dem besagten Brief und den anderen Schreiben des mutmaßlichen Mörders vergleichen – und die stimmen nach Meinung eines Schriftsachverständigen mit hoher Wahrscheinlichkeit überein. Der Rest ist für die Ermittler kriminalistische Routine, denn auf dem Brief, den die Zeugin vorgelegt hat, stehen Name und Anschrift des Absenders.

Am 20. August 2002 schnappt die Falle schließlich zu, der »Mitternachtsmörder« wird festgenommen. Es ist Michael Seger, 27 Jahre alt, von Beruf Koch, ein fleißiger, ehrgeiziger, unauffälliger Mann, der sich durch Spitzenleistungen bei Waffenläufen (zählen zu den außerdienstlichen wehrsportlichen Veranstaltungen in der Schweiz) einen Namen gemacht hat. Er ist mit einer 22-jährigen Studentin liiert, erfreut sich sowohl bei Freunden und Bekannten als auch im Kreis seiner Arbeitskollegen großer Akzeptanz und Beliebtheit; der Mann gilt als überaus kameradschaftlich, loyal, freundlich und hilfsbereit: »ein guter Typ«.

Dass Michael Seger »gewisse Probleme mit Frauen hat«, so erzählt er es der Kripo, ahnte niemand. Selbst seine Freundin weiß nichts von seinen abnormen Phantasien, die sich ausschließlich um das Quälen von Frauen ranken. Und niemand kann sich vorstellen, dass dieser »nette Kerl« auch eine dunkle Seite hat, die er niemandem zeigt, die ihn aber Sätze wie diesen sagen lässt: »Weil die Frauen mit mir nichts zu tun haben wollten, habe ich mich dafür gerächt!«

Und allein sein pathologischer Narzissmus ist ihm dabei zum Verhängnis geworden, den die Ermittler erkannt und als wiederkehrendes Element in ihrer »Proaktiven Strategie« erfolgreich instrumentalisiert haben. Diese Methodik zielt allgemein darauf ab, die Schwachstelle(n) des Täters zu identifizieren und ihn durch gezielte (Falsch-)Informationen zu einem bestimmten (Fehl-)Verhalten zu verleiten oder dies zu vermeiden.

Die Proaktive Strategie

Proaktive Strategien können über die Medien an den Täter gesteuert werden und einen provokanten Charakter haben (z. B. ein offener Brief); denkbar sind aber auch beispielsweise Appelle von Angehörigen eines Entführungsopfers im Fernsehen (direkte Ansprache) oder indirekte mediale Beeinflussungen, die der Täter nicht als solche erkennen kann bzw. soll.

Eben diese Taktik verfolgte im Jahr 1978 die Polizei von Wichita im US-Bundesstaat Kansas, nachdem eine Serie von grausamen Frauenmorden passiert war. Der Täter gab sich den Namen »BTK« (für Bind [Fesselung], Torture [Folter], Kill [Tötung]) und schrieb nach den Morden menschenverachtende Briefe an die örtlichen Tageszeitungen, in denen er unter anderem fragte, wie viele Menschen denn noch getötet werden müssten, damit ihm endlich die gebührende Aufmerksamkeit in den Medien zuteil und er zu einer Berühmtheit werde.

Als Schwachstellen des Täters erkannten die Fahnder seinen pathologischen Narzissmus und sein besonderes Interesse an der Publikumswirksamkeit seiner Morde. In der Erwartung, »BTK« werde sich einen Bericht zu seinen Morden im Fernsehen anschauen, wurde der Beitrag mit einer latenten Botschaft versehen: die für Millisekunden in unregelmäßigen Abständen aufblitzende Aufforderung: »Now call the chief!« (»Rufe jetzt den Polizeichef an!«) Doch der Täter stellte sich nicht der Polizei, sondern mordete weiter und brachte sich immer wieder mit Bekennerschreiben in unliebsame Erinnerung.

Erst im Februar 2005 wurde Dennis Rader überführt, ein 60-jähriger ehemaliger Sicherheitsberater, der auch als gewählter

Präsident der evangelischen Kirchengemeinde von Wichita fungierte.

Grundlage für viele proaktive Methoden sind Hypothesen, die aus dem Verhalten des Täters vor, während und nach seinem Verbrechen geschlussfolgert werden können und dessen Motive, Persönlichkeit, Fähigkeiten und Alltagsroutinen betreffen. Mit dieser Methodik kann man aber nur dann erfolgreich sein, wenn vorausschauend gehandelt wird und tatsächlich mit hoher Wahrscheinlichkeit ein spezifisches Täterverhalten angestoßen werden kann.

Proaktive Strategien sind jedoch nicht auf medienrelevante Vorgehensweisen gegen unbekannte Täter festgelegt, sondern können auch dann eingesetzt werden, wenn der Verdächtige bereits gefasst worden ist, jedoch beharrlich schweigt. Auch bei dieser Konstellation wird das vom Täter – insbesondere bei der Interaktion mit dem Opfer – gezeigte Verhalten analysiert und eine zielführende Taktik entwickelt, die sich beispielsweise auf die Örtlichkeit der Vernehmung, die Person des Vernehmenden, dessen Verhalten und Frageweise, aber auch bestimmte Gegenstände (Tatmittel, Fotos) beziehen kann und die Gesprächsbereitschaft des Delinquenten fördern soll.

Proaktives Verhalten eignet sich auch fernab der Verbrechensbekämpfung als probates Mittel der Problemlösung, jedenfalls dann, wenn die Bereitschaft vorhanden ist, liebgewonnene Routinen des Alltags (Lethargie) bzw. typische (reaktive) Verhaltensweisen in Frage zu stellen und sich auf bestimmte Maximen eigenen Handelns einzulassen: Fakten prüfen, Verantwortung übernehmen, vorausschauend planen, initiativ werden, unkonventionell agieren. Im Kern geht es darum, für das Gewünschte strategisch-gestaltend einzutreten, anstatt das Unerwünschte abwehrend zu bekämpfen – also sachverhaltsbezogen bzw. szenen-basiert handlungs-, widerstands- und durchsetzungsfähiger zu werden.

Als Meilensteine zur Durchbrechung des sonst üblichen Reiz-Reaktions-Schemas gelten:

- Analyse des Sachverhalts bzw. Schwachstellenbewertung der Persönlichkeit und des Verhaltens der Gegenpartei
- Entwicklung einer szenenbasierten, unkonventionellen Strate-gie
- Initiative ergreifen und Überraschungseffekte plazieren
- Handlungskontrolle gewinnen und die Strategie entsprechend konsequent fortführen

Gegen Mobbing

Wie diese theoretischen Vorgaben praktisch umgesetzt werden können, hat kürzlich ein mutiger junger Mann vorgemacht und dafür lediglich 104 Sekunden benötigt. Benjamin Drews sagt in seinem mit dem Musiktitel »River flows in you« unterlegten Vi-deo kein Wort, sondern lässt allein persönliche Botschaften spre-chen, geschrieben auf schlichte weiße Pappkarten in Wolken-form:

»Gegen Mobbing → Leute, niemand ist weniger wert, nur weil er → eine Behinderung hat → vielleicht nicht viel Geld hat → vielleicht nicht so klug ist → vielleicht nicht die beste Figur hat → schwul, lesbisch oder bi ist → eine andere Hautfarbe hat → einen anderen Glauben hat → eine andere Herkunft hat → Mobbing-opfer fühlen sich oft einsam und allein gelassen → sie verletzen ihren Körper, da sie denken, dass sie anders sind → sie haben Selbstmordgedanken! → Wie würdest ›DU‹ dich dabei fühlen?

→ Nur GEMEINSAM können wir uns BEWEGEN! → Wenn ›DU‹ auch gegen Mobbing bist, teile dieses Video!«

Mehr als fünf Millionen Menschen haben sich Benjamins Clip angeschaut und sein Anliegen dadurch unverhofft in den Blickpunkt des öffentlichen Interesses gerückt, aber auch ihn als Person raketengleich in die bunte Welt der Medien katapultiert. »Dass ich hier sitzen darf, ist geil (…)«, sagte der 19-Jährige während der Sendung am 17. Februar 2015 aufgekratzt bei »Markus Lanz«, »toll, dass die Menschen jetzt umdenken (…) Ich finde es wichtig, dass man darüber redet (…) Das war für mich ein großer Befreiungsschlag.«

Benjamin ist wegen seiner Korpulenz und seiner vorstehenden Zähne jahrelang als »Hamsterfresse« oder »Biberzahn« gehänselt und ausgegrenzt worden: »Die haben mich auf der Schule einfach fertiggemacht.« Diese üble Erfahrung hat ihn geprägt, aber nicht verzweifeln lassen. Und irgendwann ist in ihm, dem Ex-Mobbingopfer, der Entschluss gereift, anderen Leidtragenden zur Seite zu stehen und einen Frontalangriff auf die Täter zu starten: in seinem Zimmer, bewaffnet mit 16 Papptafeln, die er in kurzen Abständen stoisch in die Handykamera seiner Schwester hält. So entsteht ein schlichtes Schwarzweißvideo, das die Stärken der Opfer betont und die Schwächen der Täter gnadenlos entlarvt. Benjamin avanciert zum Regisseur, schreibt sein eigenes Drehbuch, gibt jenen, die sonst stumm leiden, eine Stimme, und diejenigen, die sonst mit Worten und Gesten großes Leid heraufbeschwören, werden so ihrer Anonymität beraubt und ihrerseits zu Statisten degradiert, die fortan von einer Welle der Antipathie in ihrer dunklen Existenz bedroht werden.

Benjamin Drews ist deshalb mit seiner Proaktiven Strategie so erfolgreich gewesen, weil er aus leidvoller Erfahrung gelernt hat, wie Mobbing funktioniert: soziale Ausgrenzung, Ausnutzen von Wehrlosigkeit, verbale Erniedrigung und Bedrohung, Androhung und Ausübung von körperlicher Gewalt. Initiativ werden stets die Täter und übernehmen die Handlungskontrolle – eine perfide Strategie, der die meisten Opfer nichts entgegenzusetzen haben, weil sie sich schämen und irgendwann das vermeintliche Loser-Image übernehmen und sogar daran glauben.

Benjamins Plan, der auf das Solidarverhalten der Internet-Gemeinde abzielt, ist kein wütender Protest, vielmehr dominieren leise Töne, die nahegehen, nachdenklich stimmen und in der Welt der sozialen Netzwerke spontane, lawinenartige Reaktionen auslösen: klicken – liken – teilen. Und so gewinnen die Opfer und ihre Sympathisanten allmählich die Handlungskontrolle zurück, gelegentlicher Widerspruch der Täter und ihrer Anhänger wird durch den Furor der Entrüstung im Keim erstickt; jetzt sind die Täter isoliert, ihrer Waffen beraubt, und sie müssen erleben, was es heißt, etwas oder jemandem schutzlos ausgeliefert zu sein.

Benjamin Drews hat die Intention für seine Kampagne in einem Interview so ausgedrückt: »Sie (die Täter) machen das vielleicht, weil sie Spaß daran haben. Und die wissen gar nicht, was sie anderen damit antun.« Jetzt wissen sie es. Und die Opfer wissen nun, dass ihnen nicht nur Respekt gebührt, sondern auch die Solidarität der Sozialgemeinschaft gewiss ist, von der sie geglaubt haben, es gäbe sie nicht. Sollte der millionenfach geäußerte Gemeinschaftssinn tatsächlich auf Gegenseitigkeit beruhen und auch im Einzelfall fernab der breiten Öffentlichkeit gelebt werden, würde dem Mobbing auf Dauer die Geschäftsgrundlage entzogen.

Im Fußballverein

Mit ähnlichen Problemen hat vor einiger Zeit auch unser Sohn zu kämpfen gehabt: Meine Frau kommt aufgelöst nach Hause und berichtet, Martin sei von einem Jungen aus dem Fußballverein nach dem Training massiv verprügelt und dabei am Kopf verletzt worden.

Bei dem Übeltäter handelt es sich um einen acht Monate älteren und körperlich sehr robusten Jungen, dessen Eltern sich kürzlich getrennt haben. Jörg, ein Einzelkind, pendelt seitdem zwischen den Haushalten von Vater und Mutter hin und her. Wir kennen ihn recht genau, weil er mit Martin seit zwei Jahren gemeinsam Fußball spielt und häufig bei uns zu Gast gewesen ist.

Martin beklagt sich neuerdings darüber, dass er von Jörg innerhalb der Mannschaft ausgegrenzt wird; auch neigt der Junge seit geraumer Zeit zu körperlicher Gewalt, wenn er sich benachteiligt glaubt oder – und dies empfinde ich als höchst bedenklich – er seine Bedürfnisse rigoros durchsetzen will. Jörg hat mittlerweile offenbar gelernt, Gewalt in seinem Sinne zu instrumentalisieren. Selbst die eigene Mutter traktiert er gelegentlich mit Fäusten, wenn er Dinge tun soll, die er nicht tun möchte.

Ich lasse mir den Vorfall auch von Martin schildern, der eine Beule am Kopf und Schürfwunden an Armen und Beinen davongetragen hat. Der Prügelei soll ein Streit zwischen Jörg und ihm vorausgeeilt sein. Ein Wort habe das andere gegeben, bis Jörg unseren Sohn zu Boden geschubst und mit den Fäusten ins Gesicht geschlagen habe. Martin sagt mir, Jörg sei »ausgerastet« und habe auf seinem Brustkorb gesessen, er, Martin, sei deshalb in Panik geraten, weil er zeitweise keine Luft mehr bekommen habe: »Ich dachte, ich muss sterben!«

Dass Martin tatsächlich in Lebensgefahr geraten ist, glaube ich zwar nicht, allerdings hat er es so empfunden, wenn auch nur für einige Augenblicke. Normalerweise reagieren meine Frau und ich auf körperliche Auseinandersetzungen unserer Kinder mit einer gewissen Zurückhaltung, wir wollen die Dinge nicht überbewerten, so etwas passiert, darf gelegentlich auch passieren. Meistens vertragen sich die Streithähne wieder, ohne dass die Eltern intervenieren müssen. Doch dieser Fall liegt anders, denn Jörg hat – nicht zum ersten Mal – eine Grenze überschritten und Martin auch dann noch geschlagen, als der bereits am Boden lag und sich nicht mehr wehren konnte.

Meine Frau beurteilt die Sachlage so wie ich, wir befürchten, Jörg könnte bei nächster Gelegenheit wieder zuschlagen – dann mit gravierenderen Folgen? Es besteht jedenfalls Handlungsbedarf.

Unsere ersten Ansprechpartner wären Jörgs Eltern, doch die Mutter erscheint uns zwar einsichtig, jedoch wenig durchsetzungsfähig, und der Vater nimmt seinen Filius grundsätzlich in Schutz, egal was passiert ist oder ihm vorgeworfen wird. Auch der Fußballtrainer wird nicht helfen können, weil sich Jörg unter seiner Aufsicht während des Trainings gewöhnlich beanstandungsfrei verhält und der Vorfall sich außerhalb des Vereinsgeländes zugetragen hat. Eine blöde Situation.

Meinen ersten Impuls, Jörg alsbald ordentlich die Leviten zu lesen, unterdrücke ich. Denn ich befürchte, der Junge könnte sich danach an Martin schadlos halten. Ich überlege eine Zeit lang, wie das Problem gelöst werden könnte. Wie soll ich Jörg ansprechen? Bei welcher Gelegenheit? Wie kann ich vermeiden, dass der Junge mein Verhalten als einen Akt der Aggression versteht? Wie will ich verhindern, dass seine Eltern sich in ihrer Autorität eingeschränkt sehen? Und vor alledem: *Was* will ich Jörg überhaupt sagen?

Letztlich erscheint mir in diesem Fall nur eine Proaktive Strategie erfolgversprechend. Jörg ist ein sehr dominanter Junge, der

Autoritäten dann nicht anerkennt, wenn sie sich autoritär geben – so meine bisherige Erfahrung. Der Gedanke, ihn zur Rede zu stellen, die eigene Machtposition zu unterstreichen und mit Konsequenzen zu drohen, sollte er sich nicht weisungsgemäß verhalten, erscheint mir angesichts seines Persönlichkeitsprofils und seiner aktuellen Lebensumstände wenig erfolgversprechend.

Also muss ich entgegen seiner Erwartungshaltung agieren, um einen Zugang zu finden. Inhaltlich muss ich ihn auf der Gefühlsebene ansprechen, gleichzeitig sollte das Gesagte aber auch Appellcharakter haben und ihm keine Gelegenheit geben, Trotzreaktionen zu zeigen oder mit der sonst üblichen abwehrenden Haltung zu reagieren. Ferner muss ich ihn zu einer Gelegenheit treffen, die für ihn vollkommen überraschend ist. Schon das Setting unserer Zusammenkunft sollte Signalcharakter haben und auf eine bestimmte Szene zugeschnitten sein. Je länger ich über diese Voraussetzungen nachdenke, desto stärker kristallisiert sich eine Idee heraus, von der ich schließlich überzeugt bin und sie meiner Frau vortrage. Ilona zieht die Augenbrauen hoch, überlegt einen Moment, dann ist sie einverstanden.

Schon am nächsten Tag trete ich in Aktion. Denn erfahrungsgemäß bringen zeitnahe Reaktionen auf Fehlverhalten insbesondere bei Kindern und Jugendlichen die besten Erfolge. Ich muss nicht weit fahren, um mein Ziel zu erreichen. Es ist etwa 13.30 Uhr, als ich das Gelände der Schule betrete. Normalerweise sollen sich Eltern zu OGS-Zeiten (nachmittägliche Hausaufgabenbetreuung) hier nicht aufhalten, es sei denn, sie wollen ihre Kinder zum verabredeten Termin abholen.

Es braucht eine Weile, bis ich Jörg ausgemacht habe. Er spielt mit anderen Jungs Fußball. Ihn jetzt in dieser Situation anzusprechen entspricht nicht meinem Plan. Jörg sollte allein sein. Ich muss geduldig bleiben und positioniere mich so, dass er mich nicht sieht, ich aber zeitnah reagieren kann, sollte sich eine günstige Gelegenheit ergeben. Etwa zehn Minuten später ist es so weit, als Jörg sich von der Gruppe entfernt.

Ich gehe direkt auf ihn zu. Als er mich erkennt, bleibt er spontan stehen. Sein Gesichtsausdruck und seine Körperhaltung signalisieren mir, dass er mit meinem Erscheinen nicht gerechnet hat, schon gar nicht zu dieser Zeit an diesem Ort, an dem er sich sonst besonders beschützt fühlen darf. Jörg weiß ganz genau, warum ich gekommen bin. Wahrscheinlich rechnet er mit einer Maßregelung, jedenfalls mit irgendetwas Unangenehmem. Jörg begrüßt mich auch nicht, als ich kurz vor ihm stehen bleibe.

Ich schaue ihm einige Sekunden nur in die Augen. Jörg kann meinem Blick nicht standhalten.

»Hallo Jörg«, sage ich zu ihm.

»Hallo.« Der Junge vergräbt die Hände in seinen Hosentaschen.

»Ich habe von der Sache mit deinen Eltern gehört«, beginne ich das Gespräch. »Das tut mir sehr leid. Das ist für dich bestimmt nicht leicht.«

Jörg nickt verlegen.

»Ich kann verstehen, wenn du deshalb traurig und wütend bist. Ich wäre es an deiner Stelle auch. Wenn ich dir irgendwie helfen kann, lass es mich wissen. Vielleicht sagst du Martin dann einfach Bescheid. Ich meine das ernst.«

Wir schauen uns eine Weile an. Jörg ist irritiert, weiß nicht, was er darauf sagen soll.

»Okay?«, frage ich ihn schließlich.

Wieder nur Kopfnicken. Ich reiche Jörg schließlich die Hand. Danach verlasse ich das Schulgelände. Und habe irgendwie ein gutes Gefühl.

Beim nächsten Fußballtraining treffen Martin und Jörg wieder aufeinander. Jörg entschuldigt sich bei unserem Sohn zwar nicht, doch verhält er sich ihm gegenüber meistens neutral, mitunter durchaus freundschaftlich. Das wird auch in den kommenden Tagen, Wochen und Monaten so bleiben, abgesehen von kleineren Reibereien, die bei Jungen in diesem Alter gewöhnlich vorkommen. Ob meine Proaktive Strategie zu Jörgs verändertem Verhalten beigetragen hat, kann ich nicht mit Sicherheit sagen, doch sprechen die Gesamtumstände eher für eine Kausalität als dagegen.

Ilse Brockmann, »Mein Mann ist ein Mörder«

Eine solche, atypisches Verhalten favorisierende, überraschende Effekte provozierende und auf die Umkehr belastender Verhältnisse abzielende Taktik habe ich auch während der Dreharbeiten für die mehrteilige TV-Reportage »Mein Mann ist ein Mörder« ausprobiert, die teils auf meinem Buch »Ich liebte eine Bestie. Die Frauen der Serienmörder« basiert.

Ilse Brockmann ist so eine Frau. Als ich sie wieder einmal mit einem Kamerateam zu Hause besuche, befindet sie sich nach wie vor in einer Lebenssituation, die belastender nicht sein könnte. Die sympathische 53-jährige ehemalige selbständige Kosmetikerin serviert Kaffee und gibt mir den letzten Brief ihres Mannes zu lesen: »Engelchen, mein liebstes Engelchen, mein Herz blutet, und es ruft nach Dir. Furchtbar, dass wir nach so vielen Jahren getrennt sind, meine Liebste. Mein Gott, was musst Du da draußen durchmachen. (…) Wenn ich an Dich denken muss, dann laufen mir ganz schnell die Tränen runter. Aber das kann ich mir hier nicht erlauben, das würde ganz schnell als Schwäche angesehen und würde mich zum Freiwild machen. Sei Du bitte auch so stark. Ich werde Dich immer lieben. (…)«

Gerhard Brockmann verbüßt wegen mehrfachen Mordes eine lebenslange Freiheitsstrafe. Dem Lehrbuch-Psychopathen ist es während seiner 19-jährigen Ehe gelungen, Ilse massiv zu manipulieren und sozial vollkommen zu isolieren, selbst den Kontakt zu ihren Kindern hat sie irgendwann abgebrochen. Erst nach der Festnahme ihres Mannes ist herausgekommen, dass Gerhard lange Jahre ein Doppelleben geführt, Ilse x-fach mit Frauen, aber auch Männern betrogen und ihr beträchtliches Vermögen verprasst hat.

Vor Ilse Brockmann tat sich unvermittelt ein Abgrund auf: Mann weg, Geld weg, Wohnung weg – ein Leben in Schande im Niemandsland unserer Gesellschaft, eine beängstigende, ausweglos erscheinende Situation. Ihr fielen sogar die Haare aus, sie verlor ihre Stimme, konnte nur noch krächzen. Die Ärzte fanden keine biologische Ursache, die Seele war verletzt. Doch trotz all dieser Erniedrigungen und Entbehrungen, die sie psychisch krank werden und an Selbstmord denken ließen, hielt sie auch weiterhin zu jenem Mann, dem sie doch all ihr Leid zu verdanken hatte.

Heute überrascht Ilse mich mit einem Entschluss, den ich ihr bei vorherigen Treffen zwar nahegelegt habe, den sie jedoch beharrlich verworfen hat. Ihre bisherige Begründung: »Ich bin ganz allein auf dieser Welt. Ich habe doch niemanden mehr. Nur Gerhard ist noch da. Ich schaffe das sonst nicht!« Und jetzt eröffnet sie mir erstmals: »Ich will mich von Gerhard trennen. Aber ich weiß nicht, wie ich das anstellen soll und ob ich das schaffe.« Sie wolle ihm bald einen Brief schreiben und sich auf diese Weise verabschieden, sagt Ilse.

Ich halte das für keine gute Idee und erkläre ihr, dass sie sich Gerhards verhängnisvollem Einfluss auf Dauer nur dann entziehen könne, wenn sie bereit sei, das sonst übliche Rollenverhalten innerhalb ihrer Beziehung umzukehren. Bisher durfte stets Gerhard die Richtung vorgeben, seine Vorstellungen und Bedürfnisse unwidersprochen durchsetzen, Ilse bedenkenlos dominieren und gnadenlos ausbeuten. Darum appelliere ich: »Damit muss jetzt Schluss sein. Wir drehen den Spieß um!« Während der folgenden 15 Minuten erläutere ich Ilse meinen Plan, beschreibe das entsprechende Szenario, gebe ein Verhaltensmuster vor und rate ihr, sich die Sache trotzdem noch einmal in Ruhe zu überlegen, bevor sie sich entscheidet. Kurz darauf verlasse ich die Wohnung. Cut.

Eine Woche später sitzen Ilse, das Fernsehteam und ich im Auto und fahren zum Gefängnis, in dem Gerhard Brockmann einsitzt. Ilse hat sich tatsächlich dazu durchgerungen, auf meine Strategie einzugehen und die direkte Konfrontation mit ihrem Noch-Ehemann zu wagen: in der Höhle des Löwen, Auge in Auge. Wir können keinesfalls sicher davon ausgehen, dass Ilse dieser Aufgabe gewachsen sein und unser Plan funktionieren wird. Allerdings habe ich ihr nochmals bestimmte Verhaltensweisen eingeschärft, die sie einigermaßen immun machen sollen gegen die zu erwartenden Beschwichtigungs- und Manipulationsversuche ihres Mannes, denen sie bis zum heutigen Tag nichts entgegenzusetzen hatte.

Schließlich ist es so weit, wir erreichen das hochgesicherte Anstaltsgelände. Der Kameramann filmt noch, wie wir die Sicherheitsschleuse des Gefängnisses betreten, dann sind wir uns selbst überlassen. Das Filmteam muss draußen bleiben, weil eine Drehgenehmigung durch die Leiterin der Anstalt abgelehnt worden ist. Filmaufnahmen zu dieser Gelegenheit wären mir auch nicht recht gewesen. Was Ilse und ich in diesem Moment vorhaben, duldet keine Zeugen, es muss privat bleiben.

Nach der üblichen Kontrolle und dem Einschluss aller Gegenstände, die nicht mit ins Gefängnis genommen werden dürfen, begleitet uns ein Wärter zum Besuchsraum. Gerhard Brockmann ist noch nicht anwesend. Spontan nehme ich Ilse in den Arm und sage: »Halten Sie sich bitte genau an unseren Plan. Sie schaffen das!« Ilse schaut mich an und nickt. Ich mache mir Sorgen: Besonders zuversichtlich wirkt sie nicht auf mich, die Anspannung steht ihr ins Gesicht geschrieben.

Kurz darauf kommt der Moment der Wahrheit, Gerhard Brockmann betritt den Raum. Entgegen unserer Vereinbarung lässt Ilse sich von ihm umarmen, einen Kuss auf die Wange verweigert sie indes. Mich würdigt der Mann keines Blickes. Wir setzen uns.

Gerhard Brockmann sieht dem US-amerikanischen Schauspieler John Malkovich sehr ähnlich: blaue Augen, zerfurchte Stirn, weißer Haarkranz, kantiges Gesicht – insgesamt eine gepflegte äußere Erscheinung. Er sitzt seiner Frau gegenüber, lächelt sie gewinnend an und streckt ihr seine Hände entgegen. »Mein Engelchen«, flüstert er. So dürfte es immer abgelaufen sein, wenn er sie rumkriegen wollte, denke ich. Am liebsten würde ich dazwischengehen, doch Ilse muss es jetzt alleine schaffen. Ihr ist deutlich anzumerken, wie es in ihr arbeitet, wie sehr sie sich zurücknehmen muss. Sie lächelt zwar verlegen, doch die Hände reicht sie ihrem Mann nicht. Damit geht die erste Runde an Ilse.

»Wie geht es dir, Engelchen?« Ilse lässt die Frage unbeantwortet und schweigt. Ihre Lippen vibrieren. Gerhard starrt sie unentwegt an, die Hände streckt er seiner Frau immer noch entgegen. »Mein Engelchen.« Ilse reagiert nicht auf seine Annäherungsversuche, sondern schaut Gerhard in die Augen. Dann dreht sie sich kurz zu mir herum. Blickkontakt. Auch wenn Ilse jetzt eine Reaktion von mir erhofft oder erwartet, ich bleibe untätig und schweige. Denn sie muss diesen für sie so wichtigen Entschluss alleine durchsetzen und endlich wieder Verantwortung übernehmen. *Sie* muss das Drehbuch ändern und ihrem Mann eine Rolle zuschreiben, die sie in all den Jahren zuvor selbst ausgefüllt und letztlich auch akzeptiert hat: Statistin, Erfüllungsgehilfin, Opfer.

Ilse wendet sich wieder ihrem Mann zu, der sie keinen Moment aus den Augen verliert. Gerhard klebt förmlich an ihr, obwohl die beiden doch bestimmt ein Meter trennt. Man kann es weder sehen noch hören, doch hier ringen zwei Menschen spürbar miteinander, ohne sich dabei auch nur einen Zentimeter zu bewegen. Mit dieser Form der Kommunikation habe ich nicht gerechnet. Und ich bin davon überzeugt: Wer die nächste Runde für sich verbuchen kann, der gewinnt am Ende auch den Kampf.

»Ich werde mich von dir scheiden lassen«, sagt Ilse mit brüchiger Stimme unvermittelt in die Stille hinein und setzt dabei ein ernstes Gesicht auf. »Das ist heute mein letzter Besuch.« Gerhard verzieht keine Miene, man könnte meinen, er habe gar nicht zugehört. Er schaut immer noch überaus freundlich drein, ein nicht zu erschütterndes Lächeln umspielt seine schmalen Lippen. Gerhard himmelt seine Frau an. Der Psychopath spielt seine letzte Trumpfkarte aus. Stoisch sitzt er da und macht unverdrossen Anstalten, die Hände seiner Frau zu ergreifen. Sollte sie jetzt einknicken, droht unser Vorhaben doch noch zu scheitern.

Proaktive Strategie, Teil 1

Genau auf solche Momente habe ich Ilse vorbereiten wollen. Wie schwer es ihr in diesen Augenblicken fällt, Gerhard zurechtzuweisen und zurückzuweisen, können nur jene Menschen nachvollziehen, die über einen längeren Zeitraum mit einem Psychopathen zu tun hatten, diesen gefühlskalten, hochmanipulativen, egoistisch-egozentrischen, machtbesessenen Kontrollfreaks, die keine Gelegenheit auslassen, um ihr soziales bzw. berufliches Umfeld zu dominieren.

Gerhard manipulierte seine Frau so: Erst isolierte er Ilse sozial, machte sie dadurch von seiner Person abhängig – und wenn Ilse mal nicht spurte, drohte er, sie unverzüglich zu verlassen. Daraufhin folgte jedes Mal das übliche Unterwerfungsritual: Ilse öffnete Gerhards Reisekoffer, den er vorher zum Zeichen der Ernsthaftigkeit seiner Trennungsabsicht demonstrativ mit Kleidung vollgestopft hatte, legte seine Klamotten wieder in den Schrank zurück, entschuldigte sich kleinlaut und kochte ihm sein Lieblingsgericht. Sex zur Versöhnung gab es nicht, den hatte er seiner Frau schon seit vielen Jahren nicht nur zu diesen Gelegenheiten abgewöhnt, denn er war ja mit seinen zahlreichen Liebschaften gut bedient und beschäftigt.

Ilses Universum hingegen bestand nur aus Gerhard, ihr einziger Lebensinhalt, der Fels in der Brandung, dem das Meer nichts anhaben konnte, der über den Dingen stand und sich über alles hinwegsetzte, der keine Kompromisse kannte und gnadenlos böse sein konnte. Sie war nicht nur abhängig von diesem Mann, er war ihre einzige Bezugs- und Vertrauensperson – Ilse wurde von seinem manipulativ-fordernden Habitus förmlich absorbiert und hatte aufgehört, als selbstbestimmtes soziales Wesen zu existieren.

Diese fatale Beziehungsstruktur war mir in vielen Gesprächen mit Ilse Brockmann bewusst geworden. Nur wenn es ihr gelingen würde, sich aus der Rolle der devoten Erfüllungsgehilfin zu lösen, sollte sie auch in der Lage sein, wieder ein eigenverantwortliches Leben zu führen.

Und ebendiesem Mann, der nahezu zwei Jahrzehnte hinweg über ihr Leben bestimmt hatte, musste sie sich nun entgegenstemmen. Natürlich hätte ich ihr raten können, einen Abschiedsbrief zu schreiben oder durch einen Rechtsanwalt schreiben zu lassen oder Gerhard überhaupt zu ignorieren, doch wäre dies mit hoher Wahrscheinlichkeit keine Lösung auf Dauer gewesen. Denn: Gerhard hätte unverdrossen an seiner perfiden Strategie bzw. Dramaturgie festgehalten, der Ilse nichts entgegenzusetzen gehabt hätte, solange der gordische Knoten nicht durchschlagen war. Sie wäre auch mit den allerbesten Trennungsabsichten angesichts ihrer trostlosen Lebenslage schon allein deshalb rückfällig geworden. Es bedurfte also einer persönlichen Begegnung von Angesicht zu Angesicht, in deren Verlauf Ilse in erster Linie sich selbst zu beweisen haben würde, dass sie es mit der Trennung tatsächlich ernst meint und ihrem Unterdrücker in dieser besonderen Belastungssituation widerstehen kann.

Deshalb habe ich Ilse insbesondere auf diese eine Begegnung im Besuchsraum des Gefängnisses vorbereitet, und wir haben mehrfach durchgespielt, was uns erwarten wird und wie wir darauf reagieren wollen bzw. reagieren müssen. Ich habe ihr geraten, das Gespräch zu eröffnen, nur über die Trennung zu sprechen und sonst keine Themen zuzulassen. Körperliche Nähe, Berührungen oder Zärtlichkeiten seien zu vermeiden, selbst die Verabschiedung dürfe über eine Umarmung nicht hinausgehen. Falls sie sich – zu welchem Zeitpunkt auch immer – der Auseinandersetzung nicht mehr gewachsen sehe, möge sie den Raum kurzzeitig verlassen, um sich zu beruhigen und einen neuen Anlauf zu nehmen. Ich würde sie in dieser Zeit vertreten und mit ihrem Mann ein Gespräch beginnen. Ferner habe ich Ilse vorgeschlagen, sich möglichst kurz zu fassen und unmissverständliche Ich-Botschaften zu formulieren, die Begegnung sollte nicht länger als fünf Minuten dauern. So weit zum ersten Teil unserer Proaktiven Strategie.

»Das kannst du dir sparen.« Ilse zieht ihre Hände demonstrativ zurück und gibt Gerhard so zu verstehen, dass sie ihm heute nicht auf den Leim gehen will. Sie leistet erbitterten Widerstand, ihre Hände zittern. Und Gerhard? Bewahrt die Contenance, rührt sich nicht, spricht nicht, lacht nicht, weint nicht – er sitzt einfach nur da und schaut seiner Frau in die Augen, als wäre seine Liebe zu ihr eben erst entflammt. Ilse kann diesen Blicken schließlich nicht mehr standhalten. Sie wendet sich ab.

Jetzt ist der Moment der Entscheidung da. Jetzt geht es um alles. Jetzt muss sich zeigen, ob unsere Taktik aufgeht. Ob die Schwachstellenanalyse zutreffend ist (Gerhard mit den eigenen Waffen zu schlagen). Ob der Überraschungseffekt trägt (Gerhard wusste nicht, worum es bei dem Treffen gehen sollte und dass ich Ilse begleiten würde). Ob es mit der Handlungskontrolle klappt (Ilse sollte von Beginn an das Gespräch zumindest verbal dominieren). Während Ilse und Gerhard verzweifelt um das wenige ringen, was ihnen vom Leben geblieben ist, sitze ich als teilnehmender Beobachter daneben und halte mich an meine Rolle. Ilse und ich haben vorher vereinbart, ich solle nur im Notfall eingreifen. Ist das jetzt der Fall? Kippt die Sache gerade?

Ilse nimmt ein Taschentuch zur Hand, schneuzt sich die Nase. Ich sehe Tränen in ihren Augen. Gerhards Blick hat sich unterdessen verändert: als wenn er seine letzte Chance wittern würde, den Spieß doch noch umzudrehen. Im passenden Moment, als sich seine Frau erstmals verletzlich zeigt und angreifbar macht, geht Gerhard in die Offensive und liebkost Ilse mit Worten, die sie schon tausendmal gehört und denen sie genauso oft nachgegeben hat: »Mein Engelchen!« Zärtlich, hingebungsvoll, versöhnlich, aber auch mit einem bestimmenden Unterton. »Engelchen!« Schließlich reicht er Ilse seine kräftigen Hände. »E-n-g-e-l-c-h-e-n!«

Ilse wischt sich die Tränen aus dem Gesicht und lässt das Taschentuch in der Hosentasche verschwinden, den Blick weiter gesenkt. Doch mit einem Mal kehrt ihre Körperspannung zurück, und sie wendet sich ihrem Mann zu: »Mehr habe ich dir nicht zu sagen.« Ilse steht übergangslos auf. »Gerhard, ich wünsche dir alles Gute!« Während er sitzen bleibt, sichtlich überrascht, verlassen wir den Raum und werden von einem Wärter zum Ausgang gebracht. Wir sprechen kein Wort miteinander.

Erst als wir unsere Taschen und Jacken zurückerhalten, löst

sich die Spannung. Ilse weint wieder. Doch diesmal sind es Tränen der Erleichterung und der Freude. »Wir haben es geschafft!«, jubelt sie leise. Spontan nehmen wir uns in den Arm. »Sie haben es geschafft!«, sage ich. »Sie dürfen stolz auf sich sein!«

Draußen wartet das Kamerateam auf uns. Sichtlich gelöst berichtet Ilse, was und wie es eben passiert ist, dass die Trennung vollzogen werden konnte. Niemals zuvor habe ich Ilse so erleben dürfen, als hätte sie ihre Fesseln gesprengt, das eigene Leben zurückerkämpft, die wiedergewonnene Freiheit vor Augen – ein Triumph!

Nachdem ich meinen Auftritt vor der Kamera absolviert habe, ziehe ich mich zurück und spreche das soeben Erlebte, aber auch meine Beobachtungen und Empfindungen auf ein Diktiergerät. Dabei ist mir sehr bewusst, dass Ilses Erfolg schnell zu einem Pyrrhussieg werden könnte, sollte nicht auch der zweite Teil unserer Proaktiven Strategie erfolgreich umgesetzt werden.

Proaktive Strategie, Teil 2

Dieser Plan sieht vor, den Kontakt zu Gerhard keinesfalls wiederaufzunehmen: kein Besuch, kein Brief, kein Telefonat, keine Annäherung. Es darf keinen Grund geben, sich wieder auf ihn einzulassen. Überdies habe ich Ilse geraten, sich eine neue Wohnung in einer anderen Stadt zu suchen. Ferner soll sie sich bemühen, endlich wieder soziale Kontakte zu knüpfen, und den Versuch unternehmen, sich mit ihren Kindern auszusöhnen.

Wünschenswert wäre überdies eine neue Arbeitsstelle, denn die alte hatte sie vor vielen Jahren auf Geheiß ihres Mannes aufgegeben, um fortan von seiner bescheidenen Pension und ihren üppigen Ersparnissen zu leben. Nur wenn es Ilse gelingt, ihre soziale Situation kurzfristig positiv zu verändern, könnte es auch mit der Trennung von Gerhard langfristig klappen.

Ein halbes Jahr später rufe ich Ilse an. Sie ist mittlerweile umgezogen und wohnt in einer Metropole im Rheinland. Ich möchte erfahren, wie es ihr geht, wie es weitergeht.

Sie macht einen aufgekratzten Eindruck und erzählt mir, mit Gerhard endgültig gebrochen zu haben. Seine zahlreichen Briefe habe sie ungelesen in den Mülleimer befördert. Heute sei sie froh, sich von ihm getrennt zu haben, sie könne nicht mehr nachvollziehen, warum sie diesen Schritt so lange gescheut habe. Auch sei es ihr gelungen, Bekanntschaften zu machen, erzählt sie mir, ob daraus Freundschaften werden, bleibe abzuwarten. Und die Kinder? Wenigstens mit ihrem Sohn habe sie sich aussprechen können, das Verhältnis zu ihrer Tochter indes sei zerrüttet. Allerdings habe sich ihre Lebenssituation insgesamt sehr verbessert, nachdem sie mit ihren alten Gewohnheiten gebrochen habe und neue Wege gegangen sei.

Nayara Goncalves

Auch Nayara Goncalves steht nichtsahnend eine besondere Prüfung unmittelbar bevor, als sie um kurz vor 10 Uhr im »Metro PCS« steht, einem Handy-Shop, und auf Kundschaft wartet. Es ist Freitag, der 23. Juli 2010. Nayara stammt aus Brasilien und lebt seit fünf Jahren in Pompano Beach, einer Kleinstadt im Boward County im US-Bundesstaat Florida. Die attraktive 20-Jährige trägt das schulterlange schwarze Haar während der Arbeit zu zwei Zöpfen gebunden und vertraut darauf, dass anständige Arbeit auch belohnt wird, sie glaubt an Gerechtigkeit, an den Sinn des Lebens, an Gott, der sie beschützt und ihr den rechten Weg zeigt.

Die Ladentür wird aufgestoßen, ein Mann betritt den Shop. Er trägt schwarze Schuhe, eine dunkle Hose, schwarze Regenjacke;

den oberen Teil des Gesichts verdeckt eine schwarze Baseballkappe, darüber hat er die Kapuze der Jacke gezogen. Der Mann ist ein Weißer mit Schnurrbart. Seine Bekleidung passt zum miesen Wetter, seit Stunden stürmt und regnet es.

Und so kommt der Mann zuerst auf die widrigen Witterungsverhältnisse zu sprechen, bevor er Nayara fragt, wie es ihr gehe.

»Gut, so weit.«

Der Mann beginnt ein Verkaufsgespräch und fragt nach dem Preis eines grauen Handys, das in der Auslage zu sehen ist, nach dem Preis, nach den Vertragsinhalten.

Nayara beantwortet alle Fragen.

Etwa eine Minute nachdem der Mann den Shop betreten hat, offenbart er seine wahren Absichten. Er tritt einen Schritt zurück, sagt: »Ich hasse es wirklich, das zu tun.« Und zeigt Nayara seine schwarze Pistole, die er unter seiner Jacke versteckt hat.

»Ich habe kein Geld«, entgegnet Nayara.

Der Mann glaubt ihr nicht: »Du musst Geld in deiner Kasse haben, Schätzchen. Ich will 300 Dollar.«

Nayara erwidert darauf nichts. Der Mann sagt auch nichts. Sekundenlanges, lautes Schweigen.

»Du musst keine Angst haben.« Der Mann spricht jetzt leise, fast väterlich.

»Habe ich doch gar nicht.« Nayara gibt sich unbeeindruckt, ein wenig widerspenstig. Und dann geht sie in die Offensive: »Weißt du was, ich werde mit dir über Gott reden.« Nayara hebt die Stimme, bleibt dabei aber ruhig und freundlich.

Der Mann erwidert tonlos: »Es ist mir peinlich, dass ich das tun muss. Aber ich habe keine Wahl.«

»Ich weiß, aber Jesus hat dir etwas Besseres zu bieten«, erwidert Nayara unüberhörbar. »Ich tadele dich nicht. Ich verurteile dich nicht.«

Der Mann schweigt.

»Ich weiß nicht, was du gerade durchmachst«, setzt Nayara nach, »aber wir gehen gerade alle durch schwere Zeiten.«

Volltreffer. Der Mann leidet ebenfalls. Israel Camacho ist geschieden, hat hohe Schulden, kann den Unterhalt für seine Kinder nicht aufbringen, obendrein droht ihm die Zwangsräumung, wenn er nicht bald Geld auftreibt, mindestens 200 Dollar. Verbrechen sind dem 37-Jährigen nicht wesensfremd; seit 1998 musste er mehrere Haftstrafen verbüßen, die letzte vor sechs Jahren, da saß er 18 Monate wegen Betrugs. Und jetzt steht Nayara vor ihm und weigert sich, sein Opfer zu sein.

»Deshalb überfalle ich auch nicht einfach jemanden auf offener Straße.« Israel will kein böser Mensch sein. Seine Taten begeht er nur, weil sie aus seiner Sicht notwendig sind. Außerdem hält er sich für einen frommen Mann: »Ich gehe in die Calway-Kirche.«

»Ich auch. Ich mag Pastor Bob.« Nayara hat ihr Thema gefunden.

»Ja, Pastor Bob«, antwortet Israel nachdenklich. Er kennt den Geistlichen und schätzt ihn.

»Du bist ein Christ wie ich.« Nayara schaut Israel in die Augen. »Warum machst du das dann?«

Keine Antwort.

Nayara fragt nach Israels Familienverhältnissen, erzählt von ihren Freunden, die ihm bei der Jobsuche behilflich sein könnten.

»Ich habe einen Job.« Israel verharrt einen Moment, dann fordert er Nayara auf, die Ladenkasse zu öffnen.

Nayara fügt sich, zieht die Kasse auf und das Zahlbrett heraus, sie zeigt Israel auch die Geldscheine: »Das ist alles, was wir haben.«

»Gehört dir der Laden?«

»Nein, ich arbeite hier nur.«

»Es tut mir leid, aber ich muss das Geld nehmen, das du in der Kasse hast.«

»Durch den Griff in die Kasse wirst du deine Probleme aber nicht lösen. Gott wird das gar nicht gefallen.«

Israel weiß darauf nichts zu sagen. Er wirkt unschlüssig, unsicher.

»Wenn du mir das Geld wegnimmst, werden sie es mir vom Lohn abziehen.«

»Sie werden es dir vom Lohn abziehen?«

»Ja.«

»Entschuldigung!« Israel hebt den Kopf und schaut Nayara kurz an, bevor er kapituliert. »Entschuldigung. Dann lass ich es.« Israel dreht sich um und geht zur Ladentür. »Ich kann dir das nicht antun.«

»Sprich mit einem Pfarrer, er kann für dich beten!«, ruft Nayara ihm hinterher. »Du musst das nicht tun! Die Wiederkehr Jesu steht bevor! Sieh dir die Videos auf YouTube an! Das Ende ist nah! Du hast keine Zeit zu verlieren.«

Als Israel den Shop verlässt, sagt er nur noch diesen einen Satz: »Gott segne dich!«

Um 12.45 Uhr überfällt Israel in Oakland Park, knapp fünf Meilen von Pompano Beach entfernt, ein Schuhgeschäft und erbeutet 250 Dollar. Bereits zwei Tage später wird er festgenommen, weil man ihn anhand der fünfminütigen Videoaufzeichnung des ersten Überfalls identifizieren konnte.

»Es ist traurig. Ich hatte gehofft, Gott würde ihm eine zweite Chance geben«, sagt Nayara missmutig einer Reporterin, nachdem sie von Israels Verhaftung erfahren hat. Und auf die Frage, was sie mit ihrem ungewöhnlichen Verhalten während des Raubüberfalls bezweckt habe, antwortet sie: »Ich wollte ihn einfach nur daran erinnern, dass er es doch besser wusste.«

Erinnern wir uns an dieser Stelle noch einmal an die von mir beschriebenen Meilensteine einer Proaktiven Strategie, die Nayara Goncalves in völliger Unkenntnis geradezu lehrbuchhaft spontan entwickelt und meisterhaft umgesetzt hat.

Meilensteine einer Proaktiven Strategie
Analyse des Sachverhalts bzw. Schwachstellenbewertung der Persönlichkeit und des Verhaltens der Gegenpartei
Nayara realisiert, dass ihr ein Räuber gegenübersteht, der nicht überfallartig agiert, sie nicht übergangslos bedroht oder schlägt, sondern zunächst ein unverfängliches Verkaufsgespräch beginnt und verschiedene Fragen stellt, bevor er die Herausgabe des Geldinhalts der Ladenkasse fordert, als Drohmittel seine Pistole zeigt, sie aber sofort wieder unter der Jacke verschwinden lässt. Auch seine Bemerkung, er tue das nicht gerne, sehe sich aber dazu gezwungen, interpretiert Nayara als ungewöhnliches Täterverhalten. Und je länger sie mit dem Räuber kommuniziert und interagiert, desto überzeugter ist sie, seinen wunden Punkt zu kennen.

Entwicklung einer szenenbasierten, unkonventionellen Strategie
Opfer eines Raubüberfalls verhalten sich gewöhnlich zurückhaltend, mitunter devot, folgen widerspruchslos den Anweisungen des Täters und erhoffen sich von dieser Strategie, die Sache möge glimpflich ausgehen. Ein solches Verhalten erwartet allgemein auch der Täter. Doch Nayara verfolgt eine ganz und gar ungewöhnliche Taktik: Sie bleibt auch bei unmissverständlichen Forderungen des Täters hartnäckig (»Ich habe kein Geld«), gibt sich stets unbeeindruckt (»Ich habe kein Angst«), äußert Verständnis (»Ich tadele dich nicht! Ich verurteile dich nicht!«) und Mitgefühl für den Täter (»Ich weiß nicht, was du gerade durchmachst …«), bietet ihm Handlungsalternativen an (»Du musst das nicht tun, Jesus hat et-

was Besseres anzubieten«), kommuniziert mit ihm auf der Beziehungsebene (»Du bist ein Christ wie ich«) und tritt damit aus der sonst so täterbegünstigenden Anonymität des Opfers heraus. Darüber hinaus antizipiert sie, zu welchen Gelegenheiten (Geldforderung, Verhandlung, Geldübergabe) sie den Täter wie ansprechen muss, um bei ihm das gewünschte Verhalten zu provozieren.

Initiative ergreifen und Überraschungseffekte plazieren

Zunächst begegnet Nayara dem Täter mit der gebotenen Zurückhaltung und ist um Deeskalation bemüht. Sie muss sich erst auf die brenzlige Situation einstellen, orientieren. Dann aber wird sie unvermittelt initiativ und überrascht ihren Widersacher: »Weißt du was, ich werde mit dir über Gott reden.« Mit einem so kommunikativen und resoluten Opfer hat der Täter nicht gerechnet; auch nicht mit Nayaras Finte, das geraubte Geld würde ihr vom Lohn abgezogen werden. Sie sagt in diesem Punkt bewusst nicht die Wahrheit und spekuliert darauf, dass der augenscheinlich so fromme Mann ein Einsehen haben könnte. Oder Mitleid. So gelingt es Nayara, zwischen sich und dem Täter eine persönliche Beziehung herzustellen, die Tat wird nun nicht mehr gegen eine unbekannte Person durchgeführt (Ladenbesitzer), sondern würde Nayara unmittelbar belasten.

Handlungskontrolle gewinnen und die Strategie entsprechend konsequent fortführen

Nach etwa einer Minute gelingt es Nayara, die ihr zugedachte Rolle neu zu definieren, als sie von sich aus ein religiöses Thema anspricht und den Täter zum Nachdenken zwingt. Dadurch verschafft sie sich nicht nur Zeit, sondern übernimmt zumindest vorübergehend die Handlungskontrolle. Sie gibt dem Räuber keine Gelegenheit zur Überlegenheit. Auch ihre Strategie, den Täter weiterhin in Gewissensnot zu halten, führt sie konsequent fort, indem sie bei

jedem sich bietenden Anlass entsprechende Botschaften formuliert
(»Jesus hat etwas Besseres zu bieten«) und Handlungsalternativen
aufzeigt (»Ich habe Freunde, die dir helfen können«, »Du musst
das nicht tun«).

Nayara interagiert mit dem Räuber auf zwei Ebenen: Einerseits
weckt sie Gefühle und Selbstzweifel in ihm, andererseits drängt sie
ihn mehr und mehr aus der Rolle des Täters heraus; nach etwa drei-
einhalb Minuten mutet das Szenario nicht mehr wie ein Raubüberfall an, sondern erinnert eher an eine missionarisch eingefärbte
Diskussion, die dem Täter moralische Bedenken kommen lässt, ein
komplexer Mix aus Verantwortungs- und Schuldbewusstsein. Und
dieser daraus entstehenden Gewissensnot sieht sich der Täter
schließlich nicht mehr gewachsen und tritt von seinem Raubüberfall ernüchtert und betroffen zurück: »Entschuldigung, ich kann dir
das nicht antun.«

Die Dinge in die Hand nehmen, das Drehbuch ändern, vorausschauend agieren, überraschend handeln – wichtige Etappen pro-
aktiver Strategien, die nicht nur bei der Bekämpfung des Verbrechens erfolgreich eingesetzt werden, sondern in sämtlichen
Lebensbereichen Anwendung finden (siehe beispielhaft auch die
nachfolgende Checkliste für die Vorgehensweise bei einem Beratungsgespräch) und erstaunliche Erfolge erbringen können; der
eigenen Phantasie und Kreativität sind dabei keine Grenzen gesetzt – schreiben Sie doch auch einmal bei passender Gelegenheit
ihr eigenes Drehbuch, übernehmen Sie die Regie, überraschen Sie
sich und Ihre Mitmenschen!

Checkliste
Proaktive Strategie

(Beispiel:
Gespräch mit Bankberater wegen Investition)

Schwachstellenanalyse (Bankberater)
▸ Beratungsgespräch = Verkaufsgespräch
▸ provisionsorientiertes Handeln
▸ hoher Erfolgsdruck
▸ Kundenzufriedenheit kein lohnenswerter Anreiz
▸ Favorisierung hauseigener Produkte
▸ hohe Rendite = hohes Risiko
▸ Aufklärungspflicht nur bei Kommissionsgeschäft
▸ keine internen Konsequenzen bei Fehlberatung
▸ keine Garantie für vorgeschlagene Anlagestrategie
▸ auf bestimmte Produkte begrenztes Fachwissen
▸ unzureichende Dokumentation (Beratungsprotokoll)
▸ unseriöses/manipulatives Verhalten
▸ Verzicht auf Fragen zur Person (Vermögen etc.)
▸ Verzicht auf Fragen zur Sache (Anlageziele etc.)
▸ Verzicht auf Festlegung Risikoprofil
▸ unangemessene Verbindlichkeit/Freundlichkeit
▸ Erzeugen von Zeitdruck
▸ Pseudoprivilegien als langjähriger Kunde
▸ Pseudoargumente für/gegen bestimmte Produkte
▸ hohe Rendite bei hoher Sicherheit
▸ Produkt als angeblicher Geheimtipp

- verbale Irreführung (»Rendite-Chance«)
- Entscheidungsverengung (Produkt »alternativlos«)
- Bonus-Lüge (schneller Abschluss = höhere Rendite)
- Querverkäufe (z. B. Versicherungen)
- unnötige Vermögensumschichtung (Provisionen)
- Gebrauch vieler Fach-/Fremdwörter
- auf bloßen Schätzungen basierende Gewinnprognosen
- vermeintliche Produktknappheit
- Beharren auf Unterschriftsleistung
- Anbieten von Geschenken

Strategie (szenenbasiert)
- Vorbereitung auf Beratungsgespräch
- Checkliste »Geldanlageberatung« (Internet)
- Infos einholen zu Bank/Bankberater
- Kassensturz
- Marktüberblick verschaffen
- Sach-/Fachkenntnisse aneignen
- Anlagedauer/-ziele/-horizonte dokumentieren
- Training/Rollenspiele
- Checkliste für eigenes Beratungsgespräch
- Alternative: neutrale Honorarberatung
- Beginn des Beratungsgesprächs
- angemessene Kleidung
- keine Annahme von Geschenken
- Qualifikation des Beraters erfragen
- Berater-Fragen zu Person/Investition/Risikoprofil
- eigene Unterlagen vorlegen
- ggf. Thema selbst ansprechen
- Provisionen/Kosten für Berater/Produkt erfragen und im Protokoll festhalten lassen
- Finanzprodukt/Rendite

- Verständnis-/Testfragen stellen
- juristische Formulierungen erklären lassen
- Zahlenbeispiele/Diagramme kritisch hinterfragen
- Gewinnentwicklung/-erwartung dokumentieren lassen
- bei Behauptungen/Prognosen nach Fakten fragen
- Auszeichnungen (»Testsieger«) misstrauen
- Erwartungs-/Zeitdruck
- zweites Treffen vorschlagen
- Wechsel des Beraters ankündigen
- Bitte um persönliche Rücksprache mit Filialleiter
- Querverkäufe ablehnen (ggf. Unterlagen aushändigen lassen)
- Beratungsprotokoll
- Richtigkeit/Vollständigkeit prüfen
- ggf. Nachbesserungen verlangen
- keine Unterschrift leisten
- Nachbereitung
- Kernaussagen/Unterlagen prüfen
- ggf. extern durchführen lassen
- Vergleichsangebote einholen

Initiativen/Überraschungseffekte
- themenbezogene/szenenbasierte Vorbereitung
- Zeugen für Beratungsgespräch mitbringen
- Dokumentation durch Zeugen (Diktiergerät/Notizen)
- an eigenes Drehbuch (vorbereitete Checkliste) halten
- für jede Behauptung Fakten/Beweise einfordern
- unseriöses/manipulatives Verhalten direkt ansprechen
- Aushändigung Beratungsprotokoll verlangen

Handlungskontrolle/Konsequenz

- ▶ Handlungssicherheit durch Vorbereitung/Fachlichkeit
- ▶ starkes Selbstkonzept durch Eigeninitiative
- ▶ selbstbestimmtes Handeln durch strategische Ausrichtung
- ▶ Aufmerksamkeitskontrolle durch Arbeitsteilung (Zeuge)
- ▶ Handlungskompetenz durch szenenbasiertes Training
- ▶ Affektkontrolle durch realistische Zielsetzung

6
Jetzt mal ehrlich!

»O weh der Lüge!
Sie befreiet nicht wie jedes andre,
wahrgesprochne Wort die Brust.
Sie macht uns nicht getrost.
Sie ängstet den, der sie heimlich schmiedet,
und sie kehrt, ein losgedruckter Pfeil,
von einem Gotte gewendet und versagend,
sich zurück und trifft den Schützen.«

Johann Wolfgang von Goethe,
Iphigenie

»Was du teurer bezahlst, die Lüge oder die Wahrheit?
Jene kostet dein Ich, diese doch höchstens dein Glück.«

Christian Friedrich Hebbel,
Lüge und Wahrheit

Der Fall:
Mordverdacht

Donnerstag, 12. August 1982, 14.55 Uhr. Auf einer Polizeiwache im niedersächsischen Osnabrück.

»Michaela ist weg.« Das sind Sabine Eichlers erste Worte, als sich der Polizist nach dem Grund ihres Erscheinens erkundigt. Die 26-jährige Visagistin berichtet weiter, sie habe ihre 5-jährige Tochter kurz vor dem Mittagessen das letzte Mal gesehen: beim Spielen im Garten vor dem Haus. »Sie muss weggelaufen sein«, vermutet ihre Mutter. Sabine Eichler wirkt auf den Beamten gefasst, keine Spur von Erregung oder Angst.

Wenn ein Kind seinen gewöhnlichen Lebensraum verlassen hat und unauffindbar ist, sehen die internen Richtlinien der Polizei vor, unverzüglich zu handeln. Die wenige Minuten nach der Vermisstenmeldung anlaufende Fahndung erstreckt sich zunächst auf den Ortsteil Sutthausen, denn dort wohnt die Familie Eichler in einem Vier-Parteien-Haus, und in der angrenzenden ländlichen Umgebung gibt es für Kinder zahlreiche Spiel- und Versteckmöglichkeiten, die Michaela, nach Angaben ihrer Mutter, auch kennt. Mehrere Streifenwagen und ein Hubschrauber beteiligen sich an der Suche, aber auch die Nachbarn der Eichlers und viele Einwohner von Sutthausen sind unterwegs. Nur die Mutter der Vermissten hält sich zurück, sie steht abends vor ihrer Wohnungstür und raucht, scheinbar teilnahmslos. Bei einbrechender Dunkelheit wird die Fahndung nach Michaela letztlich erfolglos abgebrochen.

Um am nächsten Morgen wieder aufgenommen zu werden. Mittlerweile hat sich Michaelas Verschwinden in der Stadt herumgesprochen. Nicht wenige Bürger befürchten das Schlimmste.

Gegen 13.30 Uhr endet die Suche letztlich tragisch, als ein Spürhund der Polizei den Leichnam des Mädchens an einem Bahndamm aufstöbert, nur wenige hundert Meter vom Elternhaus des Kindes entfernt. Schon der äußere Anschein lässt die Polizisten mit hoher Wahrscheinlichkeit annehmen, dass es sich nicht um einen Unglücksfall, sondern um einen Mordfall handeln dürfte.

Der rechtsmedizinische Befund bestätigt den Verdacht: Michaela ist erdrosselt worden, höchstwahrscheinlich in den frühen Abendstunden des vorherigen Tages. Tatort und Fundort sind wohl identisch, denn im Knoten der Strumpfhose, die der Täter seinem Opfer um den Hals geschlungen hat, stecken Rückstände einer Krautpflanze (»Wilde Möhre«), wie sie nur am tatortnahen Bahndamm wächst. Nun muss eine Mordkommission versuchen, die Umstände dieser abscheulichen Tat aufzuklären, die viele Bürger der Stadt erschüttert, verstört, fassungslos macht, Anteil nehmen lässt.

Eher distanziert und teilnahmslos haben die Eltern auf den gewaltsamen Tod ihres Kindes reagiert, jedenfalls berichtet dies ein Kriminalbeamter, der Sabine und Heinz Eichler (30, von Beruf Betonbauer) die Todesnachricht überbringen musste; Tränen als Zeichen der Erschütterung oder des Entsetzens habe er bei den Eltern jedenfalls nicht beobachten können, überhaupt sei die Begegnung merkwürdig verlaufen – als hätten Sabine und Heinz Eichler von dem Mord an einem anderen Kind erfahren, als wären sie lediglich teilnehmende Beobachter eines sie gar nicht betreffenden Ereignisses gewesen.

Um Zeugen zu finden, fährt noch am selben Abend ein Lautsprecherwagen durch Sutthausen, er ist mit großflächigen Fotos des getöteten Mädchens beklebt. Daraufhin gehen zahlreiche Hinweise bei der Kripo ein, doch nur einer davon ist nach Einschätzung der Fahnder ermittlungsrelevant. Eine ältere Dame berichtet, während ihres nachmittäglichen Spaziergangs eine Radfahrerin beobachtet zu haben, die in der Nähe des Leichenfundortes unterwegs gewesen sei, und zwar mit einem Mädchen auf dem Gepäckträger, bekleidet mit einer gelben Regenjacke. Das Interessante daran: Auch Michaela soll zum Zeitpunkt ihres Verschwindens eine solche Jacke getragen haben. Doch dieser Hinweis bringt die Fahnder letztlich nicht auf die Spur des Täters. Oder sucht man nach einer Täterin?

Neue Ermittlungsansätze ergeben sich erst wieder, als das Landeskriminalamt Niedersachsen mitteilt, Michaela habe zum Zeitpunkt ihrer Entdeckung eine mit Urin durchweichte Unterhose getragen, gleichwohl seien an ihrer Stoffhose keine entsprechenden Spuren nachzuweisen gewesen. Die Ermittler schlussfolgern daraus, Michaela könnte die Hose nach dem Besuch des Kindergartens gewechselt haben. Dieser Annahme widerspricht indes Sabine Eichler, die gebetsmühlenartig behauptet, Michaela sei bereits mit besagter Stoffhose bekleidet gewesen, als sie ihre Tochter morgens im Kindergarten abgegeben habe.

Weil dieser gravierende Widerspruch nicht aufgeklärt werden kann und die Gesamtumstände, insbesondere das atypische und widersprüchliche Verhalten der Mutter diese tatverdächtig erscheinen lässt, wird durch den Ermittlungsrichter die Durchsuchung der Wohnung von Sabine und Heinz Eichler angeordnet. Doch erst das einige Tage später vorliegende Ergebnis weiterer kriminaltechnischer Untersuchungen verstärkt den Verdacht, zumindest die Mutter könnte an Michaelas Tötung unmittelbar beteiligt gewesen sein. Denn an einem in der Wohnung von Sabine Eichler sichergestellten Pullover haben die Experten des Landeskriminalamtes die gleichen Pflanzenreste entdeckt, wie sie auch an Michaelas Kleidung gefunden wurden – und die wachsen ausschließlich im Bereich des Bahndamms, dort, wo das Opfer getötet und gefunden worden ist.

Allerdings reichen die vorliegenden Indizien nicht aus, um die Mordverdächtige in Untersuchungshaft nehmen zu können. Denn: Nach Einschätzung des Rechtsmediziners soll Michaela mit hoher Wahrscheinlichkeit zwischen 16 Uhr und 22 Uhr getötet worden sein. Und weil Sabine Eichler bereits um 14.55 Uhr des Tattages ihre Tochter als vermisst gemeldet und anschließend stundenlang gemeinsam mit Polizisten nach Michaela gesucht hat, kann sie demnach nicht an zwei Orten gleichzeitig gewesen sein. Ihre Unschuld beteuern Sabine und Heinz Eichler Tage später auch in einem Brief, den sie in der Nachbarschaft verteilen: »Wir Eltern haben mit dem Verbrechen an unserer geliebten Tochter Michaela wirklich rein gar nichts zu tun ...« Die Angesprochenen reagieren jedoch nicht auf dieses Schreiben, sie schweigen und denken sich ihren Teil. Restverdacht.

Der besteht trotz aller Unwägbarkeiten auch nach Ansicht von Kripo und Staatsanwaltschaft weiter fort. Allerdings verfügen die Verbrechensbekämpfer über keinen unwiderlegbaren Beweis für Sabine Eichlers Täterschaft. Und es ist ihnen bislang nicht gelungen, herauszufinden, aus welchem Grund die Verdächtige ihre Tochter getötet haben sollte. Letztlich müssen die Ermittlungen ein halbes Jahr später eingestellt werden, der Mord an Michaela bleibt ungesühnt.

Im März des Jahres 2005 schreibt Gertrud Baier einen Brief an die Kripo in Osnabrück. Die 31-Jährige verbüßt zu dieser Zeit eine mehrmonatige Haftstrafe wegen Diebstahl. Sie wolle einen Mord zur Anzeige bringen, teilt die Frau mit. Ihre Tante – es ist Sabine Eichler – habe 1982 die eigene Tochter erdrosselt. Sie selbst, Gertrud Baier, sei Augenzeugin des Verbrechens gewesen, verborgen hinter einem Busch. Viele Jahre habe sie unter diesem traumatischen Erlebnis zu leiden gehabt: »Das Ganze macht mich kaputt. Ich muss mit der Vergangenheit abschließen.« Erst jetzt habe sie sich dazu durchringen können, die damaligen Ereignisse auch ungeschützt mitzuteilen.

Das tut sie auch den Beamten der Osnabrücker Mordkommission gegenüber, die sich das damalige Geschehen interessiert und ausführlich schildern lassen. Michaela sei damals eine ihrer Spielkameradinnen gewesen, die sie auch am Tag des Mordes nach der Schule besucht habe, berichtet Gertrud Baier mit tränenerstickter Stimme. Nach etwa einer halben Stunde sei sie von Michaelas Mutter weggeschickt worden. Sabine Eichler habe kurz darauf mit ihrer Tochter die Wohnung verlassen und sei mit dem Fahrrad fortgefahren. Kurz entschlossen habe sie, die Zeugin, sich ihr eigenes Rad geschnappt und sei Sabine Eichler heimlich hinterhergefahren. Michaela habe ihr währenddessen mit einem roten Feuerwehrauto in der Hand stumm zugewinkt.

Sie, die Zeugin, sei Sabine Eichler mit etwas Abstand gefolgt, entweder auf der anderen Straßenseite oder auf einem parallel verlaufenden Radweg, bis zu einem kleinen Hügel an einem Bahndamm. Während Sabine Eichler dort angehalten und das Fahrrad abgestellt habe, sei sie, Gertrud Baier, vom Rad abgestiegen, habe sich herangepirscht und hinter Büschen verstecken können.

»Sabine stand mit dem Rücken zu mir und schlug die kleine Michaela«, schluchzt Gertrud Baier und senkt den Blick. »Dann legte sie ihr etwas um die Schulter. Ich sah nur noch, wie sie mit den Armen zappelte. Als das aufhörte, lief ich weg.«

Als sie davongerannt sei, hätten die Äste unter ihren Schuhen nachgegeben und geknackt. Sie habe sich auf ihr Kinderrad gestürzt, sei sofort losgeradelt: »Ich hatte Angst, ich wollte nur noch nach Hause.« Sie habe sich während der Flucht mehrmals umgedreht und sehen können, wie Sabine Eichler immer näher gekommen sei und gerufen habe: »Du Krücke, bleib stehen!« Erst an einer Bushaltestelle sei sie von Sabine Eichler eingeholt worden, die ihr gedroht habe: »Das wird dir sowieso keiner glauben. Und wenn du was sagst, wird es dir genauso ergehen – du weißt ja jetzt, was dich dann erwartet!«

Auch als Erwachsene sei Gertrud Baier Opfer ihrer Ängste geworden, deshalb habe sie es nie lange in einer Stadt ausgehalten, sei häufiger umgezogen, erzählt sie den Beamten. Um die ständigen Orts- und Tapetenwechsel überhaupt finanzieren zu können, habe sie gelegentlich kleine Gaunereien begangen oder bei sich bietender Gelegenheit Geld gestohlen. Verzweifelte Augenblickstaten, bedingt durch unverschuldete seelische und finanzielle Nöte, die sie schließlich ins Gefängnis gebracht hätten. Erst hier habe sie die Tragweite ihres kindlichen Traumas realisiert und sich deshalb zu einer Aussage bei der Polizei entschlossen: »Ich wollte nicht mehr weglaufen und keine Angst mehr haben müssen!«

Obwohl Gertrud Baiers Aussagen sehr detailreich sind, mit den tatrelevanten Gegebenheiten übereinstimmen und durchaus plausibel erscheinen, muss die Frau die Unwahrheit gesagt haben. Denn, folgt man dem rechtsmedizinischen Befund aus dem Jahr 1982, kann sich die Tat zwar, wie beschrieben, durchaus so zugetragen haben, nur nicht zu der genannten Uhrzeit: Michaelas Tod soll schließlich frühestens gegen 16 Uhr eingetreten sein.

Soll. Das Gutachten ist mittlerweile 22 Jahre alt, die rechtsmedizinischen Analyse- und Berechnungsmethoden sind in der Zwischenzeit weiter verfeinert worden. Um jeden vernünftigen Zweifel auszuschließen, wird von der Staatsanwaltschaft vorsorglich eine neue Expertise in Auftrag gegeben. Als das Ergebnis einige Tage später vorliegt, ist die Überraschung groß. Denn der neue Todeszeitpunkt wird auf 13 bis 14 Uhr vorverlegt. Dem ersten Sachverständigen war bei seinen Untersuchungen ein Rechenfehler unterlaufen, der unbemerkt blieb. Damit ist die

Glaubwürdigkeit der Zeugin wiederhergestellt und das Alibi von Sabine Eichler pulverisiert.

Der im weiteren Verlauf der Ermittlungen insbesondere durch Aussagen von Gertrud Baiers Mutter genährt wird. Die 56-Jährige berichtet nämlich, nach Michaelas Ermordung habe ihre zuvor kontaktfreudige Tochter unverständlicherweise nicht mehr draußen spielen wollen, sei in sich gekehrt gewesen, wortkarg, still geworden. Auch in der Schule habe es plötzlich massive Probleme gegeben. Ihre Tochter sei nachts wach geworden, habe häufig geweint. »Sie lag da vor meinem Bett, und sie hatte meine Hand ganz fest gefasst«, erinnert sich die Zeugin mit Tränen in den Augen. »Damals war ich doch vollkommen ahnungslos, warum sie solche Ängste auszustehen hatte.«

Die Kripo vereinbart mit Gertrud Baier eine Tatortbegehung. Dabei soll sie den Beamten bestimmte Etappen des Verbrechens an Michaela zeigen und die Abläufe möglichst präzise schildern, sofern ihr dies nach so langer Zeit überhaupt noch möglich ist. Das Ergebnis überzeugt die Ermittler vollends: Letztlich gelingt es Gertrud Baier nicht nur, alle relevanten Örtlichkeiten von sich aus zu finden, sie erinnert sich sogar spontan an eine ältere Dame, die sich damals in der Nähe des Bahndamms aufgehalten habe; dabei handelt es sich um die mittlerweile verstorbene Zeugin, deren Existenz der Öffentlichkeit aus ermittlungstaktischen Gründen bislang vorenthalten worden ist, denn die Frau hatte, wie bereits gesagt, seinerzeit berichtet, zur tatkritischen Zeit in der Nähe des Tatortes eine Radfahrerin mit einem Mädchen auf dem Gepäckträger beobachtet zu haben, das wie Michaela bekleidet gewesen sei.

Gertrud Baier hat damit zumindest partiell Wissen preisgegeben, über das nur jemand verfügen kann, der die damaligen Geschehnisse auch tatsächlich beobachtet hat. Und ebendieser besondere Umstand macht sie nach Einschätzung von Kripo und

Staatsanwaltschaft zu einer absolut glaubwürdigen Belastungszeugin – und im Umkehrschluss Sabine Eichler damit abermals zu einer dringend Mordverdächtigen.

Gegen diese wird indes noch kein Haftbefehl beantragt, weil zunächst das Gutachten eines Professors für gerichtliche Psychologie abgewartet werden soll, der europaweit unbestritten zu den führenden Experten auf dem Gebiet der Glaubwürdigkeitsbegutachtung von Zeugenaussagen und Geständnissen zählt.

Die sogenannte Exploration findet jedoch nicht im Gefängnis statt, Gertrud Baier ist unterdessen in der Psychiatrie untergebracht worden – Diagnose: »Borderline-Persönlichkeitsstörung«. Dieses Krankheitsbild wird geprägt von gesteigerter Impulsivität, Instabilität in sozialen Beziehungen, Stimmung und Selbstbild. Dabei werden insbesondere bestimmte Bereiche der Emotionalität, des Denkens und des Handelns beeinträchtigt. Gerade Menschen mit derartig abnormen Ausprägungen ihrer Persönlichkeit gelten nicht nur bei Ermittlungsbehörden, sondern auch vor Gericht als Zeugen, die manipulativ und hochsuggestibel sein können, aber auch dazu neigen, sich mit ausgedachten Geschichten interessant zu machen oder ihrem sozialen Umfeld zu schaden.

Gertrud Baier ist fraglos eine hochproblematische Person, insbesondere unzählige Selbstverletzungen und mehrere Selbstmordversuche zeugen davon. Hinzu kommt, dass sie mit insgesamt fünf Männern fünf Kinder gezeugt hat, die sämtlich bei Pflegefamilien untergebracht sind. Gertrud Baier blickt auf ein unstetes, verpfuschtes Leben zurück. Wie es mit ihr weitergehen wird, ist ungewiss.

Dem Gutachter will sie von ihrem Vorleben jedoch nichts erzählen und beschränkt sich auf die abermalige Schilderung ihrer Erlebnisse vom 12. August 1982. Als sie damit fertig ist, erklärt Gertrud Baier, schon im Jahr 2002 bei einer mehrmonatigen

Haftverbüßung der Anstaltspsychologin von ihrem Kindheitstrauma berichtet und die Ermordung von Michaela sogar schriftlich niedergelegt zu haben. Und es soll vor der Tat bereits zwei Mordversuche an Michaela gegeben haben, die von ihr, Gertrud Baier, ebenfalls miterlebt worden seien. Ihren lebhaften Schilderungen nach – immer wieder unterbrochen von heftigen Weinkrämpfen – habe Sabine Eichler das spätere Mordopfer einmal die Treppe hinuntergestoßen und zu einer anderen Gelegenheit versucht, das Kind mit Fleckenwasser zu vergiften. Letztlich sei es nur deshalb nicht zur Vollendung gekommen, weil Gertrud Baier rechtzeitig eingeschritten sei und damit das Schlimmste verhindert habe.

Der Sachverständige ist sich einerseits der besonderen Befindlichkeit der Zeugin bewusst, andererseits lehrt die Erfahrung, dass auch psychisch gesunde Zeugen nach belastenden Erlebnissen verhaltensauffällig werden und verstört sind. Der Experte geht letztlich davon aus, dass Gertrud Baier ihre Angaben höchstwahrscheinlich nicht erfunden haben kann, dafür hätte sie den Inhalt der Gerichtsakten kennen müssen. Auch seien während der Gespräche mit ihr keine typischen Hinweise für eine vorsätzliche Falschaussage zu beobachten gewesen. Überdies habe Gertrud Baier die ältere Dame am Bahndamm erwähnt – ein nicht zu widerlegendes Kennzeichen für die Glaubhaftigkeit der Schilderungen.

Kurz nachdem das Gutachten der Staatsanwaltschaft vorliegt, wird Sabine Eichler verhaftet. Die mittlerweile 48-Jährige lebt nach wie vor in Osnabrück, hat sich jedoch vor einigen Jahren scheiden lassen und wohnt nun mit einem drei Jahre jüngeren Mann zusammen. Duplizität der Ereignisse: Als die Mordverdächtige von zwei Kriminalbeamten abgeholt und mitgenommen wird, zeigt sie sich – ähnlich wie 1982 – keineswegs überrascht, weist den ungeheuerlichen Vorwurf nicht empört zurück, auch lässt sie keine Erleichterung erkennen, dass es nun endgültig vorbei sein könnte mit dem ihr unterstellten schlechten Gewissen.

Noch während der Fahrt ins Polizeipräsidium wollen die Ermittler mit der Beschuldigten ins Gespräch kommen, doch die zuckt nur mit den Schultern und erweckt den Eindruck, als ginge sie das alles nichts an; selbst den genauen Todestag ihrer Tochter weiß sie nicht. Später wird einer der Kriminalbeamten angesichts dieses Verhaltens sagen: »Ich habe in meinen 33 Dienstjahren noch nie eine so eiskalte Frau gesehen!« Und die soll nach neuester Einschätzung der Ermittler für den Mord an ihrer Tochter ein handfestes Motiv gehabt haben: Michaela sei ein uneheliches, schwieriges Kind gewesen, dass einer außerehelichen Beziehung im Wege gestanden habe – deshalb auch die beiden vorherigen Mordversuche an dem Mädchen.

Der einmalig anmutende Fall macht bundesweit Schlagzeilen. »Es ist eine extreme Geschichte, wie ich sie noch nie gehört habe«, erklärt ein namhafter Kriminologe in einem Interview. »Das junge Mädchen wird das Ereignis wie eine Perle in einer Muschel tief in ihrem Innersten eingeschlossen haben.« Der Experte will auch wissen, warum Gertrud Baier gerade jetzt zu einer belastenden Aussage bereit gewesen sei: »Als Erwachsene wird sie die Stärke gefunden haben, um die schwere Last abzuwerfen.« Dazu genüge bereits ein kleiner Anstoß, eine Begegnung mit einem anderen Menschen oder ein Ereignis, das die Frau gestärkt und gestützt habe. Denn: »Damals konnte sie als Kind nicht anders handeln.«

Ähnlich beurteilt der Staatsanwalt die Verdachtslage und erhebt gegen Sabine Eichler Anklage wegen heimtückischen Mordes an ihrer Tochter. Zudem wird ihr vorgeworfen, bereits einige Wochen vorher versucht zu haben, Michaela zu vergiften. Nach dem Ergebnis der Ermittlungen sei davon auszugehen, dass sie ihre Tochter damals aufgefordert habe, mit Fleckenwasser vermischte Milch als vermeintliche Medizin zu trinken. Michaela habe indes nur einen Teil der Flüssigkeit heruntergeschluckt, der Rest sei von ihrer Cousine (Gertrud Baier) rechtzeitig weggeschüttet worden, deren Aussage als »glaubhaft« eingestuft wird. Die Angeschuldigte selbst bestreitet nach wie vor, ihre Tochter getötet zu haben: »Michaela war doch mein Ein und Alles!«

Es gibt nur sehr wenige Menschen, die an Sabine Eichlers Unschuld glauben. Eine davon ist ihre Rechtsanwältin. Die erfahrene Strafverteidigerin sieht in Gertrud Baier eine »hochgradig suggestible« Zeugin, die sich nicht an der Wahrheit orientiere, sie strebe vielmehr nach Anerkennung und wolle Michaela »nachträglich retten«, indem sie den erfundenen und immer wieder modifizierten Mordverdacht gegen ihre Mandantin äußere. Und dabei habe sie von den übereifrigen und einseitig ermittelnden Beamten der Mordkommission, aber auch durch die Vertreter der Staatsanwaltschaft ungerechtfertigte bzw. unprofessionelle Unterstützung erfahren. Auch die vermeintliche Verhinderung der Vergiftung Michaelas passe ins Bild eines Möchtegern-Rettungsengels. Merkwürdig sei ferner, dass die angebliche Niederschrift des Verbrechens, angefertigt vor Jahren während einer Haftzeit, nirgends aufzufinden sei. Das von Gertrud Baier behauptete jahrzehntelange Bedrohungsszenario durch ihre Tante hält die Anwältin ebenfalls für eine faustdicke Lüge; schließlich habe es viele Jahre hinweg eine räumliche Trennung sowie keinerlei Kontakte zwischen den Frauen gegeben.

Und wie verhält es sich mit Gertrud Baiers Erinnerung an die ältere Dame am Bahndamm, von der sie nach Lage der Dinge nichts gewusst haben kann, es sei denn, sie wäre tatsächlich Augenzeugin gewesen? Diesen Umstand erklärt die Verteidigerin damit, dass verschiedene Anwälte der Familie nachweislich Akteneinsicht genommen hätten und die exklusiven Informationen auf diesem Wege auch an Gertrud Baier herangetragen worden sein könnten.

Die Gegenrede der Verteidigung zeigt Wirkung, jedenfalls lässt der Gerichtsgutachter, der Gertrud Baiers Aussagen als insgesamt glaubwürdig eingestuft hat, der Staatsanwaltschaft mitteilen: Wenn die Anstaltspsychologin, die Gertrud Baier seinerzeit betreut hat, von dem Mord an Michaela nichts gewusst habe und die schriftlichen Unterlagen gar nicht existent seien, dann könnte es sich bei den behaupteten Beobachtungen der Belastungszeugin um Scheinerinnerungen handeln. Allerdings zeigt sich der Staatsanwalt davon unbeeindruckt, er hält Sabine Eichler trotz der neuesten Erkenntnisse für eine gewissenlose und kaltblütige Mörderin, die ihrer gerechten Strafe zugeführt werden muss: Lebenslänglich.

Auch während der Hauptverhandlung vor dem Landgericht Osnabrück präsentiert sich Sabine Eichler als eine emotional unterkühlte, nüchterne Person, die selten Gemütsregungen erkennen lässt. »Ich war schon eine gute Mutter«, erklärt sie auf Befragen des Vorsitzenden das damalige Verhältnis zu ihrer Tochter. Sie selbst sei ein uneheliches Kind gewesen und habe ein schlechtes Verhältnis zu ihrer Mutter gehabt, von der sie häufiger geschlagen worden sei. Ihren Ex-Ehemann habe sie kurz nach der Geburt von Michaela kennengelernt und ihm sofort von dem Kind erzählt: »Das war aber kein Problem für ihn.«

Michaela sei ein ruhiges, eher schüchternes Mädchen gewesen, versichert Sabine Eichler. »Natürlich hatte ich Gefühle für sie. Ich habe ihren Tod sehr bedauert«, rechtfertigt sie sich, das Bild einer unbarmherzigen bzw. gefühlskalten Mutter entspreche nicht der Realität. Und die entscheidende Frage des Vorsitzenden, ob sie etwas mit Michaelas Tod zu tun gehabt habe, beantwortet die Angeklagte mit einem knappen, aber entschiedenen: »Nein!«

Eine andere Sicht der Dinge vertritt indes Gertrud Baier, als sie Rede und Antwort stehen muss. Stundenlang beschreibt die Hauptbelastungszeugin, was und wie sie am 12. August 1982 beobachtet haben will; doch immer wieder muss der Vorsitzende wegen wichtiger Details nachfragen und Gertrud Baier Zitate aus ihren Vernehmungen vorhalten – trotzdem bleibt ihre Aussage in den entscheidenden Passagen merkwürdig lückenhaft; es sind lediglich Erinnerungsfetzen, die kein klares Bild ergeben. Nur den Weg zum Bahndamm kann die Zeugin sehr genau skizzieren, wie sie ihrer Tante heimlich gefolgt, wie sie mit ihrem Kinderfahrrad durch das nahe gelegene Einkaufszentrum gefahren sei, während sie Sabine Eichler und Michaela auf der anderen Straßenseite beobachtet habe. Auch Lage und Erscheinungsbild der Bushaltestelle, an der sie von Sabine Eichler nach dem Mord mit dem Tode bedroht worden sein will, weiß Gertrud Baier differenziert zu beschreiben.

Der Vorsitzende hat mittlerweile ernste Zweifel, ob die Aussagen der Zeugin tatsächlich belastbar sind. Er nimmt die Sache schließlich selbst in die Hand und stellt Anfragen an das Katasteramt und die örtlichen Verkehrsbetriebe. Das Ergebnis ist ein Paukenschlag und düpiert die Anklagevertretung: Das Einkaufszentrum wurde nämlich, wie auch die Bushaltestelle, erst vier Jahre nach dem Mord gebaut. Demnach muss Gertrud Baier gelogen haben. Doch auch als der Vorsitzende die nun ehemalige Belastungszeugin mit dem Ergebnis seiner Nachforschungen konfrontiert, beharrt Gertrud Baier auf ihrer Aussage: »Ich bin da durchgefahren.«

»Seit heute besteht die Möglichkeit, dass die Zeugin irreale Details produziert«, urteilt der Sachverständige und rückt nun vollends von seinem Gutachten ab. Der Mord an ihrer Cousine sei lebensgeschichtlich ein hervorstechendes Ereignis gewesen, durch die jahrelange gedankliche Auseinandersetzung mit der Tat habe Gertrud Baier in diesem gewaltsamen Tod den Grund für ihr eigenes seelisches Leid und soziales Scheitern gefunden. Diese Form der Selbsteinbildung sei zudem durch vorverurteilende Aussagen im sozialen Umfeld begünstigt worden, indem Verwandte Sabine Eichler bedenkenlos als mutmaßliche Täterin denunziert hätten. Diese verhängnisvollen Verflechtungen aus eigenem Versagen und familiären Schuldzuweisungen haben nach Einschätzung des Experten Gertrud Baier letztlich annehmen lassen, sie sei tatsächlich Zeugin eines Mordes geworden.

Die daraus folgende justizielle Entscheidung ist zwingend: Freispruch für Sabine Eichler, die still zu weinen beginnt, nachdem der Vorsitzende das Urteil verkündet hat. Sein Fazit: »Im Grunde können wir alle nicht mit diesem Verfahren zufrieden sein. Viele Fragen haben sich nicht klären lassen. Es ist uns nicht gelungen, den Täter zu überführen.« Dennoch habe der Rechtsstaat gesiegt: »Keine Vermutung führt zum Ergebnis einer Verurteilung.« Mit anderen Worten: Lügen haben kurze Beine – auch vor Gericht.

Dass Gertrud Baier überaus erfahrene Kriminalpolizisten, Vernehmungsexperten, Staatsanwälte, Ermittlungsrichter, einen forensischen Sachverständigen, ihre nächsten Angehörigen, aber auch weite Teile der Bevölkerung so lange so erfolgreich täuschen konnte, hat viel mit Sabine Eichler zu tun. Denn sie verhielt sich jahrelang so, wie man es allgemein von einer Täterin erwartet: (scheinbar) unbeeindruckt bei der Anzeigenerstattung, teilnahmslos bei der Suche nach ihrer Tochter, distanziert bei der Benachrichtigung über Michaelas gewaltsamen Tod, kaltblütig bei der Verhaftung, gleichgültig bei der Eröffnung des Tatvorwurfs, zurückhaltend bei der Gerichtsverhandlung.

Diese ungewöhnlichen Verhaltensweisen wurden lange Zeit

im Sinne der allgemeinen Erwartungshaltung interpretiert, weil sie gewöhnlich in vergleichbaren Fällen mitunter zu Recht und mit Erfolg als Kennzeichen der Verheimlichung und Korsettstangen eines Lügengeflechts verstanden werden. Und Gertrud Baier wiederum nährte den Verdacht gegen ihre Tante, indem sie genau jene Emotionalität vorlebte, die man eigentlich von der mutmaßlichen Täterin hätte erwarten dürfen, sollte sie unschuldig und somit Leidtragende sein: seelisch angefasst, hochgradig erregt, verängstigt, betroffen, darbend, verzweifelt.

Zudem verfügte Gertrud Baier über ausreichend Detailkenntnisse der Tat, um ihren lebhaften Schilderungen die notwendige Tiefenschärfe und somit Glaubwürdigkeit zu verleihen. Dem hatte Sabine Eichler wenig entgegenzusetzen, denn sie musste sich rollengebunden darauf beschränken, ihre vermeintliche Täterschaft zu bestreiten, ohne dabei mit Nachdruck überzeugend auftreten zu können. Erst während der Hauptverhandlung gelang es, Gertrud Baier der Lüge zu überführen, als endlich Einzelheiten ihrer Behauptungen kritisch hinterfragt und auf ihren Wahrheitsgehalt überprüft wurden.

Lügen – und wie man Lügner entlarvt

Die Lüge ist nicht nur fester Bestandteil und Wesensmerkmal verbrecherischer Betätigung, sie ist ubiquitär. Jeder Mensch lügt, mindestens zwei- bis dreimal pro Tag, vertraut man den Ergebnissen wissenschaftlicher Untersuchungen jüngeren Datums. Manche Lügenforscher präsentieren wesentlich drastischere Zahlen.

Unbestritten hingegen ist: Niemand möchte belogen werden, doch kaum jemand hält sich daran. Denn das Verdrehen der Wahrheit gehört zur sozialen Überlebensstrategie des Menschen, wollte jemand gänzlich auf Lügen verzichten, er würde viel Zeit darauf verwenden müssen, sich anschließend für seine Wahrheitsliebe zu erklären, zu rechtfertigen oder zu entschuldigen. »Wer die Wahrheit sagt, sollte die Pferde gesattelt lassen«, sagt ein kaukasisches Sprichwort.

Es gibt viele Gründe, die Unwahrheit zu behaupten und andere Menschen in die Irre zu führen. Geflunkert wird aus Scham (»Nein, ich habe nicht gepupst«), aus Angst vor Strafe (»Nein, das war ich nicht«) oder einem sonst drohenden Gesichtsverlust (»Nein, ich gucke keine Pornos«); oder es wird gelogen, damit die Ehe nicht in Gefahr gerät (»Nein, sie ist nur eine gute Freundin«), um nicht unhöflich sein zu müssen (»Nein, das Essen war ausgezeichnet«), um sich aus der Verantwortung zu stehlen (»Nein, das wusste ich vorher nicht«) oder aus Bequemlichkeit (»Nein, ich habe keine Zeit«).

Seltener zielen Lügen darauf ab, anderen Menschen seelisches Leid zuzufügen, materiellen Schaden zu verursachen, sie bloßzustellen, zu erniedrigen, zu quälen, eine Existenz zu bedrohen oder zu vernichten. Der Regelfall ist die sogenannte prosoziale Lüge, die Realität wird weichgezeichnet, Wahrheiten werden überspielt, meistens geht es dabei um Liebe, Beziehungen, Geld, Sex oder Eifersucht. Diese durchaus salonfähigen Schwindeleien, Tricksereien und Schönfärbereien erscheinen wie schmale Fluchten aus der wohl wichtigsten Übereinkunft menschlichen Miteinanders: die Achtung vor der Wahrheit, die Wahrheit als Schutz vor Benachteiligung.

Und deshalb besitzt die Fähigkeit, solche Bedrohungen rechtzeitig zu erkennen und der Wahrheit auf den Grund zu gehen, für jeden von uns eine hohe Wertigkeit. Doch obwohl die meisten Menschen vielfach als geübte und durchaus erfolgreiche Trickser und Täuscher gelten dürfen, erweisen sie sich beim Entlarven eines Lügners meistens als Dilettanten, obwohl sie vom Gegenteil sehr überzeugt sind. Empirische Studien, in denen Beurteilern wahre und unwahre Aussagen präsentiert und die von ihnen erzielten Trefferquoten bei der Einschätzung des Wahrheitsgehaltes erfasst wurden, zeigen übereinstimmend, dass die erbrachten Leistungen (40–60 Prozent) den Bereich der Ratewahrscheinlichkeit kaum überschreiten. Man hätte also auch eine Münze werfen können.

Die realitätsferne Selbsteinstufung als erfolgreicher Lügenentlarver basiert auf der Überzeugung, man könne Täuschungen allein im Ausdrucksverhalten erkennen. Viele Menschen glauben an die Existenz sogenannter Lügensymptome im nonverbalen Verhalten, die immer dann systematisch, symptomatisch, aber auch wiederkehrend auftreten sollen, wenn jemand lügt, nicht jedoch, wenn er die Wahrheit sagt. Die Angst des Lügners vor seiner Entlarvung ist so ein vermeintliches Stereotyp, die daraus resultierende Erregung bzw. Verunsicherung soll sich in unwillkürlichen, den Lügner als solchen verratenden, idealtypischen Verhaltensmustern äußern: beispielsweise durch das Blickverhalten oder spezifische Kopf-, Augen-, Mund-, Arm-, Hand-, Finger-, Bein- oder Fußbewegungen.

Wahr hingegen ist: Es gibt kein »Lügensyndrom«, aus dem man unabhängig von Person und Setting den unwahren Aspekt einer Darstellung oder Aussage herauslesen könnte.[1] Und trotzdem werden entsprechende Beobachtungen vielfach so schablonenhaft interpretiert, als könnten sie personen- und anlassunabhängig zum Erfolg führen. Das Trügerische dabei: Während die selteneren und vergleichsweise plumpen Täuschungsmanöver erkannt werden, gelingt es uns in der Regel nicht, geschickte Lügner zu durchschauen. Doch in Erinnerung bleiben überwiegend die erfolgreichen Enttarnungen, deren Relevanz und damit einhergehende Kompetenz deshalb maßlos überschätzt werden.

Auch bestimmte Merkmale des Aussageinhalts (beispielsweise eine unstrukturierte Darstellung, widersprüchliche Angaben, die Berichtigung der eigenen Äußerung oder die Aufzählung ausgefallener Einzelheiten) werden als Marker für eine Lüge missverstanden. Denn eine Schilderung, die nicht den eigenen Erfahrungen und Erwartungen entspricht, wirkt auf uns weniger überzeugend und weckt Misstrauen. Dabei spricht viel für eine wahre Behauptung, wenn das Gesagte nicht den bekannten Modellen entspricht. Trotzdem verlassen sich viele Menschen bei der Glaubwürdigkeitsbeurteilung auf ihr (ungutes) Gefühl und meinen: Wenn etwas nur plausibel ist, dann muss es auch wahr sein.

Selbst in polizeilichen Lehrbüchern werden solche Zusammenhänge mitunter behauptet. So dürfe man einerseits bei der Schilderung eines tatsächlichen Erlebnisses eine emotionale Betroffenheit erwarten, andererseits müsse geprüft werden, ob die Darstellung mit den Erfahrungen des täglichen Lebens übereinstimme – dies lasse sich schon durch die Frage feststellen, ob einem selbst das Geschilderte auch so passiert sein könne.

Nur offenbart eine solche Vorgehensweise mehr über den Erfahrungs- und Erlebnishintergrund des Prüfenden als über die Aufrichtigkeit des Überprüften. Denn die Intimität einer Schilderung, beurteilt ausschließlich auf der Grundlage offenbarter bzw. erkennbarer Gefühle und Gedanken, ist eine hochwirksame Strategie, allein den bloßen Anschein von Glaubhaftigkeit zu erregen. Und wer sich auf diese Pseudozusammenhänge verlässt, der läuft Gefahr, die Wahrheit von der Lüge nicht mehr unterscheiden zu können.

Empirische Untersuchungen haben in diesem Kontext zwei Probleme markiert: Das böswillige Instrumentalisieren vorgespielter Emotionen ist häufig fester Bestandteil unterschiedlichster Täuschungsstrategien (Gertrud Baier!), zum anderen wird Aussagenden, deren emotionales Innen- und Außenleben nicht den stereotypen Erwartungen entspricht (Sabine Eichler!), systematisch misstraut, unabhängig davon, ob es stimmt, was sie sagen. Derlei schablonenhafte Interpretationen lassen übrigens auch viele TV-Kommissare erkennen, wenn sie eine Todesbotschaft überbringen und der Angehörige des Mordopfers nicht erwartungsgemäß betroffen reagiert – verdächtig!

Diese tradierten Erwartungshaltungen missbrauchen beispielsweise auch Betrüger, wenn sie ihren Opfern durch sicheres Auftreten oder gezielt eingesetzte Emotionen eine Realität vorspielen, die nicht existiert. Die Betrogenen wiederum werden letztlich Opfer ihrer eigenen Klischees, indem sie beispielsweise ein sicheres Auftreten (nur) so interpretieren wollen: Wer die Wahrheit sagt, der macht einen sicheren Eindruck! Schließlich suggeriert auch der Umkehrschluss vermeintliche Plausibilität und verleitet zu einer lediglich formellen Beurteilung: Wer einen unsicheren Eindruck macht, der hat etwas zu verbergen – also lügt er!

Ich fasse zusammen: Einfache Patentrezepte zur Erkennung von Lügen existieren nicht. Auch gibt es keine Lügensymptome, die eine Einzelfallentscheidung rechtfertigen könnten. Deshalb empfiehlt es sich, im Zweifelsfall weder auf Mimik noch auf Gestik des Gesprächspartners zu achten, sondern allein das gesprochene Wort gelten zu lassen. Zudem sind unsere Vorstellungen vom Lügen und den Lügnern häufig formelhaft und fehlerhaft. Daraus folgt: Wir werden uns auch weiterhin in die Irre führen lassen und falsche, mitunter folgenreiche Entscheidungen treffen, solange wir nicht bereit sind, die eigenen Stereotype in Frage zu stellen, auch wenn wir noch so überzeugt sind, bisher das Richtige gedacht und getan zu haben. Veränderung tut not!

Im übertragenen Sinne ist dies einer der Grundgedanken des »Crime Profiling«: Mut zur Selbstreflexion und Selbstkritik, mit tradierten Vorstellungen brechen, sich neuen Herausforderungen stellen und entsprechende Methoden entwickeln, ausprobieren, einüben, operationalisieren und professionalisieren. So entstehen Blickwinkel, die bislang Verborgenes sichtbar werden lassen. Auch die Lüge?

Lügen in der Partnerschaft

Stellen Sie sich bitte folgende Situation vor, die nicht wenige von Ihnen bereits mindestens einmal so oder so ähnlich erlebt haben dürften: Ihr Partner kommt spät in der Nacht von einem feucht-fröhlichen Treffen mit Freunden nach Hause und berichtet Ihnen am darauffolgenden Morgen, wo er vergangene Nacht gewesen sein will und was vorgefallen sein soll.

Sie haben zwar keinen unfehlbaren Beweis dafür, dass Ihr Partner Sie belügt und betrügt, aber Ihre Beziehung hat sich in den vergangenen Monaten doch merklich abgekühlt: nur noch kurze Gespräche, häufige Meinungsverschiedenheiten, weniger Sex als früher – fraglos eine unbefriedigende Situation, die erfahrungsgemäß nicht selten von einem Seitensprung begleitet wird. Und da Sie selbst nicht fremdgegangen sind, verdächtigen Sie nun Ihren Partner der Untreue; damit würde sich auch sein verändertes Verhalten Ihnen gegenüber erklären, schlussfolgern Sie. Alarmstufe Rot!

Wenn Sie so an die Sache herangehen, haben Sie bereits den ersten großen Fehler gemacht. Sie bemühen nämlich ein gängiges Stereotyp: Wer sich von seinem Partner abwendet, der betrügt und belügt ihn auch. Und wenn Sie so etwas schon einmal erlebt haben, laufen Sie Gefahr, einschlägige Erfahrungen auf aktuelle Lebenssituationen zu übertragen, ohne andere Hypothesen aufzustellen (erinnern Sie sich bitte an Kapitel 1). Sie stecken mitten in der Erfahrungsfalle und lassen sich bei Ihren Überlegungen von quälenden Zweifeln leiten, über deren Begründetheit Sie nicht nachdenken, weil Sie das Verhalten Ihres Partners nicht anders deuten wollen bzw. deuten können.

»Deliktsperseveranz«

So ähnlich hat man vor einiger Zeit auch bei der Kripo gedacht: Wer einmal in Wohnungen einbricht, der tut es immer wieder. Und nichts anderes. Oder: einmal Vergewaltiger, immer Vergewaltiger. Dieses schablonenhafte Täterverhalten nannte man »Deliktsperseveranz«. Dabei handelte es sich jedoch nicht um eine empirisch gewonnene Erkenntnis; vielmehr speiste sich diese Formel aus einer Vielzahl von persönlichen Erfahrungen der Kripobeamten, die über Jahrzehnte hinweg publiziert wurden und die einmal gewonnene Erkenntnis mitunter eindrucksvoll bestätigten. Kaum jemand machte sich die Mühe, diesen liebgewonnenen Erfahrungsgrundsatz kritisch zu hinterfragen, obwohl es bereits damals viele Gegenbeispiele gab.

Zwar lassen sich auch heute noch Fälle von »Deliktsperseveranz« beobachten, gleichwohl hat das hieraus abgeleitete Stereotyp seine (Allgemein-)Gültigkeit mittlerweile eingebüßt. Diese und vergleichbare Erkenntnisse und Erfahrungen machen sich auch Profiler zunutze, wenn sie einen Kriminalfall analysieren wollen – eine schematische Übernahme von Prämissen, die lediglich gesichert erscheinen, wird kategorisch abgelehnt; fehlerhafte Vorüberlegungen oder Vorurteile sollen die Erkenntnisgewinnung nicht beeinflussen.

Auch Sie begegnen Ihrem Partner voreingenommen, wenn Sie ihn wegen bestimmter Verhaltensweisen, die Sie mit eigenen Erfahrungen verknüpfen, unter Generalverdacht stellen und ihm Lügen unterstellen. Methodisch sauber agieren Sie jedoch nur dann, wenn auch andere mögliche Ursachen für das Verhalten Ihres Partners reflektiert werden; eventuell ist sein zurückhaltendes Verhalten kausal auf ein belastendes Ereignis zurückzuführen, von dem Sie (noch) nichts wissen sollen, beispielsweise Stress bzw. Ärger im Beruf oder eine Erkrankung. Erst wenn Sie alle sonst in Frage kommenden Hypothesen geprüft und verworfen haben, dürfen Sie Ihrem Verdacht nachgehen, der durch das vorherige Ausschlussverfahren nun an Stärke gewonnen hat.

Beim gemeinsamen Frühstück berichtet Ihr Partner über den Vorabend mit Freunden, die sie ebenfalls kennen, vereinzelt sogar als Person Ihres Vertrauens betrachten. Ihr Partner berichtet flüssig, strukturiert und lässt keine Unsicherheiten erkennen. Sie bemerken schließlich, wie Ihre Zweifel an der Treue Ihres Partners schwinden, weil dessen sicheres Auftreten und die sinnhafte Struktur der Erzählung nicht mit Ihrem Lügenstereotyp übereinstimmen. Das Gefühl der Erleichterung umschmeichelt Sie, verführerisch lockt die Hoffnung, sich alles doch nur eingebildet zu haben. Falscher Verdacht?

Auch Profiler müssen sich gelegentlich in Vernehmungssituationen mit dem Verhalten des Verdächtigen auseinandersetzen (oder Vernehmungsprotokolle analysieren) und versuchen, es zu dekodieren. Der erfahrene Experte wird indes nicht nach Ursachen für das gezeigte Verhalten des Delinquenten fragen, sondern nach Zielen, die er mit einem bestimmten Verhaltensmuster verfolgt. Viele Verdächtige geben sich während einer Vernehmung zunächst betont gelassen und wirken dabei durchaus überzeugend: »Ich habe doch nichts zu verbergen, glauben Sie mir!«

Würde sich der Kriminalexperte bei seiner Verhaltensinterpretation allein auf bekannte Stereotype verlassen, müsste er zu dem Ergebnis kommen, dass der gelassen wirkende und sicher auftretende Verdächtige wahrscheinlich die Wahrheit sagt, wenn er die Tat oder eine Beteiligung daran abstreitet. Doch genau diesen Fehler vermeidet der Profiler, weil er nicht nach Ursachen fragt, sondern: Welches Ziel könnte der Verdächtige mit seinem auf Gelassenheit getrimmten Verhalten verfolgen? Genau: Er will besonders überzeugend wirken – und seine Unsicherheit überspielen? Allein auch diese Möglichkeit dauerhaft gelten zu lassen, schützt vor unliebsamen Fehleinschätzungen.

Zurück zum Frühstückstisch. Fragen Sie also nicht nach Ursachen für das Verhalten Ihres Partners, sondern überlegen Sie, welche Ziele er verfolgen könnte – und Sie damit zur Zielscheibe werden lässt. Wenn Sie eines der Grundprinzipien des Profilings verstanden haben, dann werden Sie sich in diesem Fall eben nicht nur von Ihren bisherigen Erfahrungen bzw. Erlebnissen (ver-)leiten lassen und die falschen Fragen formulieren – Ihr Partner bleibt demzufolge auch weiterhin verdächtig, Sie mit der Unwahrheit bedient zu haben, weil die von Ihnen zutreffend festgestellten Anknüpfungstatsachen weder entfallen noch erklärt sind. Die Frage nach dem Grund für das in Erwägung gezogene Lügen ist zu diesem frühen Zeitpunkt Ihrer Beurteilung irrelevant, weil die Unwahrheit noch nicht bewiesen worden ist, sondern lediglich hypothetischen Charakter hat.

Deshalb muss jetzt der nächste Schritt gemacht werden, die Inhaltsanalyse dessen, was Ihr Partner Ihnen erzählt hat. Die schlechte Nachricht vorneweg: Sollten Sie sich mit einer Kurzversion der Ereignisse begnügen müssen, sind Ihnen die Hände gebunden – der Wahrheitsgehalt solcher Schilderungen kann nicht über eine inhaltsbezogene Prüfung herausgearbeitet werden. Das wissen auch professionelle Lügner, die sich deshalb einer bestimmten Erfolgsmasche verschrieben haben: wenig reden, viel besagen.

»Glaubhaftigkeitsbegutachtung«

Sollte indes eine längere Aussage zu beurteilen sein, könnten die sogenannten Realkennzeichen nach Steller und Köhnken[2] hilfreich sein. Diese und andere Experten verwenden eine komplizierte, vom Bundesgerichtshof akzeptierte Methodik, um den Wahrheitsgehalt einer Behauptung zu ermitteln – »Glaubhaftigkeitsbegutachtung«: fünf Hauptkategorien mit insgesamt 19 Einzelkriterien, die ursprünglich für die Beurteilung kindlicher Aussagen entwickelt wurden.

Allgemeine Merkmale

<u>Logische Konsistenz:</u> Zusammenhänge sind stimmig und frei von Ungereimtheiten.

<u>Unstrukturierte Darstellung:</u> Ereignisse werden nicht logisch geordnet oder in chronologischer Reihenfolge vorgetragen.

<u>Quantitativer Detailreichtum:</u> Erzählung beinhaltet viele unterschiedliche Details.

Spezielle Inhalte

Räumlich-zeitliche Verknüpfungen: Einbettung der Erzählung in einen äußeren Kontext bzw. die Lebensumstände des Berichtenden.

Interaktionsschilderungen: Gemeint sind wechselseitige Handlungsabfolgen und Reaktionen.

Wiedergabe von Dialogen: Nicht nur inhaltlich, sondern auch teils wörtlich.

Komplikationen im Handlungsverlauf: Schilderung plötzlich auftretender Schwierigkeiten oder atypischer Handlungsabläufe.

Inhaltliche Besonderheiten

Ausgefallene Details: Mitteilung außergewöhnlicher, eher unwahrscheinlicher Einzelheiten.

Nebensächliche Details: Benennung von Einzelheiten, die für den Kern der Aussage irrelevant sind.

Phänomengemäße unverstandene Handlungselemente: Die inhaltliche Bedeutung der Schilderung erschließt sich über die äußere Beschreibung.

Indirekte handlungsbezogene Schilderungen: Es werden Inhalte geäußert, die mit dem Erlebten nichts zu tun haben, aber thematisch verwandt sind.

Schilderung eigener psychischer Vorgänge: Gefühle, Empfindungen oder Gedanken des Erzählers in der betreffenden Situation.

Schilderung psychischer Vorgänge des Täters: Gemeint sind emotionale oder körperliche Reaktionen.

Motivationsbezogene Inhalte

Spontane Verbesserungen: Korrektur der eigenen Aussage ohne Nachfragen bzw. Suggestionen.

Erinnerungslücken: Eingeständnis, bestimmte Dinge nicht wiedergeben zu können.

Einwände gegen die Richtigkeit: Bezogen auf Teile der eigenen Aussage.

Selbstbelastungen: Unvorteilhafte Darstellung der eigenen Person bzw. Rolle.

Entlastung des Angeschuldigten: Oder den Versuch unternehmen, dessen Verhalten erklären zu wollen.

Deliktspezifische Inhalte

Deliktspezifische Aussageelemente: Sind zwar typisch für das Delikt, widersprechen jedoch der allgemein verbreiteten Meinung.

Erst nachdem alle Realkennzeichen geprüft worden sind, sollen die Angaben insgesamt bewertet werden und zu einer Aussage darüber führen, ob der Zeuge das berichtete Ereignis tatsächlich erlebt haben *dürfte* oder nicht. Konjunktiv. Trotz gewichtiger Indizien können am Ende auch die Lügen-Experten den Wahrheitsgehalt einer Aussage bestenfalls ein*schätzen*.

Für unseren Seitensprung-Verdachtsfall erscheint die regelgeleitete Anwendung der Methodik nur bedingt geeignet, denn letztlich liegen Ihnen keine Protokolle des Gesagten vor, die Sie nach verschiedenen Realkennzeichen absuchen könnten. Nichtsdestotrotz lässt sich anhand der genannten Merkmale für den Einzelfall eine Strategie entwickeln, auf welche Kennzeichen während des Sondierungsgesprächs zu achten sein wird und welche Fragen wie gestellt werden müssen, um die Verdachtslage besser einschätzen zu können.

Wenn Sie befürchten, Ihr Partner könnte fremdgehen und Ihnen danach eine Lügengeschichte auftischen, dann sollten Sie Punkt für Punkt anhand der Realkennzeichen im Vorhinein prüfen, welche Merkmale Sie erwarten dürfen, die auf wahrheitsgemäße Angaben schließen lassen. Im vorliegenden Fall müsste der

Erlebnisbericht Ihres Partners insbesondere die folgenden Parameter erfüllen: logisch, unstrukturiert, sprunghaft, detailreich, interaktiv, dialoglastig, emotional. Sollte Ihr Partner diese berechtigten Erwartungen insgesamt oder vereinzelt nicht erfüllen können, lohnt es sich, direkt auf die erkannte Diskrepanz einzusteigen und entsprechende Fragen zu stellen. Danach sind Sie schlauer!

Kinderlügen entlarven

Dies könnte Ihnen ebenfalls zu weiteren Gelegenheiten gelingen, nur eben mit anderen Mitteln. Stellen Sie sich bitte einmal vor, Ihr fast erwachsenes Kind kommt am späten Nachmittag nach Hause und erzählt Ihnen – Sie sind längst misstrauisch geworden – von seinen schulischen Erlebnissen, die es gar nicht gegeben hat. Denn heute hat Ihr Nachwuchs die Schule geschwänzt.

Unterschätzen Sie Ihr Kind nicht. Es wird sich eine Geschichte ausgedacht haben, um Sie von der Glaubwürdigkeit der Lüge zu überzeugen; schließlich rechnet es schon aus Erfahrung mit Ihrem elterlichen Interesse, aber auch bohrenden Nachfragen. Damit Ihr Kind Sie erfolgreich übertölpeln kann, wird es nicht nur Phantasien entwickeln, sondern die Fiktion auch verinnerlicht haben, um sie sich merken bzw. jederzeit abrufen zu können. Der angehende Lügner muss seine Version der Ereignisse demnach auswendig lernen, ähnlich wie ein Gedicht: Wort für Wort, Satz für Satz, Strophe für Strophe.

Und genau an diesem Punkt kommen Sie ins Spiel. Denn Sie wissen jetzt (die folgenden Zusammenhänge haben kürzlich schwedische Wissenschaftler herausgefunden), dass es Lügnern große Schwierigkeiten bereitet, Ausgedachtes in umgekehrter Reihenfolge zu erzählen – also bitten Sie Ihr Kind genau darum;

oder Sie verändern die Chronologie des angeblich Erlebten und lassen sich die Dinge entsprechend zeitversetzt schildern. Nur wer die Wahrheit sagt, wird diese hochkomplexe Aufgabe meistern können, weil der Lügner ohnehin schon kognitive Schwerstarbeit zu leisten hat, an den genannten Übergängen bzw. Schnittstellen jedoch wegen geistiger Überforderung scheitern muss – irgendwann, irgendwie.

Weitere Lügen erkennen

Doch damit sind Ihre Mittel und Methoden, Lügner als solche zu enttarnen, noch längst nicht erschöpft. Sollte Ihnen jemand weismachen wollen, zu einer bestimmten Zeit an einem bestimmten Ort gewesen zu sein, den er aber nur vom Hörensagen kennt oder wo er lange nicht mehr gewesen ist, dann stellen Sie Ihrem Gesprächspartner unerwartete Fragen. Dazu muss man wissen: Der Flunkerer mag grundsätzlich keine Details in seiner falschen Behauptung, weil fiktive Einzelheiten bei jeder Schwindelei eine enorme Konzentrations-, Differenzierungs- und Erinnerungsfähigkeit voraussetzen, über die viele Lügner nicht verfügen, insbesondere dann nicht, wenn sie ungeübt sind; also werden Sie nach genau diesen Finessen fragen.

Handelt es sich bei der Örtlichkeit beispielsweise um ein Restaurant, sind Fragen nach Farbe, Anordnung oder Beschaffenheit des Inventars geeignet, den Lügner aufs Glatteis zu führen, denn diese Details kann er nur kennen, sollte er sich jüngst dort aufgehalten haben: Welche Farbe haben noch mal die Aschenbecher? Wo hängt die Uhr? Wie sieht sie aus? Wo genau will derjenige gesessen haben? Wie erreicht man die Toiletten? Sie werden überrascht sein, wie schnell Sie mit dieser Strategie der Lüge auf die Spur kommen. Vielleicht können Sie den mutmaßlichen Fabulanten aber auch dazu ermuntern, Teile des Restaurants oder Gegenstände darin zu zeichnen. Dann erhalten Sie unter Umständen sogar einen unumstößlichen Beweis für die Unredlichkeit Ihres Gesprächspartners.

Wesentlich anspruchsvoller und schwieriger wird es jedoch, wenn Ihr Kontrahent bei einem Konfliktgespräch erheblichen Aussagewiderstand leistet, indem er überhaupt nichts sagt oder sich mit wenigen Worten hinter ebendiesen verschanzt: »Ich habe damit nichts zu tun!« Einen solchen Fall habe ich als junger Kriminalkommissar selbst erlebt und dadurch viel über die Lüge gelernt, insbesondere, wie man ihr wirksam begegnen kann, auch wenn die Sache zunächst aussichtslos erscheint.

Betrüger

»Sie sind vorläufig festgenommen. Sie stehen im dringenden Verdacht, zahlreiche Betrügereien verübt zu haben. Packen Sie Wechselkleidung, Zahnbürste und so weiter zusammen. Sie werden uns begleiten müssen. Morgen werden wir Sie dem Ermittlungsrichter vorführen, der darüber entscheiden wird, ob Sie in Untersuchungshaft genommen werden.«

Ich stehe mit einem Kollegen an meiner Seite in der luxuriös eingerichteten Penthouse-Wohnung des Beschuldigten. Er heißt Franz Hermes, ist 37 Jahre alt, bis eben noch ein unbescholtener Bürger, jetzt ein mutmaßlicher Betrüger, der viele Geschäftsleute um hohe Beträge geprellt hat. Der Schaden beträgt bereits mehr als eine halbe Million D-Mark.

Nachdem wir die Wohnung durchsucht, alle Beweismittel geprüft und mit dem Staatsanwalt Rücksprache gehalten haben, wird Hermes vernommen. Schnell stellt sich dabei heraus, dass der Mann sich eine bestimmte Aussagestrategie zurechtgelegt hat: Er will nur das zugeben, was ohnehin schon bewiesen ist und nicht mehr geleugnet werden kann. Und sonst? Begegnet er uns geringschätzig mit süffisantem Schweigen. Stundenlang.

Am nächsten Tag wird Hermes dem Ermittlungsrichter vorgeführt, der gegen ihn einen Untersuchungshaftbefehl erlässt. Daraufhin bringt man den Beschuldigten ins Gefängnis – wo ich ihn schon am nächsten Tag wiedertreffe. Es gibt da nämlich noch eine Sache, die ich als brisant einstufe, zu der Hermes jedoch bisher keine Stellung genommen hat: eine weiße Plastiktüte, gefunden im Kofferraum seines flammneuen Mercedes-Cabrios, bestückt mit schwarzen Lederhandschuhen, einem Reizgassprühgerät, zwei Paar Handschellen, einer schwarzen Ski-Maske und einer scharfen Pistole. Meine Überlegung: Entweder hat Hermes bereits einen (oder sogar mehrere) Raubüberfall begangen bzw. dies versucht. Oder hat er mit den verdächtigen Gegenständen etwas ganz anderes gemacht, vielleicht einer Frau aufgelauert, sie bedroht, in seine Gewalt gebracht und ihr Gewalt angetan?

»Keine Ahnung.« Genau diesen Satz bekomme ich immer wieder zu hören, wenn ich Hermes danach frage, was es mit dem ominösen Fund auf sich hat. Ich setze dabei alle vernehmungstaktischen und vernehmungstechnischen Mittel ein, die mir bekannt und rechtlich zulässig sind. Doch Hermes lässt sich weder weich- noch abkochen. »Keine Ahnung.«

Der Mann ist eine ganz harte Nuss. In den nächsten Tagen überlege ich, warum Hermes den Inhalt der Plastiktüte partout nicht kommentieren will. Entweder hat er die Utensilien für eine Straftat benutzt und vertraut darauf, sich durch stures Leugnen ungeschoren aus der Affäre ziehen zu können, oder aber er schämt sich für das, was er getan hat, sollte es im Bereich der Sexualstraftaten zu verorten sein. Denn Hermes ist verheiratet und hat zwei schulpflichtige Kinder. Je länger ich diese Problematik durchdenke, desto klarer wird mir, dass ich mich intensiver mit den motivkonstituierenden Bedingungen für den Aussagewiderstand des Verdächtigen befassen sollte. Denn wenn es mir gelingt, den Grund für sein abwartendes bzw. ablehnendes Verhalten zu erkennen und zu entschärfen, müsste ein Geständnis die logische Folge sein. Und wie ich über diese Zusammenhänge nachdenke, kommt mir eine weitere Idee, die ich bei nächster Gelegenheit umsetzen möchte.

»Ich habe gestern Abend mit Ihrer Frau gesprochen«, sage ich Hermes bei unserem nächsten Treffen. »Sie würde auch zu Ihnen halten, wenn Sie eine Frau überfallen hätten oder etwas in der Art.« Gespannt warte ich auf die Reaktion meines Widersachers – ist das jetzt die richtige Ansprache gewesen? Doch Hermes lacht nur laut und schaut mich mitleidig an: »Herr Harbort, Sie haben Ideen!«

So schnell will ich mich aber nicht geschlagen geben, schließlich habe ich mir noch etwas zurechtgelegt. Es geht dabei um die juristische Bewertung bestimmter Handlungsweisen und deren Strafbarkeit. Genau diese Aspekte erläutere ich Hermes und erkläre ihm, wie es sich mit seiner verdächtigen Plastiktüte samt Inhalt dazu verhält. Hermes schaut mich ungläubig an. Kurzes Schweigen. »Stimmt das?« Ich nicke. Er schüttelt den Kopf, schmunzelt. Wenig später erzählt mir Hermes, dass er zwar keinen Banküberfall verübt, so etwas jedoch vorbereitet bzw. geplant und auch bereits im Kölner Stadtgebiet geeignete Örtlichkeiten ausbaldowert habe. »Mehr war aber nicht.«

Lange hat es gedauert, aber nun hat Hermes doch noch die Wahrheit gesagt. Er hat bis zu diesem Zeitpunkt so beharrlich geleugnet, weil er irrig annahm, schon Vorbereitungshandlungen für eine Straftat seien mit Strafe bedroht. Und ebendiesen Irrtum habe ich tags zuvor als Grund für seine abwehrende Haltung in Betracht gezogen. Bingo!

Ich habe mir diese positive Erfahrung später auch im Privatleben erfolgreich zunutze gemacht und festgestellt, dass aussagehemmende Motivationen vielschichtig und vielgesichtig sein können und nicht selten nur mittelbar mit dem Verheimlichten zusammenhängen: Angst vor finanziellen oder sozialen Folgen, Scham- oder Schuldgefühle anderen gegenüber, drohender Gesichtsverlust, zu erwartende gruppendynamische Effekte, Statusdenken, Prestigefragen. Erst wenn es gelingt, diese hemmenden Faktoren zu identifizieren und zu beseitigen, wird der Weg frei. Und das Lügen hat ein Ende.

Checkliste
Lügen

Grundsätzliches

▶ Lügensymptome für Einzelfallentscheidung ungeeignet
▶ Täuschung allein im Ausdrucksverhalten nicht zu erkennen
▶ tradierte Erwartungshaltungen irreführend
▶ individuelle Vorstellungen fehlbar/formelhaft
▶ eigene Kompetenz nicht überschätzen
▶ Setting und Persönlichkeit berücksichtigen
▶ Aussageinhalte differenziert betrachten
▶ intuitive Beurteilungen vermeiden
▶ Glaubwürdigkeitsbegutachtung kein Beweis

Geeignete Realkennzeichen (für Gespräch)

▶ logische Konsistenz
▶ unstrukturierte Darstellung
▶ quantitativer Detailreichtum
▶ Interaktionsschilderungen
▶ Wiedergabe von Dialogen
▶ Schilderung eigener psychischer Vorgänge
▶ spontane Verbesserungen
▶ Erinnerungslücken
▶ Ergebnis = Wahrscheinlichkeitsaussage

Strategie

▶ Mimik und Gestik nicht berücksichtigen
▶ inhaltliche Überprüfung
▶ Geschichte rückwärts erzählen lassen

- Chronologie des Ereignisses verändern
- Detailfragen stellen
- ggf. Zeichnungen anfertigen lassen
- motivkonstituierende Bedingungen identifizieren
- Aussagewiderstand durch direkte Ansprache beseitigen

Anhang

Benutzte und empfohlene Literatur

Abbott, A.: Into the mind of a killer. Nature Bd. 410, S. 296–298.

Ackermann, R.: Zusammenhang von kriminalistischer Hypothesen-/ Versionenbildung und Fallanalyse. Kriminalistik 2005, 461–464, 542–544, 609–610.

Ackermann, R.: Kriminalistische Fallanalyse. Lehr- und Studienbriefe Kriminalistik / Kriminologie (Bd. 13). Verlag Deutsche Polizeiliteratur: Hilden, 2010.

Adorno, T. W.: Minima Moralia. Reflexionen aus dem beschädigten Leben. Suhrkamp: Frankfurt/M., 1969.

Aebi, G.: Kriminalpsychologie – einmal konkret! Kriminalistik 2003, 775–779.

Arntzen, F.: Psychologie der Zeugenaussage. System der Glaubwürdigkeitsmerkmale. C. H. Beck: München, 1999 (3. Aufl.).

Artkämper, H. / Schilling, K.: Vernehmungen. Taktik. Psychologie. Recht. VDP: Hilden, 2014 (3. Aufl.).

Barrick, M. et al.: Meta-analysis of the relationship between the five factor model of personality and Holland's occupational types. Personnel Psychology 2003, 45–74.

Bauer, G.: Gewalttätige Triebverbrecher. Münchener Medizinische Wochenschrift 1971, S. 1089–1096.

Bauer, G.: Die Problematik der Triebverbrechen aus kriminalistischer Sicht. Der Kriminalist 1972, S. 15–20.

Bauer, G.: Kindermorde, die vermeidbar waren. Der Kriminalist 1979, S. 320–326.

Bauer, G.: Serien- und Wiederholungsmörder – Probleme der Ermittlung und Verhütung, in: Göppinger, H. / Bresser P. (Hrsg.): Tötungsdelikte, Enke: Stuttgart, 1980, S. 211–221.

Baurmann, M. / Dern, H.: Operative Fallanalyse, in: Widmaier, G. / Müller, F. (Hrsg.): Münchner Anwaltshandbuch Strafverteidiger. C. H. Beck: München. 2014 (2. Aufl.), S. 2617–2654.

Belitz, L.: Theorien und Methoden der Ermittlungspsychologie, in:

Hoffmann, J. / Musolff, C. (Hrsg.): Täterprofile bei Gewaltverbrechen: Mythos, Theorie, Praxis und forensische Anwendung des Profilings. Springer: Berlin, 2007 (2. Aufl.), 89–106.

Berthel, R.: Kriminalistisches Denken neu denken! Kriminalistik 2007, 732–737.

Bidlo, O. Profiling. Im Fluss der Zeichen. Oldib Verlag: Essen, 2011.

Bohsem, G.: Die große Verunsicherung. Süddeutsche Zeitung 2015 (Nr. 67), 26.

Borkenau, P. / Ostendorf. F.: NEO-Fünf-Faktoren-Inventar nach Costa und McCrae. Hogrefe: Göttingen 2008 (2. Aufl.).

Borkenau, P. et al.: Thin slices of behavior as cues of personality and intelligence. Journal of Personality and Social Psychology 2004, 599–614.

Borkenau, P. et al.: Persönlichkeitspsychologie: Stand und Perspektiven. Psychologische Rundschau 2005, 271–290.

Bredow von, R.: Jetzt mal ehrlich, in: *Der Spiegel* 1/2011, 118-122.

Bruns, M.: Die Bedeutung der operativen Fallanalyse im Strafprozess, in: Musolff, C. / Hoffmann, J. (Hrsg.): Täterprofile bei Gewaltverbrechen. Mythos, Theorie und Praxis des Profilings. Springer: Berlin 2002, 281–302.

Buckow, I.: Das Ende ist nah. Wie eine Verkäuferin in den USA einen Räuber bekehrte, in: *Der Spiegel* 34/2010, 47.

Civelli, I.: Analyseinstrumente, -techniken und -strategien. Kriminalistik 2010, 585–590.

Costa, P. et al.: Gender differences in personality traits across cultures: Robust and surprising findings. Journal of Personality and Social Psychology 2001, 322–331.

Danner, K.: OFA – Die neue Wunderwaffe? Die Kriminalpolizei 2000, 126–130.

Dern, H.: Erfahrungen mit der objektiven Hermeneutik innerhalb der Anwendung qualifizierter kriminalistischer Auswertungsverfahren, in: Reichertz, J. (Hrsg.): Qualitäten polizeilichen Handelns. Studien zu einer verstehenden Polizeiforschung, Westdeutscher Verlag: Opladen 1996, 263–295.

Dern, H.: Operative Fallanalysen bei Tötungsdelikten. Kriminalistik 2000, 533–540.

Dern, H. / Horn, A.: Operative Fallanalyse bei Tötungsdelikten. Kriminalistik 2008, 543–549.

Dilling, H. et al. (Hrsg.): Internationale Klassifikation psychischer Störungen. ICD-10 Kapitel V (F). Klinisch-diagnostische Leitlinien. Hans Huber: Bern, Göttingen, Toronto, Seattle, 1993 (5. Aufl.)

Dotzauer, G. / Jarosch, K.: Tötungsdelikte. Bundeskriminalamt: Wiesbaden, 1971.

Egg, R. (Hrsg.): Tötungsdelikte – mediale Wahrnehmung, kriminologische Erkenntnisse, juristische Aufarbeitung. Kriminologische Zentralstelle: Wiesbaden, 2002.

Eichin, U.: Protokoll einer Fallanalyse. Die Kriminalpolizei 2006, 29–31.

Erler, M.: Tod einer Bestie. Der Fall Hagedorn. ARD, Sendung vom 17.05.2001.

Erpenbach, H.: Operative Fallanalyse. Ein kriminalistisches Werkzeug zur Ermittlungsunterstützung im interdisziplinären Netzwerk. Forensische Psychiatrie, Psychologie, Kriminologie 2010, 107–116.

Foucault, M.: Die Ordnung der Dinge. Eine Archäologie der Humanwissenschaften. Suhrkamp: Frankfurt/M., 1971.

Fromm, E.: Anatomie der menschlichen Destruktivität. Rowohlt: Reinbek, 1977.

Füllgrabe, U.: Gute Lügenentlarver und gute Lügner. Magazin für die Polizei 2001 (Heft 306), 29–36.

Gaevert, T.: »Eher regnet es Tinte …« Der Fall Hagedorn. SWR2-Feature, 03.11.2010.

Giza, M.: In der Endlos-Orientierungskrise. http://www.zeit.de/karriere/beruf/2014-04/sinnsuche-universitaetsabschluss-krise.

Goldberg, L.: An alternative »description of personality«: The Big-Five factor structure. Journal of Personality and Social Psychology 1990, 1216–1229.

Gmür, M.: Das psychiatrische Glaubwürdigkeitsgutachten. Kriminalistik 2000, 128–135.

Granhag, P. et al.: Detecting Deception: Current Challenges and Cognitive Approaches. John Wiley & Sons: Hoboken, 2015.

Greuel, L.: Anatomische Puppen – Diagnostische Hilfsmittel im Brennpunkt der Kritik. Report Psychologie 1994, 16–27.

Greuel, L.: Anatomische Puppen – Zur Kontroverse um ein diagnostisches Hilfsmittel, in: Amann, G. / Wipplinger, R. (Hrsg.): Sexueller Missbrauch. Überblick zu Forschung, Beratung und Therapie. DGVT-Verlag: Tübingen, 1998, 370–384.

Greuel, L. et al.: Glaubhaftigkeit der Zeugenaussage. Theorie und Praxis der forensisch-psychologischen Begutachtung. Psychologie Verlags Union: Weinheim, 1998.

Grieschat H.: Die Leitung der kriminalistischen Untersuchung zur Aufklärung komplizierter Tötungsverbrechen. Forum der Kriminalistik 1973, 84–87.

Haas, H.: Gefährlichkeitseinschätzung von Drohungen. Kriminalistik 2004, 791–799.

Hacker, F.: Aggression. Die Brutalisierung der modernen Welt. Molden: Wien, 1971.

Hansjacob, T. / Walder, H.: Kriminalistisches Denken. Kriminalistik Verlag: Heidelberg, 2012.

Harbort, S.: Das Hannibal-Syndrom. Phänomen Serienmord. Militzke: Leipzig 2001.

Harbort, S.: Die Vorstellungs- und Erlebniswelt sadistischer Serienmörder, in: Robertz, F. / Thomas, A. (Hrsg.): Serienmord. Kriminologische und kulturwissenschaftliche Skizzierungen eines ungeheuerlichen Phänomens. Belleville: München 2003, 61–77.

Harbort, S.: Das Serienmörder-Prinzip. Droste: Düsseldorf, 2006.

Hartmann, J. et al.: Quantitative Erfassung dissozialer und psychopathischer Persönlichkeiten bei der strafrechtlichen Begutachtung. Retrospektive Untersuchung zur Anwendbarkeit der deutschen Version der Hare-Psychopathie-Checkliste. Der Nervenarzt, 2001, 365–370.

Hoffmann, J. / Musolff, C.: Fallanalyse und Täterprofil. Geschichte, Methoden und Erkenntnisse einer jungen Disziplin. Bundeskriminalamt: Wiesbaden, 2000.

Holzhauer, H.: Polizeiliche Wunderwaffe »Profiler« – ein Mythos? Die Kriminalpolizei 2009, 4–9.

Hummel, K.: Willst du das wirklich wissen, Schatz?, in: *Frankfurter Allgemeine Sonntagszeitung* 27/2014, 39.

Kanning, U. et al.: Mythen der Alltagspsychologie – Was wissen Laien über (vermeintliche) Forschungsergebnisse? Skeptiker 2013, 10–15.

Kelley, H.: Common-sense psychology and scientific psychology. Annual Review of Psychology 1992, 1–23.

Kerner, H.-J. (Hrsg.): Kriminologie Lexikon. Kriminalistik: Heidelberg, 1991 (4. Aufl.).

Köhnken, G.: Glaubwürdigkeit, in: Lempp, R. et al. (Hrsg.): Forensische Psychiatrie und Psychologie des Kindes- und Jugendalters. Steinkopff: Darmstadt, 2003, 318–341.

Köhnken, G.: Mythen und Missverständnisse bei der Beurteilung von (Zeugen-)Aussagen, in: Saimeh, N. (Hrsg.): Kriminalität als biographisches Scheitern. Forensik als Lebenshilfe? Psychiatrie Verlag: Bonn 2010, 50–62.

Köhnken, G.: Glaubwürdigkeit, in: Widmaier, G. / Müller, F. (Hrsg.): Münchner Anwaltshandbuch Strafverteidiger. C. H. Beck: München, 2014 (2. Aufl.), 2267–2299.

Kröber, H.-L. / Steller, M.: Psychologische Begutachtung im Strafverfahren. Indikationen, Methoden und Qualitätsstandards. Steinkopff: Darmstadt, 2005 (2. Aufl.).

Kroll, O. / Schwarz, U.: Die kriminalistische Fallanalyse. Kriminalistik 2001, 143–146.

Leygraf, N.: Psychisch kranke Rechtsbrecher. Springer: Berlin, Heidelberg, New York, 1988.

Lilienfeld, S. et al.: 50 great myths of popular psychology: Shattering widespread misconceptions about human behavior. Wiley-Blackwell: Chichester, 2013.

Lorenz, K.: Das sogenannte Böse. Zur Naturgeschichte der Aggression. dtv: München, 1974.

MacDonald, K.: Evolution, the 5-Factor Model, and Levels of Personality. Journal of Personality 1995, 525–567.

Marshall, A.: Kann ich dir jemals wieder vertrauen? Goldmann: München, 2011.

Mazzoni, G. / Memon, A.: The effect of imagination on autobiographical beliefs and memories, Psychological Science 2003, 186–188.

Miebach, K.: Die freie Beweiswürdigung der Zeugenaussage in der neueren Rechtsprechung des BGH. Neue Zeitschrift für Strafrecht – Rechtsprechungsreport 2014, 233–238.

Möller, A. / Maier, P.: Möglichkeiten der forensischen Legalprognose. Eine Übersicht zu Entwicklungen und gegenwärtigem Stand der forensischen Prognosestellung unter besonderer Berücksichtigung von »Gefährlichkeit«. Schweizer Archiv für Neurologie und Psychiatrie 2000, 105–113.

Moor, P.: Das Selbstporträt des Jürgen Bartsch. Fischer: Frankfurt/M., 1972.

Müller, S. et al.: Täterverhalten und Persönlichkeit. Eine empirische Studie zur Anwendbarkeit der Tathergangsanalyse in der Forensischen Psychologie und Psychiatrie. Verlag für Polizeiwissenschaft: Frankfurt am Main, 2005.

Musolff, C.: Tausend Spuren und ihre Erzählung. Hermeneutische Verfahren in der Verbrechensbekämpfung, in: Hoffmann, J. / Musolff, C. (Hrsg.): Täterprofile bei Gewaltverbrechen: Mythos, Theorie, Praxis und forensische Anwendung des Profilings. Springer: Berlin, 2007 (2. Aufl.), 107–127.

Nedopil, N.: Forensische Psychiatrie. Klinik, Begutachtung und Behandlung zwischen Psychiatrie und Recht. Thieme: Stuttgart und New York, 1996.

Neumann, M.: Banker verstehen. Stiftung Warentest: Berlin, 2014.

Niehaus, S.: Die Wahrheit über die Lüge. Kriminalistik 2009, 508–513.

Nitschke, J. et al.: Forensische Psychiatrie und Operative Fallanalyse. Der Nervenarzt 2011, 827–833.

Oevermann, U.: Klinische Soziologie auf der Basis der Methodologie der objektiven Hermeneutik – Manifest der objektiven hermeneutischen Sozialforschung. Manuskript 2002.

OLG Köln, Beschl. v. 01.02.2012, Az. Ws 27/12, openJur 2012, 84858

Orlob, S.: War der deutsche forensische Psychiater Hans Szewczyk der erste moderne Profiler? Archiv für Kriminologie und Strafrechtsreform 2001, 65–72.

Ostendorf, F.: Sprache und Persönlichkeitsstruktur. Zur Validität des Fünf-Faktoren-Modells der Persönlichkeit. Roderer: Regensburg, 1990.

Raske, W.: Wie bei polizeilichen Ermittlungen ein falscher Verdacht entsteht. Epubli Verlag: Berlin, 2013.

Reichertz, J.: Probleme qualitativer Sozialforschung: zur Entwicklungsgeschichte der objektiven Hermeneutik. Campus: Frankfurt am Main, 1986.

Reisenzein, R. / Rudolph, U.: The discovery of common-sense psychology. Social Psychology 2008, 125–133.

Richir, M.: Phänomenologisches und symbolisches Bewusstsein und Unbewusstes, in: Trinks, J. (Hrsg.): Mesotes. Jahrbuch für philosophischen Ost-West-Dialog 1999. Bewusstsein und Unbewusstes. Turia und Kant: Wien 2000, 11–41.

Roll, H.: Vernehmung zwischen Konfrontation und Kooperation. Kriminalistik 2008, 666–668.

Rückert, S.: Nichts als die Unwahrheit. www.zeit.de/2008/15/Falsche-Zeugen.

Safranski, R.: Das Böse oder Das Drama der Freiheit. Hanser: München und Wien, 1997.

Schäfer, R.: Die Graphologie in der Personalauswahl: Eine kritische Analyse. Skeptiker 2009 (Heft 1), 36–37.

Schaser, C.: Motiverforschung. Kriminalistik 2006, 98–103.

Schmitz, W.: Kriminalistische Handlungslehre. Kriminalistik 1995, 21–28.

Schmitz, W. / Plate, M.: Rekonstruktion von Tathergängen aus Tatortspuren? Kriminalistik 1977, 309–313.

Schneider, H. J.: Kriminologie der Gewalt. Hirzel: Stuttgart und Leipzig, 1994.

Sofsky, W.: Traktat über die Gewalt. S. Fischer: Frankfurt am Main, 2000.

Sporer, S. / Köhnken, G.: Nonverbale Indikatoren von Täuschung, in: Steller, M. / Volbert, R. (Hrsg.): Handbuch der Rechtspsychologie. Hogrefe: Göttingen, 2007, 353–363.

Sporer, S. / Küpper, B.: Realitätsüberwachung und die Beurteilung des Wahrheitsgehaltes von Erzählungen: Eine experimentelle Studie, in: *Zeitschrift für Sozialpsychologie* 1995, 173–193.

Steller, M.: Glaubhaftigkeitsbegutachtung, in: Volbert, R. / Steller, M. (Hrsg.): Handbuch der Rechtspsychologie. Hogrefe: Göttingen, 2008, 300–310.

Steller, M. / Köhnken, M.: Criteria-based statement analysis, in: Raskin, D. (Hrsg.): Psychological methods for investigation and evidence. Springer: New York 1989, 217–245.

Stern, W.: Die Aussage als geistige Leistung und als Verhörsprodukt: Experimentelle Schüleruntersuchungen. Beiträge zur Psychologie der Aussage 1904, 1–47.

Stewen, M.: Die Kunst der Hypothesenbildung – Objektive Hermeneutik in der kriminalistischen Praxis. Der Kriminalist 2007, 282–285.

Straub, U. / Witt, R.: Polizeiliche Vorerkenntnisse von Vergewaltigern. Kriminalistik 2003, 19–30.

Thadeusz, F.: Raubtiere ohne Kette, in: *Der Spiegel* 16/2013, 110–113.

Thomas, N.: Die komplexe Analyse des Tatgeschehens (»Psychological Profiling«), in: *Deutsches Polizeiblatt* 2/1989, 10–13.

Vick, J.: Wie geht Fallanalyse? Ein Beitrag zur Funktionsweise der Operativen Fallanalyse in Deutschland. Manuskript 2006-2008.

Walder, H. / Thomas, H.: Kriminalistisches Denken. Hüthig: Heidelberg, 2006 (7. Aufl.).

Wippler, A.: Die Operative Fallanalyse als Beweismittel im Strafverfahren. Dissertation 2008.

Wirth, I. et al.: Ein sadistischer Knabenmörder. Kriminalistik 1996, 726–731.

Zhao, H. / Seibert, S.: The big five personality dimensions and entrepreneurial status: A meta-analytic review. Journal of Applied Psychology 2006, 259–271.

Anmerkungen

1
Kraft der Gedanken

1   Zit. nach Hansjacob, T. / Walder, H.: Kriminalistisches Denken, 2012, S. 169.

2
Die Spur hinter der Spur

1   Die inhaltliche Darstellung der Fallanalyse stützt sich insbesondere auf Erpenbach, H.: Operative Fallanalyse: Ein kriminalistisches Werkzeug zur Ermittlungsunterstützung im interdisziplinären Netzwerk. Forensische Psychiatrie, Psychologie, Kriminologie 2010, 107 ff.

3
Eine Frage des Typs

1   Vgl. Marshall, A.: Kann ich dir jemals wieder vertrauen? So bewältigen Sie den Seitensprung Ihres Partners, 2011, S. 110 ff.

4
Topf sucht Deckel

1   Alle Aussagen zitiert nach Gaevert, T.: »Eher regnet es Tinte …« Der Fall Hagedorn und ein Filmverbot. SWR2-Feature, 03.11.2010; Die großen Kriminalfälle: Erwin Hagedorn – Tod einer Bestie. ARD, 17.05.2001, die inhaltliche Darstellung ist angelehnt an Wirth, I. et al.: Ein sadistischer Knabenmörder. Kriminalistik 1996, 726 ff.
2   Melanie Giza, www.zeit.de/karriere/beruf/2014-04/sinnsuche-universitaets-abschluss-krise.

5
Das Drehbuch ändern

1   Inhaltlich angelehnt an Aebi, G.: Kriminalpsychologie – einmal konkret! Der Beitrag des Kriminalpsychologen zur Lösung des Falles M. E. in Bern. Kriminalistik 2003, 775 ff.

6
Jetzt mal ehrlich!

1   Inhaltlich angelehnt an: Niehaus, S.: Die Wahrheit über die Lüge. Kriminalistik 2009, 381 ff.

2   Steller, M. / Köhnken, M.: Criteria-based statement analysis, in: Raskin, D. (Hrsg.): Psychological methods for investigation and evidence. Springer: New York 1989, S. 217-245.

Stephan Harbort

DIE MASKE DES MÖRDERS

Serientäter und ihre Opfer

Blick in den Abgrund

Einem Serienmörder nur knapp zu entkommen verändert das Leben des Opfers auf einen Schlag. Wenn das Grauen in die Normalität eindringt, dauert es, bis die Wunden heilen. Kriminalhauptkommissar Stephan Harbort hat mit Hunderten Tätern und Opfern gesprochen und vermittelt beklemmende Einblicke in die Abgründe der menschlichen Seele.

»Stephan Harbort gilt als
führender Experte in Sachen Serienmord.«
Süddeutsche Zeitung

»Er ist der Kartograph des Serienmords.«
Frankfurter Allgemeine Zeitung

»Harbort gilt als der Serienkiller-Experte
unter den deutschen Kriminalisten.«
Frankenpost

Stephan Harbort

AUS REINER MORDLUST

Der Serienmordexperte über Thrill-Killer

Töten um des Tötens willen

Es gibt Menschen, die den Drang dazu verspüren zu töten – ohne
Motiv, ohne Auftrag. Doch was geht wirklich in den Köpfen
dieser Thrill-Killer vor? Stephan Harbort ist Experte für Serien-
morde und befasst sich nun als Erster grundlegend mit dem Phänomen der Mordlust. Er schildert die Taten, die Ermittlungen
und gibt Einblick in die psychologischen Hintergründe dieser
Fälle.